1080

5 (2)

OEUVRES
DE
M. VOLTAIRE,
CONTENANT

L'HENRIADE, ESSAI SUR LE POEME
Epique, Piéces Fugitives, Essai sur les
Guerres Civiles, & le Temple du Goût.

Nouvelle Edition, revûë, corrigée, enrichie de Figures en Taille-douce.

A AMSTERDAM,
AUX DE'PENS DE LA COMPAGNIE.
M. DCC. XXXIX.

LES EDITEURS

AU LECTEUR.

NOUS *présentons au Public l'Edition la plus ample & la plus correcte qui ait paru jusqu'ici des Oeuvres de Mr. de* VOLTAIRE. *Elle contient la* HENRIADE *corrigée & augmentée, les Tragedies d'*OE- DIPE, *de* MARIAMNE, *de* BRUTUS, *avec un trés-grand nombre de changemens, & la Comédie de l'*INDISCRET. *Le* Brutus *sur tout est bien different de ce qu'il étoit, & on y trouvé plusieurs Scenes toutes nouvelles. La plûpart de ses Piéces fugitives qui étoient éparses dans des Journaux ou dans des Portefeuilles des Curieux, sont ici fidelement rassemblées. Mr. de Voltaire lui-méme nous a souvent fait l'honneur de nous écrire au sujet de cette présente Edition, & a bien vou-*

ā

AVERTISSEMENT.

lu nous envoyer les divers changemens qui l'embellissent. Les Lecteurs peuvent donc être sûrs de ne trouver ici aucune Piéce qui ne soit de Mr. de Voltaire. Nous ne pouvons mieux recommander cette Edition qu'en répondant que tout est de lui.

PREFACE.

CEtte nouvelle Edition de la Henriade, a été faite d'après un nouveau Manuscrit de l'Auteur, sous les yeux d'un Ami qui s'est chargé de l'impression, & qui a composé le peu de Notes qu'on a crû nécessaires à l'Ouvrage.

Ce Poëme fut commencé en l'année 1717. M. de Voltaire n'avoit alors que dix-neuf ans : Et quoiqu'il eut déja fait la Tragedie d'Oedipe, (qui n'avoit pas encore été representée) il étoit très-incapable de faire un Poëme-Epique à cet âge. Aussi ne commença-t'il la Henriade que dans le dessein de se procurer un simple amusement, dans un tems & dans un lieu où il ne pouvoit guéres faire que des Vers. Il avoit alors le malheur d'être Prisonnier par Lettre de Cachet dans la Bastille. Il n'est pas inutile de dire que la calomnie qui lui avoit attiré cette disgrace ayant été reconnuë, lui valut

PRÉFACE.

des bienfaits de la Cour, ce qui sert également à la justification de l'Auteur, & du Gouvernement. Il n'y a point dans le monde de Ministre qui ne soit exposé à faire d'extrêmes injustices. Le plus juste est celui qui répare les siennes.

L'Auteur ayant été près d'un an dans cette très-dure Prison, sans Papier, & sans Livres, y composa plusieurs Ouvrages, & les retint de mémoire. Mais la Henriade fut le seul qu'il écrivit au sortir de la Bastille. Il n'en avoit alors fait que six Chants, dont il ne reste aujourd'hui que le second qui contient les Massacres de la Saint Barthelemi. Les cinq autres étoient très-foibles, & ont été depuis travaillez sur un autre plan; mais il n'a jamais rien pû changer à ce second Chant, qui est encore peut-être le plus fort de tout l'Ouvrage; preuve certaine que le succés est presque toujours dans le choix du sujet.

La santé qu'il perdit dans cette année de prison, & les infirmitez continuelles dont il fut accablé depuis, ne lui permirent de travailler à la Henriade que foiblement, & de loin à loin.

En l'année 1723. il parut une Edition de ce Poëme sous le nom de LA LIGUE. L'Ou-

PRÉFACE.

vrage étoit informe, tronqué, plein de Lacunes: il y manquoit un Chant, & les autres étoient déplacez. De plus, il étoit annoncé comme un Poëme-Epique; espece d'Ouvrage qui n'avoit jamais réüssi dans la Langue Françoise, & dont le titre seul promettoit de l'ennui. Cependant la mémoire de Henri IV. est si chere aux François, que ce Poëme fut lû avec assez d'indulgence, & on en fit même plus d'une Edition.

En l'année 1726. l'Auteur étant en Angleterre y trouva une Protection générale, & des encouragemens qu'il n'eût jamais pû espérer ailleurs. On y favorisa avec empressement l'impression d'un Ouvrage François écrit avec liberté, & d'un Poëme plein de véritez, sans flatterie.

La Henriade parut donc alors pour la prémiere fois sous son véritable nom en dix Chants: & ce fut d'après les Editions de Londres, que furent faites depuis celles d'Amsterdam, de la Haye & de Genéve, toutes inconnuës en France par l'interruption du Commerce de la Librairie avec les Etrangers.

L'Auteur ayant encore depuis fait de grands changemens à la Henriade, donne aujourd'hui cette nouvelle Edition, comme moins mauvaife que toutes les précédentes, mais comme fort éloignée de la perfection dont il ne s'eft jamais flatté d'aprocher.

Du tems où il commença ce Poëme jufqu'à cette prefente Edition de l'année 1730. il s'eft paffé treize années, fans qu'il ait pû donner la derniere main à fon Ouvrage.

Tant l'efprit eft borné, tant l'art eft étendu. *

Le peu de Perfonnes qui liront ce Poëme, (car on ne fe flatte pas de plaire au grand nombre,) feront fans doute inftruites de l'Hiftoire de France, mais fi l'Ouvrage tombe entre les mains de quelques jeunes gens peu au fait de l'Hiftoire, ou de quelques Etrangers, à qui les événemens de la Henriade ne foient point préfens, ils feront bien aifes de trouver ici fous leurs yeux l'Abregé qui fuit.

* Ce Vers fe trouve dans la Traduction libre que Mr. l'Abbé du Renel a faite de l'Effai de la Critique de Mr. Pope; Traduction eftimée, & prefque la feule qui ait fait connoître que les François peuvent traduire des Poëmes en Vers.

HISTOIRE ABREGE'E

Des Evénemens sur lesquels est fondée la Fable du Poëme de la Henriade.

LE feu des Guerres Civiles dont François II. vit les premieres étincelles, avoit embrasé la France sous la Minorité de Charles IX. La Religion en étoit le sujet parmi les Peuples, & le prétexte parmi les Grands. La Reine Mere, Catherine de Medicis, avoit plus d'une fois hasardé le salut du Royaume pour conserver son Autorité, armant le Parti Catholique contre le Protestant, & les Guises contre les Bourbons, pour les accabler les uns par les autres.

La France avoit alors pour son malheur beaucoup de Seigneurs trop puissans, & par conséquent Factieux, des Peuples devenus Fanatiques & barbares par cette fureur de Parti qu'inspire le faux zèle, des Rois Enfans, au nom desquels on ravageoit l'Etat. Les Batailles de Dreux, de Saint Denis, de Jarnac, de Montcontour, avoient signalé le malheureux régne de Charles IX. Les plus grandes Villes étoient prises, reprises, saccagées tour à tour par les Partis oposés. On faisoit mourir les prisonniers de Guerre par des supplices recherchez. Les Eglises étoient mises en cendres par les Calvinistes: les Temples par les Catholiques. Les Empoisonnemens & les Assassinats n'étoient regardez que comme des vengeances d'ennemis habiles.

On mit le comble à tant d'horreurs par la Journée de la Saint Barthelemi. Henri le Grand, alors Roi de Navarre & dans une extrême jeunesse, Chef du Parti Prétendu-Réformé, dans le sein duquel il étoit né, fut attiré à la Cour avec les plus puissans Seigneurs du Parti. On le maria à la Princesse Marguerite, Sœur de Charles IX. Ce fut au milieu des Réjouïssances de ces Nôces, au milieu de la paix la plus profonde, & après les Sermens les plus solemnels, que Catherine de Medicis ordonna ces massacres, dont il faut perpetuër la mémoire, (toute affreuse & toute flétrissante qu'elle est pour le nom François,) afin que les Hommes toûjours prêts à entrer dans de malheureuses querelles de Religion, voyent à quel excès l'esprit de Parti peut enfin conduire.

On vit donc dans une Cour qui se piquoit

de politeſſe, une Femme célebre par les agrémens de l'eſprit, & un jeune Roi de vingt-trois ans, ordonner de ſang froid la mort de plus d'un million de leurs Sujets. Cette même Nation qui ne penſe aujourd'hui à ce crime qu'en friſſonnant, le commit avec tranſport & avec zèle. Plus de cent mille Hommes furent aſſaſſinés par leurs Compatriotes, & ſans les ſages précautions de quelques Perſonnages vertueux comme le Préſident Jeannin, le Marquis de S. Herem, &c. la moitié des François égorgeoit l'autre.

Charles IX. ne vécut pas long-tems après la Saint Barthelemi. Son Frere Henri III. quitta le Trône de la Pologne pour venir replonger la France dans de nouveaux malheurs, dont elle ne fut tirée que par Henri IV. ſi juſtement ſurnommé le Grand par la Poſtérité, qui ſeule peut donner ce Titre.

Henri III. en revenant en France y trouva deux Partis dominans. L'un étoit celui des Calviniſtes, renaiſſant de ſa cendre, plus violent que jamais, & ayant à ſa tête le même Henri le Grand (alors Roi de Navarre.) L'autre étoit celui de la Ligue : Faction puiſſante, formée peu à peu par les Princes de Guiſe, encouragée par les Papes, fomentée par l'Eſpagne, s'accroiſſant tous les jours par l'artifice des Moines, confacrée en aparence par le zèle de la Religion Catholique, mais ne tendant qu'à la rebellion. Son Chef étoit le Duc de Guife furnommé le Balafré; Prince d'une réputation éclatante, & qui ayant de plus grandes qualités que de bonnes, fembloit né pour changer la face de l'Etat dans ce tems de troubles.

Henri III. au lieu d'accabler ces deux Partis fous le poids de l'Autorité Royale, les fortifia par fa foibleffe. Il crut faire un grand coup de politique en fe déclarant le Chef de la Ligue, mais il n'en fut que l'Efclave. Il fut forcé de faire la Guerre pour les intérêts du Duc de Guife qui le vouloit détrôner, contre le Roi de Navarre fon beaufrere, fon Héritier préfomptif, qui ne penfoit qu'à rétablir l'Autorité Royale, d'autant plus qu'en agiffant pour Henri III. à qui il devoit fucceder, il agiffoit pour lui-même.

L'Armée qu'Henri III. envoya contre le Roi fon Beaufrere, fût battuë à Coutras; fon Favori Joyeufe y fut tué. Le Navarrois ne voulut d'autre fruit de fa Victoire que de fe réconcilier avec le Roi. Tout Vainqueur qu'il étoit il demanda la Paix, & le Roi vaincu n'ofa l'accepter, tant il craignoit le Duc de de Guife & la Ligue. Guife dans ce tems-là même venoit de diffiper une Armée d'Allemans. Ces fuccès du Balafré humilierent encore davantage le Roi de France, qui fe crût à la fois vaincu par les Ligueurs & par les Huguenots.

Le Duc de Guife enflé de fa gloire, & fort de la foibleffe de fon Souverain, vint à Paris malgré fes ordres. Alors arriva la fameufe Journée des Barricades, où le Peuple chaffa les Gardes du Roi, & où ce Monarque fut obligé de fuir de fa Capitale.

Guife fit plus, il obligea le Roi de tenir les Etats Généraux du Royaume à Blois; & il prit fi bien fes mefures, qu'il étoit prêt de partager l'Autorité Roiale, du confentement de ceux qui repréfentoient la Nation, & fous l'aparence des formalitez les plus refpectables. Henri III. réveillé par ce preffant danger, fit affaffiner au Château de Blois cet Ennemi fi dangereux, auffi bien que fon Frere le Cardinal, plus violent & plus ambitieux encore que le Duc de Guife.

Ce qui étoit arrivé au Parti Proteftant, après la Saint Barthelemi, arriva alors à la Ligue. La mort des Chefs ranima le Parti. Les Ligueurs leverent le mafque, Paris ferma fes Portes. On ne fongea qu'à la vengeance. On regarda Henri III. comme l'affaffin des Défenfeurs de la Religion, & non comme un Roi qui avoit puni des Sujets coupables.

Il fallut qu'Henri III. preffé de tous côtés fe réconciliât enfin avec le Navarrois. Ces deux Princes vinrent camper devant Paris; [& c'eft-là que commence la Henriade.]

Le Duc de Guife laiffoit encore un Frere: c'étoit le Duc de Mayenne, homme intrépide, mais plus habile, qu'agiffant, qui fe vit tout d'un coup à la tête d'une Faction inftruite de fes forces, & animée par la vengeance, & par le Fanatifme.

Prefque toute l'Europe entra dans cette Guerre. La celébre Elifabeth, Reine d'Angleterre, qui étoit pleine d'eftime pour le Roi de Navarre, & qui eut toujours une extrême paffion de le voir, le fecourut plufieurs fois d'Hommes, d'argent, de Vaiffeaux; & ce fut Dupleffis-Mornay qui alla toûjours en Angleterre folliciter ces fecours.

D'un autre côté le Roi d'Efpagne favorifoit la Ligue dans l'efpérance d'arracher quelques dépouilles d'un Royaume déchiré par la Guerre Civile. Les Papes combattoient le Roi de Navarre, non-feulement par des Excommunications, mais par toutes les artifices de la Politique, & par les petits fecours d'hommes & d'argent que la Cour de Rome peut fournir.

PRÉFACE.

Cependant Henri III. alloit se rendre Maître de Paris, lorsqu'il fut assassiné à S. Cloud par un Moine Dominicain, qui commit ce parricide dans la seule idée qu'il obéïssoit à Dieu, & qu'il courroit au Martyre : & ce meurtre ne fut pas seulement le crime de ce Moine Fanatique, ce fut le crime de tout le Parti. L'opinion publique, la créance de tous les Ligueurs, étoit qu'il falloit tuër son Roi s'il étoit mal avec la Cour de Rome. Les Prédicateurs le crioient dans leurs mauvais Sermons. On l'imprimoit dans tous ces Livres pitoyables qui inondoient la France, & qu'on retrouve à peine aujourd'hui dans quelques Bibliotheques, comme des Monumens curieux d'un Siécle également barbare & pour les Lettres & pour les Mœurs.

Après la mort d'Henri III. le Roi de Navarre, (Henri le Grand) reconnu Roi de France par l'Armée, eût à soutenir toutes les forces de la Ligue, celles de Rome, de l'Espagne, & son Royaume à conquérir. Il assiégea Paris à plusieurs reprises. Parmi les plus grands Hommes qui lui furent utiles dans cette Guerre, & dont on a fait quelqu'usage dans ce Poëme, on compte les Maréchaux d'Aumont & de Biron, le Duc de Bouillon, &c. Duplessis-Mornai fut dans sa plus intime confidence jufqu'au changement de Religion de ce Prince : il le fervoit de fa perfonne dans les Armées, de fa plume contre les Excommunications des Papes, & de fon grand art de négocier, en lui cherchant des fecours chez tous les Princes Proteftans.

Le principal Chef de la Ligue étoit le Duc de Mayenne : celui qui avoit le plus de réputation après lui, étoit le Chevalier d'Aumale, jeune Prince, connu par cette fierté & ce courage brillant qui diftinguoient particulierement la Maifon de Guife. Ils obtinrent plufieurs fecours de l'Efpagne. Mais il n'eft queftion ici que du fameux Comte d'Egmont, Fils de l'Amiral, qui amena treize ou quatorze cens lances au Duc de Mayenne.

On donna beaucoup de Combats, dont le plus fameux, le plus décifif, & le plus glorieux pour Henri IV. fut la Bataille d'Ivry où le Duc de Mayenne fut vaincu, & le Comte d'Egmont tué.

Pendant le cours de cette Guerre, le Roi étoit devenu amoureux de la belle Gabrielle d'Eftrées, mais fon courage ne s'amollit point auprès d'elle : témoin la Lettre qu'on voit encore dans la Bibliotheque du Roi, dans laquelle il dit à fa Maîtreffe : [Si je fuis vaincu, vous me connoiffez affez pour croire que je ne

PRÉFACE.

fuirai pas, mais ma derniere penſée ſera à Dieu, & l'avant-derniere à vous.]

Au reſte, on omet pluſieurs faits conſiderables, qui n'ayant pas de place dans le Poëme, n'en doivent point avoir ici. On ne parlera ni de l'expédition du Duc de Parme en France, qui ne ſervit qu'à retarder la chûte de la Ligue, ni de ce Cardinal de Bourbon qui fut quelque tems un Fantôme de Roi ſous le nom de Charles X.

Il ſuffit de dire qu'après tant de malheurs & de déſolations, Henri IV. ſe fit Catholique, & que les Pariſiens qui haïſſoient ſa Religion, & révéroient ſa Perſonne, le reconnurent alors pour leur Roi.

※ ⁓✿⁓ ⁓✿⁓ ⁓✿⁓ ⁓✿⁓ ⁓✿⁓ ⁓✿⁓ ⁓✿⁓ ⁓✿⁓ ※

APrès avoir mis ſous les yeux du Lecteur ce petit Abregé de l'Hiſtoire qui ſert de fondement à la Henriade, il ſembleroit qu'on dût ſelon l'uſage, donner ici une Diſſertation ſur l'Epopée, d'autant plus que le Pere le Boſſu a bien donné des Régles pour compoſer un Poëme-Epique en Grec ou en Latin, mais non pas en François, & qu'il a écrit beaucoup plus pour les Mœurs des Anciens, que pour les nôtres;

ordinaire deffaut des Savans, qui connoiſ‑
ſoient mieux leurs Auteurs Claſſiques que
leur propre Païs, & qui ſachant Plaute par
cœur, mais n'aiant jamais vû repreſenter une
Piéce de Moliere, nous donnent pourtant
des Régles du Théâtre.

Pluſieurs Perſonnes demandoient qu'on
imprimât à la tête de cette Edition * un
petit Ouvrage intitulé : ESSAI SUR LA
POESIE ÉPIQUE, compoſé en Anglois
par M. de Voltaire en 1726. imprimé plu‑
ſieurs fois à Londres, il comptoit le don‑
ner ici, tel qu'il a été traduit en François
par M. l'Abbé Gyot-des-Fontaines, qui
écrit avec plus d'élégance & de pureté que
perſonne, & qui a contribué beaucoup à
décrier en France ce ſtile recherché & ces
tours affectés qui commençoient à infecter
les Ouvrages des meilleurs Auteurs. M. de
Voltaire ne ſe ſeroit pas flatté de ſe tradui‑
re lui-même auſſi-bien que M. l'Abbé des
Fontaines l'a traduit, (à quelques inadver‑
tances prés.) Mais il a conſidéré que cet
ESSAI eſt plûtôt un ſimple expoſé des Poë‑
mes-Epiques anciens & modernes, qu'une
Diſſertation bien utile ſur cet Art. Le Poë‑
me

* On l'a inſéré dans cette préſente Edition de 1739. après
la Henriade, revû & corrigé par M. de Voltaire lui même.

me-Epique sur lequel il s'étendoit le plus, étoit *le Paradis perdu de Milton*, Ouvrage alors ignoré en France; mais qui est aujourd'hui très-connu par la belle Traduction qu'en a faite, quoiqu'en Prose, M. du Pré-de-Saint-Maur.

On prend donc le parti de renvoyer ceux qui seroient curieux de lire cet ESSAI SUR L'EPOPE'E, à la Traduction de M. des Fontaines.

Ce n'est que le Projet d'un plus long Ouvrage que M. de Voltaire a composé depuis, & qu'il n'ose faire imprimer, ne croiant pas que ce soit à lui de donner des Régles pour courir dans une carriere dans laquelle il n'a fait peut-être que broncher.

Il se contentera donc de faire ici quelques courtes Observations nécessaires à des Lecteurs peu instruits d'ailleurs, qui pourroient jetter les yeux sur ce Poëme.

IDE'E DE LA HENRIADE.

LE sujet de LA HENRIADE est le Siége de Paris, commencé par Henri de Valois, & Henri le Grand, achevé par ce dernier seul.

PREFACE.

Le lieu de la Scène ne s'étend pas plus loin que de Paris à Ivry, où se donna cette fameuse Bataille qui décida du sort de la France, & de la Maison Roiale.

Le Poëme est fondé sur une Histoire connuë, dont on a conservé la vérité dans les Evenemens principaux. Les autres moins respectables ont été ou retranchez ou arrangez, suivant la vraisemblance qu'exige un Poëme. On a tâché d'éviter en cela le défaut de Lucain, qui ne fit qu'une Gazette empoulée; & on a pour garant ces Vers de M. Despreaux.

Loin de ces Rimeurs craintifs dont l'esprit flegmatique
Gardent dans leur fureur un ordre dialectique :

. . . .

Pour prendre Lille, il faut que Dôle soit rendu ;
Et que leur Vers exact, ainsi que Mezeray,
Ait fait tomber déja les ramparts de Courtray.

On n'a fait même que ce qui se pratique dans toutes les Tragédies où les Evenemens sont pliez aux Régles du Théâtre.

Au reste, ce Poëme n'est pas plus historique qu'aucun autre. LE CAMOENS qui est le Virgile des Portugais, a célébré un Evénement dont il avoit été témoin lui-même. Le Tasse a chanté une Croisade connuë de tout le monde, & n'en a obmis ni l'Hermite Pierre, ni les Proceſſions. Virgile n'a conſtruit la Fable de ſon Eneïde que des Fables reçûës de ſon tems, & qui paſſoient pour l'Hiſtoire véritable de la Deſcente d'Enée en Italie.

Homere contemporain d'Héſiode, & qui par conſéquent vivoit environ cent ans après la priſe de Troyes, pouvoit aiſément avoir vû dans ſa jeuneſſe des Vieillards qui avoient connu les Héros de cette Guerre. Ce qui doit même plaire davantage dans Homere, c'eſt que le fonds de ſon Ouvrage n'eſt point un Roman, que les caractéres ne ſont point de ſon imagination, qu'il a peint les Hommes tels qu'ils étoient, avec leurs bonnes & leurs mauvaiſes qualitez, & que ſon Livre eſt le Monument des Mœurs de ces tems reculez.

La Henriade eſt compoſée de deux parties; d'Evénemens réels, dont on vient de rendre compte; & de Fictions. Ces Fictions ſont toutes puiſées dans le Syſtême de la Religion Chrétienne : Elles ſont de deux ſortes. Les unes ſont dans ce qu'on appelle le merveilleux, telles que la prédiction de la Converſion de Henri IV. la Protection que lui donne Saint Loüis : Son Aparition le feu du Ciel détruisant ces opérations magiques qui étoient alors si communes, &c.

Les autres sont purement allégoriques. De ce nombre sont le Voyage de la Discorde à Rome, la Politique, le Fanatisme personifié, le Temple de l'Amour; enfin les Passions & les Vices.

Prenant, un corps, une ame, un esprit, un visage.

Que si on a donné dans quelques endroits à ses Passions personifiées les mêmes attributs que leur donnoient les Païens, c'est que ces attributs allégoriques sont trop connus pour être changez. L'Amour a des Fléches, la Justice a une Balance, dans nos Ouvrages les plus chrétiens, dans nos Tableaux, dans nos Tapisseries, sans que ces représentations ayent la moindre teinture de Paganisme. Le mot d'*Amphitrite* dans notre Poësie ne signifie que *La Mer*, & non l'*Epouse* de Neptune. *Les Champs de Mars* ne veulent dire que *la Guerre*, &c.

S'il est quelqu'un d'un avis contraire, il faut le renvoyer encore à ce grand Maître M. Despréaux, qui dit:

C'est d'un scrupule vain s'allarmer sottement.
Bientôt ils deffendront de peindre la prudence,
De donner à Themis ni Bandeau, ni Balance:

PREFACE.

De figurer aux yeux la Guerre au front d'airain,
Et le Tems qui s'enfuit une Horloge à la main,
Et par tout des discours, comme une idolâtrie :
Dans leur faux zéle, iront chasser l'Allégorie.

AIANT rendu compte de ce que contient cet Ouvrage, on croit devoir dire un mot de l'esprit dans lequel il a été composé.

On n'a voulu ni flatter ni médire. Ceux qui trouveront ici les mauvaises actions de leurs Ancêtres, n'ont qu'à les réparer par leur vertu. Ceux dont les Aïeux y sont nommez avec éloge, ne doivent aucune reconnoissance à l'Auteur, qui n'a eu en vûë que la vérité ; & le seul usage qu'ils doivent faire de ces loüanges, c'est d'en mériter de pareilles.

Si l'on a dans cette nouvelle Edition retranché quelques Vers qui contenoient des véritez dures contre des Papes qui ont autrefois deshonoré le Saint-Siége par leurs crimes, ce n'est pas qu'on fasse à la Cour de Rome l'affront de penser qu'elle veuille rendre respectable la Mémoire de ces mauvais Pontifes. Les François qui condamnent les méchancetez de Loüis XI. & de Catherine de Medicis, peuvent parler sans doute avec horreur d'Alexandre VI. Mais l'Auteur a élagué ce morceau, uniquement parce qu'il étoit trop long, & qu'il y avoit des Vers dont il n'étoit pas content.

C'est dans cette seule vûë qui a mis beaucoup de noms à la place de ceux qui se trouvent dans les premieres Editions, selon qu'il les a trouvez plus convenables à son Sujet, ou que les noms même lui ont paru plus sonores. La seule politique dans un Poëme doit être de faire de bons Vers.

On a retranché la mort d'un jeune Bouflers qu'on suposoit tué par Henri IV. parce que dans cette circonstance la mort de ce jeune Homme sembloit rendre Henri IV. un peu odieux, sans le rendre plus grand.

On a fait passer Duplessis-Mornay en Angleterre auprès de la Reine Elisabeth, parce qu'effectivement il y fut envoyé, & qu'on s'y ressouvient encore de sa Négociation.

On s'est servi de ce même *Duplessis-Mornay* dans le reste du Poëme, parce qu'ayant joüé le Rôle de Confident du Roi dans le premier Chant, il eût été ridicule qu'un autre prit sa place dans les Chants suivans: de même qu'il seroit impertinent dans une Tragédie, (dans Bérénice, par exemple,) que Titus se confiât à Paulin au premier

PRÉFACE. 23

Acte ; & à un autre au cinquiéme. Si quelques Personnes veulent donner des interprétations malignes à ces changemens, l'Auteur ne doit point s'en inquiéter. Il sait que quiconque écrit, est fait pour essuyer les traits de la malice.

Le point le plus important est la Religion, qui fait en grande partie le sujet du Poëme, & qui en est le dénoüement.

L'Auteur se flatte de s'être expliqué en beaucoup d'endroits, avec une précision rigoureuse qui ne peut donner aucune prise à la Censure.

Tel est par exemple ce morceau :

La puissance, l'amour avec l'intelligence,
Unis & divisez, composent son essence.
. . . .
Il reconnoît l'Eglise ici bas combattuë,
L'Eglise toujours Une, & par tout étenduë,
Libre, mais sous un Chef ; adorant en tout lieu
Dans le bonheur des Saints la grandeur de son **Dieu.**
Le Christ, de nos péchez, Victime renaissante,
Descend sur les Autels à ses yeux éperdus,
Et lui découvre un Dieu sous un Pain qui n'est plus.

Si on n'a pû s'exprimer par tout avec cette exactitude Théologique, le Lecteur raisonnable y doit supléer.

Il y auroit une extrême injustice à examiner tout l'Ouvrage, comme une Thése de Théologie. Ce Poëme ne respire que l'amour de la Religion & des Loix. On y déteste également la rebellion & la persécution. Il ne faut pas juger sur un mot, un Livre écrit dans un tel esprit.

Chant 1.

LA HENRIADE.

CHANT PREMIER.

ARGUMENT.

HENRI III. réüni avec Henri de Bourbon, Roi de Navarre, contre la Ligue, aiant déja commencé le Blocus de Paris, envoie secretement Henri de Bourbon demander du secours à Elisabeth, Reine d'Angleterre. Le Héros essuie une tempête : Relâche dans une Isle où un Vieillard Catholique lui prédit sa conversion & son avénement au Trône. Description de l'Angleterre & de son Gouvernement.

JE chante ce Héros, qui régna sur la France,
Et par droit de conquête, & par droit de naissance ;
Qui par le malheur même apprit à gouverner ;
Persécuté long-tems, sut vaincre & pardonner ;

LA HENRIADE,

Confondit & Mayenne, & la Ligue, & l'Ibere,
Et fut de ses Sujets le Vainqueur & le Pere.
 Je t'implore aujourd'hui sévère vérité :
Répans sur mes Ecrits ta force & ta clarté.
Que l'oreille des Rois s'accoutume à t'entendre.
C'est à toi d'annoncer ce qu'ils doivent apprendre :
C'est à toi de montrer aux yeux des Nations,
Les coupables effets de leurs divisions.
Dis comment la Discorde a troublé nos Provinces ;
Dis les malheurs du Peuple, & les fautes des Princes ;
Viens, parle ; & s'il est vrai que la Fable autrefois
Sût à tes fiers accents mêler sa douce voix,
Si sa main délicate orna ta tête altiere,
Si son ombre embellît les traits de ta lumiere ;
Avec moi sur tes pas permets-lui de marcher,
Pour orner tes attraits, & non pour les cacher.

VALOIS régnoit encore, & ses mains incertaines, *
De l'Etat ébranlé laissoient floter les rênes ;
Ses esprits languissoient par la crainte abatus :
Ou plûtôt en effet Valois ne règnoit plus.

Ce

---

* *VALOIS régnoit encore, & ses mains incertaines.*] HENRI III. Roi de France, l'un des principaux Personnages de ce Poëme, y est toujours nommé Valois, nom de la Branche-Royale dont il étoit.
 † *Aux combats dès l'enfance, instruit par la Victoire.*] Henri III. (*Valois*) étant Duc d'Anjou, avoit commandé les Armées de Charles IX. son Frere,

con-

CHANT PREMIER.

Ce n'étoit plus ce Prince environné de gloire,
† Aux combats dès l'enfance instruit par la Victoire,
Dont l'Europe en tremblant regardoit les progrès,
Et qui de sa patrie emporta les regrets;
Quand du Nord étonné de ses vertus suprêmes,
Les Peuples à ses pieds mettoient les Diadèmes.
Tel brille au second rang, qui s'éclipse au premier.
Il devient lâche Roi, d'intrépide Guerrier.
Endormi sur le Trône, au sein de la Molesse,
Le poids de sa Couronne accabloit sa foiblesse.
¶ Quelus & S. Maigrin, Joyeuse & d'Espernon,
Jeunes voluptueux qui régnoient sous son Nom,
D'un Maître efféminé corrupteurs politiques,
Plongeoient dans les plaisirs ses langueurs létargiques.
    Des Guises, cependant le rapide bonheur,
Sur son abaissement élevoit leur grandeur;
Ils formoient dans Paris cette Ligue fatale,
De sa foible puissance orgueilleuse Rivale.
Les Peuples aveuglez, vils esclaves des Grands,
Persecutoient leur Prince, & servoient des Tyrans,

Ses

contre les Protestans, & avoit gagné à dix-huit ans les Batailles de Jarnac & de Moncontour.

¶ *Quelus & S. Maigrin, Joyeuse & d'Espernon.*] C'étoient les *Mignons* de Henri III. Il s'abandonnoit avec eux à des débauches mêlées de superstition. Quelus fut tué en duel, S. Maigrin fut assassiné près du Louvre. Sur *Joyeuse*, voiez la Remarque des Pag. 48. & 49. du troisiéme Chant.

Ses Amis corrompus bien-tôt l'abandonnerent,
Du Louvre épouvanté ses Peuples le chassèrent.
Dans Paris révolté l'Etranger accourut,
* Tout périssoit enfin, lorsque Bourbon parut.
Le vertueux Bourbon plein d'une ardeur guerriere
A son Prince aveuglé vint rendre la lumiere :
Il ranima sa force ; il conduisit ses pas,
De la honte à la gloire, & des jeux aux combats,
Aux remparts de Paris les deux Rois s'avancerent.
Rome s'en allarma, les Espagnols tremblerent.
L'Europe interessée à ces fameux revers,
Sur ces murs orgueilleux avoit les yeux ouverts.
  On voyoit dans Paris la Discorde inhumaine,
Excitant aux combats & la Ligue, & Mayenne,
Portant par tout l'horreur ; & du haut de ses tours,
De Rome & d'Espagne appellant les secours.
Ce monstre impétueux sanguinaire, inflexible,
De ses propres Sujets, est l'ennemi terrible :
Aux malheurs des mortels il borne ses desseins :
Le sang de son Parti rougit souvent ses mains :
Il habite en Tyran dans les cœurs qu'il déchire,
Et lui-même il punit les forfaits qu'il inspire.
Du côté du Couchant, près de ces bords fleuris,

Où

---

* *Tout périssoit enfin, lorsque Bourbon parut.*] Henri IV. le Héros de ce Poëme y est appellé indifféremment *Bourbon* ou *Henri*. Il naquit à Pau en Bearn, le 13. Decembre 1553.

CHANT PREMIER.

Où la Seine serpente en fuyant de Paris,
Lieux aujourd'hui charmans, retraite aimable & pure,
Où triomphent les Arts, où se plaît la Nature;
Théatre alors sanglant des plus mortels combats;
Le malheureux Valois rassembloit ses Soldats.
Là, sont mille Héros, fiers soûtiens de la France,
Divisez par leur Secte, unis par la vengeance.
C'est aux mains de Bourbon que leur sort est commis :
En gagnant tous les cœurs, il les a tous unis.
On eût dit que l'Armée à son pouvoir soûmise,
Ne connoissoit qu'un Chef, & n'avoit qu'une Eglise.

*Le Pere des Bourbons, du sein des immortels,
Louïs, fixoit sur lui ses regards paternels,
Il préságeoit en lui la splendeur de sa race;
Il plaignoit ses erreurs, il aimoit son audace;
De sa Couronne un jour il devoit l'honorer;
Il vouloit plus encor; il vouloit l'éclairer.
Mais Henri s'avançoit vers sa grandeur suprême,
Par des chemins cachez inconnus à lui-même :
Louïs du haut des Cieux lui prétoit son appui;
Mais il cachoit le bras qu'il étendoit pour lui,
De peur que ce Héros, trop sûr de sa victoire,
Avec moins de danger n'eût acquis moins de gloire.
Dèja

---

* *Le Pere des Bourbons, du sein des immortels.*] S. Louïs, neuviéme du nom, Roi de France, est la tige de la Branche des Bourbons.

Dèja les deux Partis aux pieds de ces remparts
Avoient plus d'une fois balancé les hazards ;
Dans nos champs défolez le démon du carnage
Dèja jufqu'aux deux mers avoit porté fa rage ;
Quand Valois à Bourbon tint ce trifte difcours,
Dont fouvent fes foûpirs interrompoient le cours :
  Vous voïez à quel point le deftin m'humilie ;
Mon injure eft la vôtre ; & la Ligue ennemie,
Levant contre fon Prince un frond féditieux,
Nous confond dans fa rage, & nous pourfuit tous deux;
Paris nous méconnoit ; Paris ne veut pour maître,
Ni moi qui fuis fon Roi, ni vous qui devez l'être ;
Ils favent que les Loix, les nœuds facrez du fang,
Que fur tout la vertu vous appelle à mon rang ;
Et redoutant déja votre grandeur future,
Du trône où je chancelle, ils penfent vous exclure.
* De la Religion, terrible en fon courroux,
Le fatal anathême eft lancé contre vous.
Rome, qui fans Soldats porte en tous lieux la guerre,

Aux

---

* *De la Religion, terrible en fon courroux.*] Henri IV. Roi de Navarre, avoit été folennellement excommunié par le Pape Sixte V. dès l'an 1585. trois ans avant l'événement dont il eft ici queftion : Le Pape dans fa Bulle l'appelle *génération bâtarde & déteftable de la Maifon de Bourbon*, le prive, lui, & toute la Maifon de Condé, à jamais de tous leurs Domaines & Fiefs, & les déclare fur tout incapables de fucceder à la Couronne.

Quoi-

CHANT PREMIER.

Aux mains des Espagnols a remis son tonnerre :
Sujets, amis, parens, tout a trahi sa foi,
Tout me fuit, m'abandonne, ou s'arme contre moi;
Et l'Espagnol avide, enrichi de mes pertes,
Vient en foule inonder mes Campagnes desertes.
 Contre tant d'ennemis ardens à m'outrager,
Dans la France à mon tour appellons l'Etranger :
Des Anglois en secret gagnez l'illustre Reine.
Je sai qu'entr'eux & nous une immortelle haine,
Nous permet rarement de marcher réünis,
Que Londres est de tout tems l'émule de Paris;
Mais après les affronts dont ma gloire est flétrie,
Je n'ai plus de Sujets, je n'ai plus de Patrie,
Je hai, je veux punir des Peuples odieux,
Et quiconque me venge, est François à mes yeux.
Je n'occuperai point dans un tel ministére
De mes secrets Agens la lenteur ordinaire :
Je n'implore que vous ; c'est vous de qui la voix,
Peut seule à mon malheur interesser les Rois.
Allez en Albion ; que votre renommée

II.

Quoiqu'alors le Roi de Navarre & le Prince de Condé fussent en Armes à la tête des Protestans, le Parlement toûjours attentif à conserver l'honneur & les Libertez de l'Etat, fit contre cette Bulle les Remontrances les plus fortes, & Henri IV. fit afficher dans Rome à la porte du Vatican que Sixte-Quint, soi-disant Pape, en avoit menti, & que c'étoit lui-même qui étoit hérétique, &c.

LA HENRIADE,

Y parle en ma deffense, & m'y donne une armée ;
Je veux par votre bras vaincre mes ennemis ;
Mais c'est de vos vertus que j'attends des amis.

 Il dit : & le Héros, qui jaloux de sa gloire,
Craignoit de partager l'honneur de la victoire,
Sentit en l'écoutant une juste douleur.
Il regretoit ces tems si chers à son grand cœur,
Où fort de sa vertu, sans secours, sans intrigue,
* Lui seul avec Condé faisoit trembler la Ligue.
Mais il falut d'un Maître accomplir les desseins :
Il suspendit les coups qui partoient de ses mains ;
Et laissant ses lauriers cueillis sur ce rivage,
A partir de ces lieux il força son courage.
Les Soldats étonnez ignorent son dessein ;

          Et

---

* *Lui seul avec Condé faisoit trembler la Ligue.*]
C'étoit Henri, Prince de Condé, Fils de Louïs, tué à Jarnac. Henri, de Condé étoit l'espérance du Parti Protestant. Il mourut à S. Jean d'Angely à l'âge de trente-cinq ans, en 1585. Sa Femme Charlotte de la Trimouille fut accusée de sa mort. Elle étoit grosse de trois mois lorsque son Mari mourut, & accoucha six mois après de Henri de Condé, second du nom, qu'une tradition populaire & ridicule fait naître treize mois après la mort de son Pere.

† *Mornay son confident, mais jamais son flateur.*]
Du Plessis-Mornay, le plus vertueux & le plus grand homme du Parti Protestant, naquit à Buy le 5. Novembre 1549. Il savoit le Latin & le Grec parfaitement, & l'Hebreu autant qu'on le peut savoir, ce qui étoit un prodige alors dans un Gentilhomme. Il servit sa Religion & son Maître de sa plume & de son épée.

CHANT PREMIER.

Et tous de son retour attendent leur destin.
Il marche. Cependant, la Ville criminelle,
Le croît toûjours présent, prêt à fondre sur elle,
Et son nom qui du Trône est le plus ferme appui,
Semoit encor la crainte, & combatoit pour lui.

Déja des Neustriens il franchit la campagne :
De tous ses Favoris, Mornay seul l'accompagne,
† Mornay son confident, mais jamais son flateur,
Soûtien trop vertueux du Parti de l'Erreur,
Qui signalant toûjours son zèle & sa prudence,
Servit également son Eglise & la France.
Censeur des Courtisans, mais à la Cour aimé,
Fier ennemi de Rome, & de Rome estimé.

A épée. Ce fut lui que Henri IV. étant Roi de Navarre, envoya à Elisabeth, Reine d'Angleterre : il n'eut jamais d'autres instructions de son Maître qu'un blanc-signé ; il réüssit dans presque toutes ses Négociations, parce qu'il étoit un vrai politique, & non un intriguant. Ses Lettres passent pour être écrites avec beaucoup de force & de sagesse.

Lorsque Henri IV. eut changé de Religion, du Plessis-Mornay lui fit de sanglans reproches, & se retira de sa Cour. On l'appelloit le Pape des Huguenots. Tout ce qu'on dit de son caractere dans le Poëme est conforme à l'Histoire. Ce fut lui qui lorsque le Roi fut blessé à Aumale, lui écrivit cette belle lettre. » Sire, Vous avez été assez Alexandre, il est tems que » vous soyez Auguste. C'est à nous à mourir pour » vous, & c'est là notre gloire : à vous, Sire, de vi- » vre pour la France; & j'ose vous dire que ce vous » est devoir.

A travers deux Rochers, où la mer mugiſſante,
Vient briſer en couroux ſon onde blanchiſſante,
Dieppe aux yeux du Héros offre ſon heureux Port :
Les Matelots ardents s'empreſſent ſur le bord ;
Les Vaiſſeaux ſous leurs mains fiers ſouverains des ondes,
Etoient prêts à voler ſur les plaines profondes :
L'impétueux Borés enchaîné dans les airs,
Au ſouffle du Zéphire abandonnoit les mers.
On léve l'anchre, on part, on fuit loin de la terre ;
On découvroit de loin les bords de l'Angleterre :
L'aſtre brillant du jour à l'inſtant s'obſcurcit,
L'air ſiffle, le Ciel gronde, & l'onde au loin gémit ;
Les Vents ſont déchainez ſur les vagues émûës,
La foudre étincelante éclate dans les nûës ;
Et le feu des éclairs, & l'abîme des flots,
Montroient par tout la mort aux pâles Matelots.
Le Héros qu'aſſiégeoit une mer en furie,
Ne ſonge en ce danger qu'aux maux de ſa Patrie,
Tourne ſes yeux vers elle, & dans ſes grands deſſeins,
Semble accuſer les vents d'arrêter ſes deſtins.
Tel, & moins généreux, aux rivages d'Epire,

Lors

---

* *Ceſar à la tempête oppoſoit ſa fortune.*] Jules-Ceſar étant auprès de Brindes au Royaume de Naples, en préſence de Pompée, s'embarqua ſecretement pour aller chercher lui-même les Troupes d'Antoine, de même qu'on ſupoſe ici que Henri va ſecretement demander du ſecours à la Reine d'Angleterre.

CHANT PREMIER.

Lors que de l'Univers il disputoit l'Empire,
Confiant sur les flots aux Aquilons mutins,
Le sort de l'Univers, & celui des Romains,
Défant à la fois, & Pompée & Neptune,
* Cesar à la tempête opposoit sa fortune.

Dans ce même moment le Dieu de l'Univers;
Qui vole sur les Vents, qui soulève les Mers,
Ce Dieu dont la sagesse ineffable, & profonde,
Forme, élève, & détruit les Empires du monde;
De son trône enflâmé qui luit au haut des Cieux,
Sur le Héros François daigna baisser les yeux.
Il le guidoit lui-même. Il ordonne aux orages,
De porter le Vaisseau vers ces prochains rivages,
Où Jersey semble aux yeux sortir du sein des flots.
Là, conduit par le Ciel, aborda le Héros.

Non loin de ce rivage, un bois sombre & tranquile
Sous des ombrages frais, presente un doux azile.
Un rocher qui le cache à la fureur des flots,
Deffend aux Aquilons d'en troubler le repos.
Une grotte est auprès, dont la simple structure
Doit tous ses ornemens aux mains de la Nature.
Un Vieillard vénérable avoit loin de la Cour
Cherché la douce paix dans cet obscur séjour.
Aux humains inconnu, libre d'inquiétude,
C'est là que de lui-même il faisoit son étude;
C'est là qu'il regretoit ses inutiles jours,
Plongez dans les plaisirs, perdus dans les amours.
Sur l'email de ces prez, au bord de ces fontaines,

Il fouloit à ſes pieds les paſſions humaines :
Tranquile, il attendoit, qu'au gré de ſes ſouhaits,
La mort vînt à ſon Dieu le rejoindre à jamais.
Ce Dieu, qu'il adoroit, prit ſoin de ſa vieilleſſe,
Il fit dans ſon deſert deſcendre la Sageſſe :
Et prodigue envers lui de ſes tréſors divins,
Il ouvrit à ces yeux le Livre des Deſtins.

 Ce Vieillard au Héros que Dieu lui fit connoître,
Au bord d'une onde pure offre un feſtin champêtre.
Le Prince à ces repas étoit accoûtumé ;
Souvent ſous l'humble toit du Laboureur charmé,
Fuiant le bruit des Cours, & ſe cherchant lui-même,
Il avoit dépoſé l'orgueil du Diadème.

 Le trouble répandu dans l'Empire Chrétien,
Fut pour eux le ſujet d'un utile entretien.
Mornay qui dans ſa Secte étoit inébranlable,
Prêtoit au Calviniſme un appui redoutable ;
Henri doutoit encore, & demandoit aux Cieux,
Qu'un raïon de clarté vînt deſſiller ſes yeux,
 De tout tems, diſoit-il, la Vérité ſacrée,
Chez les foibles humains, fut d'erreurs entourée ?
Faut-il que de Dieu ſeul attendant mon appui,
J'ignore les ſentiers qui menent juſqu'à lui ?
Hélas ! un Dieu ſi bon, qui de l'homme eſt le Maître,
En eût été ſervi, s'il avoit voulu l'être !
De Dieu, dit le Vieillard, adorons les deſſeins ;
Et ne l'accuſons par des fautes des humains.
J'ai vû naître autrefois le Calviniſme en France,
       Foible,

CHANT PREMIER.

Foible, marchant dans l'ombre, humble dans sa naif-
    sance;
Je l'ai vû sans support exilé dans nos murs,
S'avancer à pas lents par cent détours obscurs.
Enfin mes yeux ont vû du sein de la poussiere,
Ce fantôme effraïant lever sa tête altiere ;
Se placer sur le trône, insulter aux mortels,
Et d'un pied dédaigneux renverser nos autels.
  Loin de la Cour alors en cette grotte obscure,
De ma Religion je vins pleurer l'injure.
Là, quelque espoir au moins console mes vieux jours,
Un culte si nouveau ne peut durer toûjours.
Des caprices de l'homme il a tiré son être :
On le verra périr, ainsi qu'on l'a vû naître.
Les œuvres des humains sont fragiles comme eux.
Dieu dissipe à son gré leurs desseins orgueilleux.
Lui seul est toûjours stable. En vain notre malice
De sa sainte Cité veut sapper l'édifice ;
Lui-même en affermit les sacrez fondemens,
Ces fondemens vainqueurs de l'enfer & des tems.
  C'est à vous, grand Bourbon, qu'il se fera connoître.
Vous serez éclairé, puisque vous voulez l'être.
Ce Dieu vous a choisi. Sa main dans les combats,
Au trône des Valois va conduire vos pas.
Déja sa voix terrible ordonne à la Victoire,
De préparer pour vous les chemins de la gloire.
Mais si sa Vérité n'éclaire vos esprits,
N'esperez point entrer dans les murs de Paris.
  Sur tout des plus grands cœurs évitez la foiblesse.
                                  Fuïez

Fuiez d'un doux poison l'amorce enchanteresse,
Craignez vos passions, & sachez quelque jour
Résister aux plaisirs & combatre l'amour.
Enfin quand vous aurez par un effort suprême,
Triomphé des Ligueurs, & sur tout de vous-même,
Lorsqu'en un siége horrible, & célèbre à jamais,
Tout un Peuple étonné vivra de vos bienfaits,
Ces tems de vos Etats finiront les miseres ;
Vous leverez les yeux vers le Dieu de vos Peres,
Vous verrez qu'un cœur droit peut esperer en lui,
Et que qui lui ressemble est sûr de son apui.

 Chaque mot qu'il disoit étoit un trait de flâme,
Qui pénétroit Henri jusqu'au fond de son ame.
Il se crut transporté dans ces tems bienheureux,
Où le Dieu des humains conversoit avec eux :
Où la simple vertu prodiguant les miracles,
Commandoit à des Rois, & rendoit des oracles.
Il quitte avec regret ce Vieillard vertueux :
Des pleurs en l'embrassant coulérent de ses yeux :
Et dès ce moment même il entrevit l'aurore
De ce jour qui pour lui ne brilloit pas encore.
Mornay parut surpris, & ne fut point touché :
Dieu, Maître de ses dons, de lui s'étoit caché.
Vainement sur la terre il eut le nom de sage :
Au milieu des vertus l'erreur fut son partage.

 Tandis que le Vieillard, instruit par le Seigneur,
Entretenoit le Prince, & parloit à son cœur,
Les Vents impétueux à sa voix s'appaiserent,
Le Soleil reparut, les ondes se calmerent.
          Bientôt

CHANT PREMIER.

Bientôt jusqu'au rivage il conduisit Bourbon :
Le Héros part, & vole aux Plaines d'Albion.

En voïant l'Angleterre, en secret il admire
Le changement heureux de ce puissant empire,
Où l'éternel abus de tant de sages loix,
Fit longtems le malheur & du Peuple & des Rois.
Sur ce sanglant théatre où cent Héros périrent,
Sur ce trône glissant dont cent Rois descendirent,
Une femme à ses pieds enchaînant les destins,
De l'éclat de son règne étonnoit les humains.
C'étoit Elisabeth ; elle dont la prudence
De l'Europe à son choix fit pencher la balance,
Et fit aimer son joug à l'Anglois indompté,
Qui ne peut ni servir, ni vivre en liberté.
Ses Peuples sous son règne ont oublié leurs pertes :
De leurs troupeaux féconds leurs plaines sont couvertes,
Les Guerets de leurs bleds, les Mers de leurs Vaisseaux.
Ils sont craints sur la Terre, ils sont Rois sur les Eaux.
Leur Flotte impérieuse asservissant Neptune,
Des bouts de l'Univers appelle la fortune.
Londres jadis barbare est le centre des Arts,
Le Magazin du Monde, & le Temple de Mars.
* Aux murs de Westminster on voit paroître ensemble
Trois

---

* *Aux murs de Westminster on voit paroître ensemble.*] C'est à Westminster que s'assemble le Parlement d'Angleterre : il faut le concours de la Chambre des Communes, de celle des Pairs, & le consentement du Roi, pour faire des Loix.

Trois Pouvoirs étonnez du nœud qui les rassemble,
Les Députez du Peuple, & les Grands, & le Roi,
Divisez d'interêt, réünis par la Loi ;
Tous trois membres sacrez de ce Corps invincible,
Dangereux à lui-même, à ses Voisins terrible.
Heureux, lorsque le Peuple instruit dans son devoir,
Respecte, autant qu'il doit, le souverain pouvoir !
Plus heureux, lorsqu'un Roi, doux, juste & politique,
Respecte, autant qu'il doit, la Liberté publique !
Ah, s'écria Bourbon, quand pourront les François
Voir d'un règne aussi beau fleurir les justes loix !
Quel exemple pour vous, Monarques de la Terre !
Une Femme a fermé les portes de la guerre ;
Et renvoyant chez vous la discorde & l'horreur,
D'un Peuple qui l'adore, elle a fait le bonheur.

Cependant il arrive à cette Ville immense,
Où la liberté seule entretient l'abondance.
* Du Vainqueur des Anglois il apperçoit la Tour,
Non ; loin d'Elisabeth est l'auguste Séjour.

Suivi de Mornay seul, il va trouver la Reine,
Sans appareil, sans bruit, sans cette pompe vaine
Dont les Grands, quels qu'ils soient, en secret sont épris ;
Mais que le vrai Héros regarde avec mépris.

Il

* *Du Vainqueur des Anglois il apperçoit la Tour.*]
La Tour de Londres est un vieux Château bâti près
de la Tamise par Guillaume le Conquérant, Duc de
Normandie.

CHANT SECOND.

Il parle ; sa franchise est la seule éloquence
Il expose en secret les besoins de la France,
Et jusqu'à la priere humiliant son cœur,
Dans ses soûmissions découvre sa grandeur.
Quoi ! vous servez Valois ? dit la Reine surprise ;
C'est lui qui vous envoïe au bord de la Tamise ?
Quoi ! de ses Ennemis, devenu Protecteur,
Henri vient me prier pour son Persécuteur ?
Des rives du Couchant, aux portes de l'Aurore,
De vos longs differens l'Univers parle encore :
Et je vous vois armer en faveur de Valois,
Ce bras, ce même bras qu'il a craint tant de fois ?

Ses malheurs, lui dit-il, ont étouffé nos haines,
Valois étoit esclave, il brise enfin ses chaînes :
Plus heureux, si toûjours assuré de ma foi,
Il n'eût cherché d'appui que son courage & moi.
Mais il emploïa trop l'artifice & la feinte ;
Il fut mon ennemi par foiblesse & par crainte.
J'oublie enfin sa faute, en voyant son danger.
Je l'ai vaincu, Madame, & je vais le venger.
Vous pouvez, grande Reine, en cette juste guerre,
Signaler à jamais le nom de l'Angleterre,
Couronner nos vertus en deffendant nos droits,
Et venger avec moi la querelle des Rois.

Elisabeth alors avec impatience,
Demande le récit des troubles de la France ;
Veut savoir quels ressorts, & quel enchaînement,

B   On

Ont produit dans Paris un si grand changement.
  Déja, dit-elle au Roi, la prompte renommée
De ces revers sanglans m'a souvent informée ;
Mais sa bouche indiscrete en sa legéreté,
Prodigue le mensonge avec la vérité.
J'ai rejetté toûjours ses récits peu fidèles.
Vous donc, témoin fameux de ces longues querelles,
Vous, toûjours de Valois, le Vainqueur, ou l'appui,
Expliquez-nous le nœud qui vous joint avec lui.
Daignez déveloper ce changement extrême.
Vous seul pouvez parler dignement de vous-même.
Peignez-moi vos malheurs, & vos heureux Exploits.
Songez que votre vie est la leçon des Rois.

  Hélas ! reprit Bourbon, faut-il que ma mémoire
Rapelle de ces tems la malheureuse histoire !
Plût au Ciel irrité, témoin de mes douleurs,
Qu'un étetnel oubli nous cachât tant d'horreurs !
Pourquoi demandez-vous que ma bouche raconte
Des Princes de mon Sang, les fureurs & la honte ?
Mon cœur frémit encore à ce seul souvenir :
Mais vous me l'ordonnez, je vais vous obéïr.
  Sur tout en écoutant ces tristes avantures,
Pardonnez, grande Reine, à des véritez dures,
Qu'un autre auroit pû taire, ou sauroit mieux voiler ;
Mais que jamais Bourbon n'a pû dissimuler.

LA HENRIADE.

CHANT SECOND.

ARGUMENT.

HENRI LE GRAND raconte à la Reine Elisabeth l'Histoire des malheurs de la France : il remonte à leur origine, & entre dans le détail des Massacres de la Saint Barthelemi.

EINE, l'excès des maux où la France est livrée,
Est d'autant plus affreux, que leur source est sacrée.
C'est la Religion, dont le zèle inhumain,
Met à tous les François les armes à la main.

Je ne décide point entre Genève & Rome.] Plusieurs Historiens ont peint Henri IV. flottant entre les deux Religions. On le donne ici pour un homme d'honneur, tel qu'il étoit ; cherchant de bonne foi à s'éclairer ; ami de la vérité ; ennemi de la persécution, & détestant le crime par tout où il se trouve.

* Je ne décide point entre Genève & Rome.
De quelque nom divin que leur Parti les nomme,
J'ai vû des deux côtez la fourbe & la fureur;
Et si la Perfidie est fille de l'erreur,
Si dans les differends où l'Europe se plonge,
La trahison, le meurtre est le sceau du mensonge,
L'un & l'autre Parti cruel également,
Ainsi que dans le crime, est dans l'aveuglement.
Pour moi qui de l'état embrassant la deffense,
Laissai toûjours aux Cieux le soin de leur vengeance.
On ne m'a jamais vû surpassant mon pouvoir,
D'une indiscrette main profaner l'encensoir;
Et périsse à jamais l'affreuse politique,
Qui prétend sur les cœurs un pouvoir despotique,
Qui veut le fer en main convertir les mortels,
Qui du sang hérétique arrose les Autels,
Et suivant un faux zèle, ou l'intérêt pour guides,
Ne sert un Dieu de paix que par des homicides.

Plût à ce Dieu puissant, dont je cherche la Loi,
Que la Cour des Valois eût pensé comme moi!
† Mais l'un & l'autre Guise ont eû moins de scrupule,
Ces Chefs ambitieux d'un Peuple trop crédule,

Cou-

---

† *Mais l'un & l'autre Guise ont eû moins de scrupule.*] François, Duc de Guise, appellé communément alors le grand Duc de Guise, étoit Pere du Balafré; ce fut lui qui avec le Cardinal son Frere jetta les fondemens de la Ligue. Il avoit de très-grandes qualitez qu'il faut bien se donner de garde de confondre avec de la vertu.

CHANT SECOND.

Couvrant leurs intérêts de l'intérêt des Cieux,
Ont conduit dans le piége un Peuple furieux,
Ont armé contre moi sa pieté cruelle;
J'ai vû nos Citoiens s'égorger avec zèle,
Et la flâme à la main courir dans les combats,
Pour de vains argumens qu'ils ne comprenoient pas.
Vous connoissez le Peuple, & savez ce qu'il ose,
Quand du Ciel outragé pensant venger la cause,
Les yeux ceints du bandeau de la Religion,
Il a rompu le frein de la soûmission.
Vous le savez, Madame, & votre prévoiance
Etouffa dès longtems ce mal en sa naissance.
L'orage en vos Etats à peine étoit formé,
Vos soins l'avoient prévû, vos vertus l'ont calmé :
*Vous règnés, Londres est libre, & vos loix florissantes.
  Medicis a suivi des routes differentes.
                                                Peut-

  Le Président de Thou, ce grand Historien, rapporte que François de Guise voulut faire assassiner Antoine de Navarre, Pere de Henri IV. dans la Chambre de François II. Il avoit engagé ce jeune Roi à permettre ce parricide. Antoine de Navarre avoit le cœur hardi, quoique l'esprit foible. Il fut informé du complot, & ne laissa pas d'entrer dans la Chambre où on devoit l'assassiner. S'ils me tuënt, dit-il à Reinsy, Gentilhomme à lui, prenez ma chemise toute sanglante, portez-là à mon Fils & à ma Femme, ils liront dans mon sang ce qu'ils doivent faire pour me venger. François II. n'osa pas, dit M. de Thou, se souiller de ce crime, & le Duc de Guise en sortant de la Chambre, s'écria : [Le pauvre Roi que nous avons !]

Peut-être que sensible à ces tristes récits,
Vous me demanderez quelle étoit Medicis.
Vous l'apprendrez du moins d'une bouche ingénuë.
Beaucoup en ont parlé, mais peu l'ont bien connuë;
Peu de son cœur profond ont sondé les replis.
Pour moi nourri vingt ans à la Cour de ses Fils,
Qui vingt ans sous ses pas vis les orages naître,
J'ai trop à mes périls appris à la connoître.
　Son Epoux expirant dans la fleur de ses jours,
A son ambition laissoit un libre cours.
† Chacun de ses Enfans nourri sous sa tutelle,
Devint son ennemi dès qu'il règna sans elle.
Ses mains autour du trône avec confusion,
Semoient la jalousie, & la division :
Opposant sans relâche avec trop de prudence,
* Les Guises aux Condez, & la France à la France;

Toû-

* *Vous règnez, Londres est libre, & vos loix florissantes.*] M. de Castelnau, Envoié de France auprès
de la Reine Elisabeth, parle ainsi d'elle :
„ Cette Princesse avoit toutes les grandes qualitez
„ qui sont requises pour règner heureusement. On
„ pourroit dire de son Règne ce qui advint au temps
„ d'Auguste, lorsque le Temple de Janus fut fer-
„ mé, &c.
　† *Chacun de ses Enfans nourri sous sa tutelle.*] Catherine de Medicis se brouilla avec son Fils Charles
IX. sur la fin de la vie de ce Prince; & ensuite avec
Henri III. Elle avoit été si ouvertement mécontente
du Gouvernement de François II. qu'on l'avoit soup-
çonnée, quoiqu'injustement, d'avoir hâté la mort
de ce Roi.

CHANT SECOND.

Toûjours prête à s'unir avec ses ennemis,
Et changeant d'intérêt, de rivaux, & d'amis ;
† Esclave des plaisirs, mais moins qu'ambitieuse :
¶ Infidele à sa Secte, & superstitieuse ;
Possedant en un mot, pour n'en pas dire plus,
Tous les deffauts du Sexe, avec peu de vertus.
 Ce mot m'est échapé, je parle avec franchise.
Dans ce Sexe, après tout, vous n'êtes point comprise ;
L'Auguste Elisabeth n'en a que les appas :
Le Ciel qui vous forma pour régir des Etats,
Vous fait servir d'exemple à tous tant que nous sommes,
Et l'Europe vous compte au rang des plus grands hommes.
 Déja François second, par un sort imprévû,
Avoit rejoint son Pere au tombeau descendu ;

---

* *Les Guises aux Condez, & la France à la France.*] Dans les Mémoires de la Ligue on trouve une Lettre de Catherine de Medicis au Prince de Condé, par laquelle elle le remercie d'avoir pris les Armes contre la Cour.

 † *Esclave des plaisirs, mais moins qu'ambitieuse.*] Elle fut acusée d'avoir eû des intrigues avec le Vidame de Chartres mort à la Bastille, & avec un Gentilhomme Breton, nommé Mescoüer.

 ¶ *Infidèle à sa Secte.*] Quand elle crut la Bataille de Dreux perduë & les Protestans vainqueurs ; [Eh bien, dit-elle, nous prierons Dieu en François.]

 Ibid. *& superstitieuse.*] Elle étoit assez foible pour croire à la Magie, témoin les Talismans qu'on trouva après sa mort.

Foible Enfant, qui de Guise adoroit les caprices,
Et dont on ignoroit les vertus & les vices.
  Charles plus jeune encore avoit le nom de Roi.
Medicis règnoit seule, on trembloit sous sa loi.
D'abord sa politique assûrant sa puissance,
Préparoit à son Fils une éternelle enfance ;
Sa main de la Discorde allumant le flambleau,
Marqua par cent combats son Empire nouveau ;
Elle arma le courroux de deux Sectes rivales :
* Dreux qui vit déployer leurs enseignes fatales,
Fut le théatre affreux de leurs premiers exploits :
† Le vieux Montmorenci près du tombeau des Rois ;
D'un plomb mortel atteint par une main guerriere,
De cent ans de travaux termina sa carriere.
¶ Guise auprès d'Orleans se vit assassiné.

* Mon

  * *Dreux qui vit déploïer leurs enseignes fatales.*] La Bataille de Dreux fut la premiere Bataille rangée qui se donna entre le Parti Catholique, & le Parti Protestant. Ce fut en 1562.
  † *Le vieux Montmorenci près du tombeau des Rois.*] Anne de Montmorenci, homme opiniâtre & inflexible, le plus malheureux Général de son tems, pris prisonnier à Pavie & à Dreux, battu à S. Quentin par Philippe II. fut enfin blessé à mort à la Bataille de S. Denis, par un Anglois nommé Stuart ; le même qui l'avoit pris à la Bataille de Dreux.
  ¶ *Guise auprès d'Orleans se vit assassiné.*] C'est ce même François de Guise cité ci-dessus, fameux par la deffense de Mets contre Charles-Quint. Il assiégeoit les Protestans dans Orleans en l'an 1563. lorsque Poltrot-de-Meré, Gentilhomme Angoumois, le tua par

derriere

CHANT SECOND.

* Mon Pere malheureux, à la Cour enchaîné,
Trop foible, & malgré lui servant toûjours la Reine,
Traîna dans les affronts sa fortune incertaine ;
Et toûjours de sa main, préparant ses malheurs,
Combatit & mourut pour ses Persécuteurs.

† Condé, qui vit en moi le seul Fils de son Frere,
M'adopta, me servit & de Maître & de Pere ;
Son Camp fut mon berçeau : là parmi les Guerriers ;
Nourri dans la fatigue à l'ombre des lauriers ;
De la Cour avec lui dédaignant l'indolence,
Ses combats ont été les jeux de mon enfance.
O Plaine de Jarnac ! ô coup trop inhumain !
Barbare Montesquiou, moins guerrier qu'assassin,
Condé déja mourant, tomba sous ta furie.
J'ai vû porter le coup, j'ai vû trancher sa vie ;
Hélas ! trop jeune encor, mon bras, mon foible bras
Ne pût ni prévenir, ni venger son trépas.

Le derriere d'un coup de pistolet chargé de trois balles empoisonnées. Il mourut à l'âge de quarante-quatre ans, comblé de gloire & regretté des Catholiques.

* *Mon Pere malheureux, à la Cour enchaîné.*] Antoine de Bourbon, Roi de Navarre, Pere de Henri IV. étoit un esprit foible & indécis. Il quitta la Relion Protestante où il étoit né, dans le tems que sa Femme renonça à la Religion Catholique. Il ne sut jamais bien de quel Parti ni de quelle Religion il étoit. Il fut tué au Siége de Roüen, où il servoit le Parti des Guises qui l'opprimoient contre les Protestans qu'il aimoit. Il mourut en 1562. au même âge que François de Guise.

† *Condé qui vit en moi le seul Fils de son Frere.*] Le Prince

Le Ciel qui de mes ans protégeoit la foiblesse,
Toûjours à des Héros confia ma jeunesse,
¶ Coligny, de Condé le digne Successeur,
De moi, de mon Parti devint le deffenseur ;
Je lui dois tout, Madame, il faut que je l'avoüe,
Et d'un peu de vertu si l'Europe me loüe,
Si Rome a souvent même estimé mes exploits,
C'est à vous, Ombre illustre, à vous que je le dois.
Je croissois sous ses yeux, & mon jeune courage
Fit longtems de la Guerre un dur apprentissage,
Il m'instruisoit d'exemple au grand art des Héros,
Je voïois ce Guerrier, blanchi dans les travaux,
Soûtenant tout le poids de la cause commune,
Et contre Medicis, & contre la fortune ;
Chéri dans son Parti, dans l'autre respecté ;

Mal-

Prince de Condé dont il est ici question étoit Frere du Roi de Navarre, & Oncle de Henri IV. il fut longtems le Chef des Protestans, & le grand Ennemi des Guises. Il fut tué après la Bataille de Jarnac par Montesquiou, Capitaine des Gardes du Duc d'Anjou, (depuis, Henri III.) Le Comte de Soissons, Fils du mort, chercha par tout Montesquiou & ses Parens pour les sacrifier à sa vengeance.

Henri IV. étoit à la Journée de Jarnac, quoiqu'il n'eût pas quatorze ans, & il remarqua les fautes qui firent perdre la Bataille.

¶ *Coligny de Condé le digne Successeur.*] Gaspard de Coligny, Amiral de France, Fils de Gaspard de Coligny, Marêchal de France, & de Louïse de Montmorenci, Sœur du Connétable, né à Châtillon le 16. Février 1516. Voïez les remarques suivantes.

CHANT SECOND.

Malheureux quelquefois, mais toûjours redouté;
Savant dans les combats, savant dans les retraites;
Plus grand, plus glorieux, plus craint dans ses défaites,
Que Dunois ni Gaston ne l'ont jamais été,
Dans le cours triomphant de leur prospérité.

Après dix ans entiers de succès & de pertes,
Medicis qui voyoit nos Campagnes couvertes
D'un Parti renaissant qu'elle avoit cru détruit,
Lasse enfin de combattre & de vaincre sans fruit,
Voulut sans plus tenter des efforts inutiles,
Terminer d'un seul coup les discordes civiles :
La Cour de ses faveurs nous offrit les attraits;
Et n'ayant pû nous vaincre, on nous donna la paix.
Quelle paix, juste Dieu ! Dieu vengeur que j'atteste,
Que de sang arrosa son olive funeste !
Ciel, faut-il voir ainsi les Maîtres des humains,
Du crime à leurs Sujets applanir les chemins !

Coligny dans son cœur à son Prince fidèle,
Aimoit toûjours la France en combattant contr'elle;
Il chérit, il prévint l'heureuse occasion,
Qui sembloit de l'Etat assûrer l'union.
Rarement un Héros connoit la défiance :
Parmi ses Ennemis il vint plein d'assûrance;
Jusqu'au milieu du Louvre il conduisit mes pas,
Medicis en pleurant me reçut dans ses bras,
Me prodigua longtems des tendresses de mere,
Assûra Coligny d'une amitié sincere;

Vou-

Vouloit par ses avis se regler désormais,
L'ornoit de Dignitez, le combloit de bienfaits,
Montroit à tous les miens, séduits par l'esperance,
Des faveurs de son Fils la flateuse apparence.
Hélas ! nous espérions en jouïr plus longtems.

Quelques-uns soupçonnoient ces perfides présens ;
Les dons d'un ennemi leur sembloient trop à craindre,
Plus ils se défioient, plus le Roi savoit feindre.
Dans l'ombre du secret depuis peu Medicis
A la fourbe, au parjure avoit formé son Fils :
Façonnoit aux forfaits, ce cœur jeune & facile :
Et le malheureux Prince à ses leçons docile,
Par son penchant féroce à les suivre excité
Dans sa coupable école avoit trop profité

Enfin pour mieux cacher cet horrible mistere,
* Il me donna sa Sœur, il m'apella son Frere.
O nom qui m'as trompé, vains sermens, nœud fatal!
Hymen qui de nos maux fus le premier signal!
Tes flambeaux que du Ciel alluma la colere,
Eclairoient à mes yeux le trépas de ma Mere.
† Je ne suis point injuste & je ne prétends pas,

A

---

* *Il me donna sa sœur, il m'appella son Frere.*] Marguerite de Valois, Sœur de Charles IX. fut mariée à Henri IV. en 1572. peu de jours avant les massacres.

† *Je ne suis point injuste, & je ne prétends pas.*] Jeanne d'Albret Mere de Henri IV. attirée à Paris avec le reste des Huguenots, mourut presque subitement entre le mariage de son Fils & la Saint Barthelemi; mais Caillart son Medecin, & Desnœuds son Chirurgien, Protestans passionnez, qui ouvrirent son corps, n'y trouverent aucune marque de poison.

CHANT SECOND.

A Medicis encore imputer son trépas :
J'écarte des soupçons peut-être légitimes ;
Et je n'ai pas besoin de lui chercher des crimes.
Ma Mere enfin mourut. Pardonnez à des pleurs,
Qu'un souvenir si tendre arrache à mes douleurs.
Cependant tout s'aprête, & l'heure est arrivée
Qu'au fatal denoûment la Reine a reservée.
Le signal est donné sans tumulte & sans bruit,
C'étoit à la faveur des ombres de la nuit.
*De ce mois malheureux l'inégale courriere,
Sembloit cacher d'effroi sa tremblante lumiere ;
Coligny languissoit dans les bras du repos,
Et le sommeil trompeur lui versoit ses pavots.
Soudain de mille cris le bruit épouvantable,
Vient arracher ses sens à ce calme agréable :
Il se leve, il regarde, il voit de tous côtez
Courir des assassins à pas précipitez.
Il voit briller par tout les flambeaux & les armes,
Son Palais embrasé, tout un Peuple en allarmes,
Ses Serviteurs sanglants dans la flâme étouffez,
Les Meurtriers en foule au carnage échauffez ;
Criant à haute voix, ,, qu'on n'épargne personne ;
,, C'est Dieu, c'est Medicis, c'est le Roi qui l'ordonne,

Il

---

* *De ce mois malheureux l'inégale courriere.*] Ce fut la nuit du 23. au 24. Août Fête de Saint Barthelemi en 1572. que s'éxécuta cette sanglante Tragédie.

L'Amiral étoit logé dans la ruë Betizy, dans une maison qui est à présent une Auberge apellée l'Hôtel Saint Pierre, où on voit encore sa Chambre.

Il entend retentir le nom de Coligny.
*Il apperçoit de loin le jeune Teligny,
Teligny dont l'amour a merité sa Fille,
L'espoir de son Parti, l'honneur de sa Famille,
Qui sanglant, déchiré, traîné par des Soldats,
Lui demandoit vengeance & lui tendoit les bras.

 Le Héros malheureux, sans armes, sans deffense,
Voïant qu'il faut périr, & périr sans vengeance,
Voulut mourir du moins comme il avoit vêcu,
Avec toute sa gloire, & toute sa vertu.

 Déja des assassins la nombreuse cohorte,
Du Salon qui l'enferme alloit briser la porte;
Il leur ouvre lui-même, & se montre à leurs yeux
Avec cet œil serein, ce front majestueux;
Tel que dans les combats, maître de son courage,
Tranquille il arrêtoit, ou pressoit le carnage.

 A cet air vénérable, à cet auguste aspect,
Les Meurtriers surpris sont saisis de respect;
Une force inconnuë a suspendu leur rage.
Compagnons, leur dit-il, achevez votre ouvrage;
Et de mon sang glacé souillez ces cheveux blancs,
Que le sort des Combats respecta quarante ans;
Frappez, ne craignez rien, Coligny vous pardonne,
         Ma

---

* *Il aperçoit de loin le jeune Teligny.*] Le Comte de Teligny avoit épousé il y avoit dix mois la fille de l'Amiral. Il avoit un visage si agreable & si doux, que les premiers qui étoient venus pour le tuer, s'étoient laissez attendrir à sa vüë; mais d'autres plus barbares le massacrerent.

CHANT SECOND.

Ma vie est peu de chose & je vous l'abandonne....
J'eusse aimé mieux la perdre en combattant pour vous...
Ces tigres à ces mots tombent à ses genoux....
L'un saisi d'épouvente abandonne ses armes ;
L'autre embrasse ses pieds, qu'il trempe de ses larmes ;
Et de ses assassins, ce grand'homme entouré,
Sembloit un Roi puissant par son Peuple adoré.
  * Besme qui dans la Cour attendoit sa Victime,
Monte tout indigné qu'on differe son crime.
Des assassins trop lents il veut hâter les coups.
Aux pieds de ce Héros, il les voit trembler tous.
A cet objet touchant lui seul est infléxible ;
Lui seul à la pitié toûjours inaccessible,
Auroit crû faire un crime & trahir Medicis,
Si du moindre remords il se sentoit surpris.
A travers les Soldats, il court d'un pas rapide ;
Coligny l'attendoit d'un visage intrépide :
Et bientôt dans le flanc ce monstre furieux
Lui plonge son épée, en détournant les yeux ;
De peur que d'un coup d'œil cet auguste visage
Ne fit trembler son bras & glaçât son courage.
  Du plus grand des François, tel fut le triste sort.
                                            †On

----

  * *Besme qui dans la Cour attendoit sa Victime.*] Besme étoit un Allemand, Domestique de la Maison de Guise. Ce miserable étant depuis pris par les Protestans, les Rochelois voulurent l'acheter pour le faire écarteler dans leur Place publique ; mais il fut tué par un nommé Betanville.

* On l'insulte, on l'outrage encore après sa mort.
Son corps percé de coups, privé de sépulture,
Des oiseaux dévorans fut l'indigne pâture;
Et l'on porta sa tête aux pieds de Medicis,
Conquête digne d'elle, & digne de son Fils.
Medicis l'a reçût avec indifference,
Sans paroître jouïr du fruit de sa vengeance,
Sans remords, sans plaisir, maîtresse de ses sens,
Et comme accoutumée à de pareils présens.
  Qui pourroit cependant exprimer les ravages,
Dont cette nuit cruelle étala les images?
La mort de Coligny, prémices des horreurs,
N'étoit qu'un foible essai de toutes leurs fureurs;
D'un Peuple d'assassins les troupes effrenées,
Par devoir & par zèle, au carnage acharnées,
Marchoient, le fer en main, les yeux étincelans,
Sur les corps étendus de nos Freres sanglans.
† Guise étoit à leur tête, & bouillant de colere,

Ven-

  * *On l'insulte, on l'outrage encore après sa mort.*] On pendit l'Amiral de Coligny par les pieds avec une chaîne de fer au Gibet de Montfaucon. Charles IX. alla avec sa Cour joüir de ce spectacle horrible. Un de courtisans disant que le corps de Coligny sentoit mauvais; le Roi répondit comme Vitellius: [le corps d'un ennemi mort sent toûjours bon.]
  Les Protestans prétendent que Catherine de Medicis envoïa au Pape la tête de l'Amiral; ce fait n'est point assûré : Mais il est sûr qu'on porta sa tête à la Reine, avec un coffre plein de papiers, parmi lesquels étoit l'histoire du tems écrite de la main de Coligny.
  † *Guise étoit à leur tête, & bouillant de colere.*]

C'étoit

CHANT SECOND. 33

Vengeoit sur tous les miens les mânes de son Pere.
* Nevers, Gondi, Tavanne, un poignard à la main,
Echauffoient les transports de leur zèle inhumain;
Et portant devant eux la liste de leurs crimes,
Les conduisoient au meurtre, & marquoient les vi‑
  ctimes.

Je ne vous peindrai point le tumulte & les cris,
Le sang de tous côtez ruisselant dans Paris,
Le Fils assassiné sur le corps de son Pere,
Le Frere avec la Sœur, la Fille avec la Mere,
Les Epoux expirans sous leurs toîts embrasez,
Les Enfans au berceau sur la pierre écrasez:
                                        Des

C'étoit Henri Duc de Guise, surnommé le Balafré, fameux depuis par les Barricades, & qui fut tué à Blois: il étoit Fils du Duc François assassiné par Poltrot.

Nevers.] Frederic de Gonzague, de la Maison de Mantouë, Duc de Nevers, l'un des Auteurs de la Saint Barthelemi.

Ibid. *Gondi.*] Albert de Gondi, Maréchal de Retz, Favory de Catherine de Medicis.

Ibid. *Tavanne, un poignard à la main.*] Gaspard de Tavanne, élevé Page chez François Premier. Il cou‑roit dans les rues de Paris la nuit de la Saint Barthele‑mi, criant: [Saignez, saignez, la saignée est aussi bonne au mois d'Août qu'au mois de Mai.] Son Fils qui a écrit des Mémoires, raporte que son Pere étant au lit de la mort, fit une Confession-Générale de sa Vie, & que le Confesseur lui aïant dit d'un air éton‑né: [Quoi! vous ne parlez point de la Saint Barthe‑lemi? Je la regarde, répondit le Maréchal, comme une action méritoire qui doit effacer mes autres pé‑chez.]

C

Des fureurs des humains c'est ce qu'on doit attendre;
Mais ce que l'avenir aura peine à comprendre,
Ce que vous-même encore à peine vous croirez,
Ces monstres furieux de carnage alterez,
Excitez par la voix des Prêtres sanguinaires,
Invoquoient le Seigneur en égorgeant leurs Freres;
Et le bras tout souillé du sang des innocens,
Osoient offrir à Dieu cet execrable encens.
 O combien de Héros indignement périrent!
* Renel & Pardaillan chez les morts descendirent,
† Et vous brave Guerchy, vous sage Lavardin,
Digne de plus de vie, & d'un autre destin.
Parmi les malheureux que cette nuit cruelle
Plongea dans les horreurs d'une nuit éternelle,
¶ Marsillac & Soubise au trépas condamnez,

De-

 * *Renel & Pardaillan chez les morts descendirent.*] Antoine de Clermont-Renel, se sauvant en chemise, fut massacré par le Fils du Baron des Adrets, & par son propre Cousin, Bussy d'Amboise.
Le Marquis de Pardaillan fut tué à côté de lui.
 † *Et vous brave Guerchy, vous sage Lavardin.*] Guerchy se défendit long-tems dans la ruë, & tua quelques Meurtriers avant d'être accablé sous le nombre, mais le Marquis de Lavardin n'eût pas le temps de tirer l'épée.
 ¶ *Marsillac.*] Marsillac, Comte de la Rochefoucault, étoit Favori de Charles IX. & avoit passé une partie de la nuit avec le Roi: Ce Prince avoit eû quelque envie de le sauver, & lui avoit même dit de coucher dans le Louvre, mais enfin il le laissa aller, en disant: [Je vois bien que Dieu veut qu'il perisse.]
 Ibid. *& Soubise au trépas condamnez.*] Soubise portoit

CHANT SECOND.

Defendent quelque-tems leurs jours infortunez :
Sanglans, percez de coups, & respirans à peine,
Jusqu'aux portes du Louvre, on les pousse, on les traîne;
Ils teignent de leur sang ce Palais odieux,
En implorant leur Roi, qui les trahit tous deux.

Du haut de ce Palais excitant la tempête,
Medicis à loisir contemploit cette fête ;
Ses cruels Favoris d'un regard curieux,
Voïoient les flots de sang regorger sous leurs yeux;
Et de Paris en feu les ruines fatales
Etoient de ces Héros les pompes triomphales.

Que dis-je, ô crime! ô honte! ô comble de nos maux!
* Le Roi, le Roi lui-même au milieu des Bourreaux,
Poursuivant des Proscrits les troupes égarées,
Du sang de ses Sujets souilloit ses mains sacrées :
Et ce même Valois que je sers aujourd'hui,
Ce Roi qui par ma bouche implore votre appui,

Para-

toit ce nom, parce qu'il avoit épousé l'Héritiere de la Maison de Soubise. Il s'apelloit Dupont Quellenec. Il se defendit très-long-tems, & tomba percé de coups sous les fenêtres de la Reine : les Dames de la Cour allerent voir son corps nud & tout sanglant, par une curiosité barbare, digne de cette Cour abominable.

* *Le Roi, le Roi lui-même au milieu des Bourreaux.*] J'ai entendu dire au dernier Maréchal de Tessé qu'il avoit connu dans sa jeunesse un Vieillard de quatre-vingt-dix ans, lequel avoit été Page de Charles IX. & lui avoit dit plusieurs fois qu'il avoit chargé lui-même la carabine avec laquelle le Roi avoit tiré sur ses Sujets Protestans la nuit de la Saint Barthelemi.

C 2

Partageant les forfaits de son barbare Frere,
A ce honteux carnage excitoit sa colere.
Non qu'après tout, Valois ait un cœur inhumain,
Rarement dans le sang il a trempé sa main ;
Mais l'exemple du crime assiégeoit sa jeunesse,
Et sa cruauté même étoit une foiblesse.

Quelques-uns, il est vrai, dans la foule des morts,
Du fer des assassins tromperent les efforts.
* De Caumont jeune enfant l'étonnante avanture,
Ira de bouche en bouche à la race future.
Son vieux Pere accablé sous le fardeau des ans,
Se livroit au sommeil entre ses deux Enfans,
Un lit seul enfermoit & les Fils & le Pere ;
Les Meurtriers ardens qu'aveugloit la colere,
Sur eux à coups pressez enfoncent le poignard :
Sur ce lit malheureux la mort vole au hazard.
L'Eternel en ses mains tient seul nos destinées,
Il sait quand il lui plaît veiller sur nos années ;
Tandis qu'en ses fureurs l'homicide est trompé,
D'aucun coup, d'aucun trait Caumont ne fut frapé ;

Un

* *De Caumont jeune enfant l'étonnante avanture.*]
Le Caumont qui échapa à la Saint Barthelemi, est le fameux Maréchal de la Force qui vécut jusqu'à l'âge de quatre-vingt-quatre ans. Il a laissé des Memoires qui n'ont point été imprimez, & qui doivent être encore dans la Maison de la Force. Il dit dans ces Memoires que son Pere & son Frere furent massacrez dans la ruë des Petits-champs ; mais ces circonstances ne sont point du tout essentielles.

CHANT SECOND.

Un invincible bras armé pour sa défense,
Aux mains des meurtriers déroboit son enfance;
Son Pere à son côté sous mille coups mourant,
Le couvroit tout entier de son corps expirant,
Et du Peuple & du Roi, trompant la barbarie,
Une seconde fois il lui donna la vie.
 Cependant, que faisois-je en ces affreux momens!
Hélas! trop assûré sur la foi des sermens,
Tranquille au fond du Louvre, & loin du bruit des armes,
Mes sens d'un doux repos goûtoient encor les charmes,
O nuit! nuit effroïable! ô funeste sommeil!
L'appareil de la mort parut à mon réveil,
On avoit massacré mes plus chers Domestiques,
Le sang de tous côtez inondoit mes portiques,
Et je n'ouvris les yeux que pour envisager
Les miens que sur le marbre on venoit d'égorger.
Les assassins sanglans vers mon lit s'avancerent,
Leurs Parricides mains devant moi se leverent,
Je touchois au moment, qui terminoit mon sort,
Je présentai ma tête & j'attendis la mort.

 Mais soit qu'un vieux respect pour le sang de leurs Maîtres,
Parlât encor pour moi dans le cœur de ses Traîtres;
Soit que de Medicis l'ingenieux courroux
Trouvât pour moi la mort un supplice trop doux;
Soit qu'enfin s'assurant d'un port durant l'orage,
Sa prudente fureur me gardât pour ôtage;

C 3 On

On réferva ma vie à de nouveaux revers,
Et bien-tôt de fa part on m'apporta des fers.
  Coligny plus heureux & plus digne d'envie,
Du moins en fuccombant ne perdit que la vie ;
Sa liberté, fa gloire au tombeau le fuivit...
Vous fremiffez, Madame, à cet affreux récit ;
Tant d'horreur vous furprend ; mais de leur barbarie,
Je ne vous ai conté que la moindre partie.
On eût dit que du haut de fon Louvre fatal,
Medicis à la France eût donné le fignal :
Tout imita Paris ; la mort fans réfiftance
Couvrit en un moment la face de la France.
Quand un Roi veut le crime, il eft trop obéi :
Par cent mille affaffins fon couroux fut fervi,
Et des Fleuves François les eaux enfanglantées,
Ne portoient que des morts aux mers épouvantées.

LA HENRIADE.

CHANT TROISIÉME.

ARGUMENT.

Le Héros continue l'Histoire des Guerres-Civiles de France. Mort funeste de Charles IX. Règne de Henri III. Son caractere: Celui du fameux Duc de Guise, connu sous le nom du Balafré: Bataille de Coutras: Meurtre du Duc de Guise: Extrémitez où Henri III. est réduit: Mayenne est le Chef de la Ligue: D'Aumale en est le Héros: Réconciliation de Henri III. & de Henri, Roi de Navarre: Secours que promet la Reine Elisabeth: Sa réponse à Henri de Bourbon.

QUAND l'Arrêt des Destins eut durant quelques jours,
A tant de cruautez permis un libre cours,
Et que des assassins fatiguez de leurs crimes,
Les glaives émoussez manquerent de Victimes,
Le Peuple dont la Reine avoit armé le bras,

Ouvrit enfin les yeux & vit ses attentats.
Aisément sa pitié succede à sa furie.
Il entendit gémir la voix de sa Patrie.
Bien-tôt Charles lui-même en fut saisi d'horreur,
Le remords dévorant s'éleva dans son cœur.
Des premiers ans du Roi la funeste culture,
N'avoit que trop en lui corrompu la nature ;
Mais elle n'avoit point étouffé cette voix,
Qui jusques sur le Trône épouvante les Rois.
Par sa mere élevé, nourri dans ses maximes,
Il n'étoit point comme elle endurci dans les crimes.
Le chagrin vint flétrir la fleur de ses beaux jours,
Une langueur mortelle en abregea le cours.
Dieu déploïant sur lui sa vengeance sévére,
Marqua ce Roi mourant du sceau de sa colere,
Et par son Châtiment voulut épouventer,
Quiconque à l'avenir oseroit l'imiter.
* Je le vis expirant. Cette image effraïante,
A mes yeux attendris semble être encor présente ;
Son sang à gros bouillons de son corps élancé,
Vengeoit le sang François par ses ordres versé ;
Il se sentoit frappé d'une main invisible ;
Et le Peuple étonné de cette fit terrible,
Plaignit un Roi si jeune & si-tôt moissonné :

Un

---

* *Je le vis expirant. Cette image effraïante.*] Il fut toûjours malade depuis la Saint Barthelemi, & mourut environ deux ans après, le 30. Mai 1574. tout baigné dans son sang qui lui sortoit par les pores.

CHANT TROISIE'ME.

Un Roi par les méchans dans le crime entraîné,
Et dont le repentir promettoit à la France,
D'un Empire plus doux quelque foible espérance.

Soudain du fond du Nord au bruit de son trépas,
L'impatient Valois accourant à grands pas,
Vint saisir dans ces lieux tout fumans de carnage,
D'un Frere infortuné le sanglant héritage.
* La Pologne en ce tems avoit d'un commun choix,
Au rang des Jagellons placé l'heureux Valois;
Son nom plus redouté que les plus puissans Princes,
Avoit gagné pour lui les voix de cent Provinces.
C'est un poids bien pesant qu'un nom trop-tôt fameux,
Valois ne soûtint pas ce fardeau dangereux.
Reine, je parle ici sans détour & sans feinte,
Vous m'avez commandé de bannir la contrainte,
Et mon cœur qui jamais n'a sû se déguiser,
Prêt à servir Valois ne sauroit l'excuser.
Sa gloire avoit passé comme une ombre legere,
Ce changement est grand, mais il est ordinaire.
On a vû plus d'un Roi, par un triste retour,
Vainqueur dans les combats, esclave dans sa Cour.
Reine, c'est dans l'esprit qu'on voit le vrai courage.
Valois reçut des Cieux des vertus en partage.

Il

* *La Pologne en ce tems avoit d'un commun choix.*]
La réputation qu'il avoit acquise à Jarnac & à Moncontour, soûtenuë de l'argent de la France, l'avoit fait élire Roi de Pologne en 1573. Il succeda à Sigismond II. dernier Prince de la Race des Jagellons.

Il est vaillant, mais foible ; & moins Roi que Soldat,
Il n'a de fermeté qu'en un jour de combat.
Ses honteux Favoris flatant son indolence,
De son cœur à leur gré gouvernoient l'inconstance ;
Au fond de son Palais avec lui renfermez,
Sourds aux cris douloureux des Peuples opprimez,
Ils dictoient par sa voix leurs volontez funestes,
Des trésors de la France ils dissipoient les restes,
Et le Peuple accablé poussant de vains soûpirs,
Gémissoit de leur luxe & païoit leurs plaisirs.

Tandis que sous le joug de ses Maîtres avides,
Valois pressoit l'Etat du fardeau des subsides,
* On vit paroître Guise ; & le Peuple inconstant
Tourna bien-tôt ses yeux vers cet Astre éclatant :
Sa valeur, ses exploits, la gloire de son Pere,
Sa grace, sa beauté, cet heureux don de plaire,
Qui mieux que la vertu fait régner sur les cœurs,
Attiroient tous les vœux par leurs charmes vain-
    queurs.
Nul ne sut mieux que lui le grand art de séduire,
Nul sur ses passions n'eut jamais plus d'empire,
Et ne sut mieux cacher sous des dehors trompeurs,

Des

---

* *On vit paroître Guise ; & le Peuple inconstant.*]
Henri de Guise, le Balafré, né en 1550. de François de Guise, d'Anne d'Est. Il executa le grand
projet de la Ligue formé par le Cardinal de Lorraine son Oncle au Concile de Trente, & entamé par
François son Pere.

CHANT TROISIE'ME.

Des plus vastes desseins les sombres profondeurs,
Impérieux & doux, cruel & populaire,
Des Peuples en public il plaignoit la misère,
Détestoit des Impôts le fardeau rigoureux;
Le Pauvre alloit le voir, & revenoit heureux;
Souvent il prévenoit la timide indigence,
Ses bienfaits dans Paris annonçoient sa presence;
Il savoit captiver les Grands qu'il haïssoit;
Terrible & sans retour alors qu'il offensoit;
Téméraire en ses vœux, souple en ses artifices,
Brillant par ses vertus, & même par ses vices.
Connoissant les périls, & ne redoutant rien;
Heureux Guerrier, grand Prince, & mauvais Citoïen.

Quand il eut quelque-tems essayé sa puissance,
Et du Peuple aveuglé crû fixer l'inconstance,
Il ne se cacha plus, & vint ouvertement
Du trône de son Roi briser le fondement.
Il forma dans Paris cette Ligue funeste,
Qui bien-tôt de la France infecta tout le reste;
Monstre affreux, qu'ont nourri les Peuples & les
      Grands,
Engraissé de carnage & fertile en Tyrans.

La France dans son sein vit alors deux Monarques.
L'un n'en possédoit plus que les frivoles marques;
L'autre portant par tout l'espérance & l'effroi,
A peine avoit besoin du vain titre de Roi.

Valois se réveilla du sein de son yvresse.
Ce bruit, cet appareil, ce danger qui le presse;

Ou-

Ouvrirent un moment ses yeux appésantis :
Mais du jour importun ses regards éblouïs,
Ne distinguerent point au fort de la tempête,
Les foudres menaçans qui grondoient sur sa tête ;
Et bien-tôt fatigué d'un moment de reveil,
Las, & se rejettant dans les bras du sommeil,
Entre ses Favoris, & parmi les délices,
Tranquille il s'endormit au bord des précipices.

 Je lui restois encore ; & tout prêt de périr,
Il n'avoit plus que moi qui pût le secourir :
Héritier après lui du Trône de la France,
Mon bras sans balancer s'armoit pour sa défense :
J'offrois à sa foiblesse un nécessaire appui ;
Je voulois le sauver, ou me perdre avec lui.

 Mais Guise trop habile & trop savant à nuire,
L'un par l'autre en secret songeoit à nous détruire ;
Que dis-je, il obligea Valois à se priver
De l'unique soutien qui le pouvoit sauver.
De la Religion le prétexte ordinaire,
Fut un voile honorable à cet affreux mystere.
Par sa feinte vertu tout le Peuple échauffé,
Ranima son courroux encore mal étouffé.
Il leur représentoit le culte de leurs Peres.
Les derniers attentats des Sectes étrangeres,
Me peignoit ennemi de l'Eglise & de Dieu ;
Il porte, disoit-il, ses erreurs en tout lieu ;
Il suit d'Elisabeth les dangereux exemples ;
Sur vos Temples détruits il va fonder ses Temples ;
Vous verrez dans Paris ses Prêches criminels.
           Tout

Tout le Peuple à ces maux trembla pour ses Autels.
Jusqu'au Palais du Roi l'allarme en est portée.
La Ligue, qui feignoit d'en être épouvantée,
Vient de la part de Rome annoncer à son Roi,
Que Rome lui deffend de s'unir avec moi.
Helas ! le Roi trop foible obéït sans murmure ;
Et lorsque je volois pour venger son injure,
J'aprens que mon Beau-Frere, à la Ligue soûmis,
S'unissoit pour me perdre, avec ses ennemis ;
De Soldats malgré lui couvroit déja la Terre,
Et par timidité me déclaroit la guerre.

Je plaignis sa foiblesse, & sans rien menager ;
Je courus le combatre au lieu de le venger :
De la Ligue, en cent lieux, les Villes allarmées,
Contre moi dans la France enfantoient des armées ;
Joyeuse, avec ardeur, venoit fondre sur moi,
Ministre impétueux des foiblesses du Roi.
Guise dont la prudence égaloit le courage,
Dispersoit mes amis, leur fermoit le passage.
D'armes & d'ennemis pressé de toutes parts,
Je les défiai tous, & tentai les hazards.

Je cherchai dans Coutras ce superbe Joyeuse,
Vous savez sa défaite, & sa fin malheureuse.
Je dois vous épargner des recits superflus.

Non, je ne reçois point vos modestes refus :
Non, ne me privez point, dit l'Auguste Princesse,
D'un récit qui m'éclaire autant qu'il m'interesse,
N'oubliez point ce jour, ce grand jour de Coutras,

Ce Joyeuſe, ſa mort, ces immortels combats.
L'Auteur de tant d'exploits doit ſeul me les aprendre;
Et peut-être je ſuis digne de les entendre.
Elle dit : le Héros à ce diſcours flateur,
Sentit couvrir ſon front d'une noble rougeur;
Et réduit à regret à parler de ſa gloire,
Il pourſuivit ainſi cette fatale Hiſtoire :

* De tous les Favoris qu'idolâtroit Valois,
Qui flatoient ſa moleſſe, & lui donnoient des Loix;
Joyeuſe né d'un ſang chez les François inſigne,
D'une faveur ſi haute étoit le moins indigne :
Il avoit des vertus ; & ſi de ſes beaux jours
La Parque en ce combat n'eût abregé le cours,
Sans doute, aux grands exploits, ſon ame accoûtumée,
Auroit de Guiſe un jour atteint la renommée.
Mais nourri juſqu'alors au milieu de la Cour,

Dans

* *De tous les Favoris qu'idolâtroit Valois.*] Anne,
Duc de Joyeuſe, avoit épouſé la Sœur de la Femme
de Henri III. Dans ſon Ambaſſade à Rome il fut
traité comme Frére du Roi. Il avoit un cœur digne
de ſa grande fortune. Un jour ayant fait attendre
trop long-tems les deux Secretaires d'Etat dans l'Antichambre du Roi, il leur en fit ſes excuſes en leur
abandonnant un don de cent mille écus que le Roi venoit de lui faire. Il donna la Bataille de Coutras contre Henri IV. alors Roi de Navarre, le 20. Octobre
1587. On comparoit ſon Armée à celle de Darius,
& l'Armée de Henri IV. à celle d'Alexandre. Joyeuſe fut tué dans la Bataille par deux Capitaines d'In-
fanterie, nommez Bordaux & Deſcentiers.

CHANT TROISIE'ME.

Dans le sein des Plaisirs, dans les bras de l'Amour,
Il n'eut à m'opposer qu'un excès de courage,
Dans un jeune Héros dangereux avantage,
Les Courtisans en foule attachez à son sort,
Du sein des voluptez s'avançoient à la mort.
Des chifres amoureux, gages de leurs tendresses,
Traçoient sur leurs habits les noms de leurs Maîtresses,
Leurs armes éclatoient du feu des diamans,
De leurs bras énervez frivoles ornemens;
Ardens, tumultueux, privez d'expérience,
Ils portoient au Combat leur superbe imprudence:
Orgueilleux de leur pompe, & fiers d'un Camp nom-
  breux,
Sans ordre, ils s'avançoient d'un pas impétueux.
D'un éclat different mon Camp frappoit leur vûe.
  Mon armée en silence à leurs yeux étendue,
N'offroit de tous côtez que farouches Soldats,
Endurcis aux travaux, vieillis dans les Combats,
Accoûtumez au sang & couverts de blessures,
Leur fer & leurs mousquets composoient leurs parû-
  res.
Comme eux vêtu sans pompe, armé de fer comme eux,
Je conduisois aux coups leurs escadrons poudreux;
Comme eux, de mille morts affrontant la tempête,
Je n'étois distingué qu'en marchant à leur tête.
Je vis nos ennemis vaincus & renversez,
Sous nos coups expirans, devant nous dispersez.
A regret dans leur sein j'enfonçois cette épée,
Qui du sang Espagnol eût été mieux trempée.

Ii

Il le faut avoüer, parmi ces Courtifans,
Que moiffonna le fer en la fleur de leurs ans,
Aucun ne fut percé, que de coups honorables ;
Tous fermes dans leur pofte & tous inébranlables ;
Ils voïoient devant eux avancer le trépas ;
Sans détourner les yeux, fans reculer d'un pas.
Des Courtifans François tel eft le caractere,
La paix n'amollit point leur valeur ordinaire ;
De l'ombre du repos ils volent aux hazards ;
Vils flatteurs à la Cour, Héros aux Champs de Mars.
Pour moi dans les horreurs d'une mêlée affreufe ;
J'ordonnois, mais en vain, qu'on épargnât Joyeufe,
Je l'apperçus bien-tôt porté par des Soldats,
Pâle, & déja couvert des ombres du trépas.
Telle une tendre fleur qu'un matin voit éclore,
Des baifers du Zéphire & des pleurs de l'Aurore,
Brille un moment aux yeux, & tombe avant le tems ;
Sous le tranchant du fer, ou fous l'effort des Vents.
 Mais pourquoi rapeller cette trifte Victoire !
Que ne puis-je plûtôt ravir à la Mémoire,
Des fuccès trop heureux déplorez tant de fois !
Mon bras n'eft encor teint que du fang des François,
Ma grandeur, à ce prix, n'a point pour moi de charmes,
Et mes lauriers fanglans font baignez de mes larmes.

 Ce malheureux Combat ne fit qu'approfondit.
L'abime dont Valois vouloit en vain fortir.
Il fut plus méprifé quand on vit fa difgrace ;
Paris fut moins foûmis, la Ligue eut plus d'audace ;
          Et

Et la gloire de Guise aigrissant ses douleurs
Ainsi que ses affronts, redoubla ses malheurs.
* Guise dans Vimori, d'une main plus heureuse,
Vengea sur les Germains la perte de Joyeuse,
Accabla dans Auneau mes Alliez surpris,
Et couvert de lauriers se montra dans Paris.
Ce Vainqueur y parut comme un Dieu tutélaire.
Valois vit triompher son superbe adversaire,
Qui toûjours insultant à ce Prince abbatu,
Sembloit l'avoir servi moins que l'avoir vaincu.

  La honte irrite enfin le plus foible courage.
L'insensible Valois ressentit cet outrage :
Il voulut d'un Sujet réprimant la fierté ;
Essaïer dans Paris sa foible autorité.
Il n'en étoit plus tems ; la tendresse & la crainte
Pour lui dans tous les cœurs étoit alors éteinte :
Son Peuple audacieux prompt à se mutiner,
Le prit pour un Tyran dès qu'il voulut régner.
On s'assemble, on conspire, on répand les allarmes,
Tout Bourgeois est Soldat, tout Paris est en armes ;
Mille remparts naissans qu'un instant a formez,
                           Mena-

---

  * *Guise dans Vimori, d'une main plus heureuse.*]
Dans le même tems que l'Armée du Roi étoit battuë à Coutras, le Duc de Guise faisoit des Actions d'un très-habile Général, contre une Armée nombreuse de Reitres venus au secours de Henri IV. & après les avoir harcelez & fatiguez long-tems, les défit au Villae d'Auneau.

Menacent de Valois les Gardes enfermez.
  * Guise tranquille & fier au milieu de l'orage,
Précipitoit du Peuple ou retenoit la rage,
De la sédition gouvernoit les ressorts,
Et faisoit à son gré mouvoir ce vaste corps.
Tout le peuple au Palais couroit avec furie,
Si Guise eut dit un mot, Valois étoit sans vie :
Mais lorsque d'un coup d'œil il pouvoit l'accabler,
Il parut satisfait de l'avoir fait trembler ;
Et des mutins lui-même arrêtant la poursuite,
Lui laissa par pitié le pouvoir de la fuite :
Enfin Guise attenta, quel que fut son projet,
Trop peu pour un Tyran, mais trop pour un Sujet.
Quiconque a pû forcer son Monarque à le craindre,
A tout à redouter, s'il ne veut tout enfraindre.
Guise en ses grands desseins dès ce jour affermi,
Vit qu'il n'étoit plus tems d'offenser à demi ;
Et qu'élevé si haut, mais sur un précipice,
S'il ne montoit au Trône, il marchoit au suplice :
Enfin Maître absolu d'un Peuple révolté,
Le cœur plein d'esperance & de témérité,
Appuïé des Romains, secouru des Iberes,
Adoré des François, secondé de ses Freres,
† Ce Sujet orgueilleux crut ramener ces tems,

Où

---

  * *Guise tranquille & fier au milieu de l'orage.*] Le Duc de Guise à cette journée des Barricades se contenta de renvoyer à Henri III. ses Gardes, après les avoir désarmez.

CHANT TROISIE'ME.

Où de nos premiers Rois les lâches Descendans,
Déchus presque en naissant de leur pouvoir suprême,
Sous un froc odieux cachoient leur Diadême,
Et dans l'ombre d'un Cloître en secret gémissans,
Abandonnoient l'Empire aux mains de leurs Tyrans.

   Valois, qui cependant differoit sa vengeance,
Tenoit lors dans Blois les Etats de la France.
Peut-être on vous a dit quels furent ces Etats :
On proposa des Loix qu'on n'éxécuta pas ;
De mille Députez l'éloquence sterile,
Y fit de nos abus un détail inutile ;
Car de tant de conseils l'effet le plus commun,
Est de voir tous nos maux sans en soulager un.

Au

† *Ce sujet orgueilleux crut ramener ces tems.*] Le Cardinal de Guise, Frere du Duc, avoit dit souvent qu'il esperoit tenir bien-tôt la tête de Henri III. entre ses jambes pour lui faire une Couronne de Moine. Ce dessein étoit si public, qu'on afficha ces deux Vers Latins aux Portes du Louvre :

QUI DEDIT ANTE DUAS, UNAM ABSTULIT,
    ALTERA NUTAT.
TERTIA TONSORIS EST FACIENDA MANU.

Ce que l'on peut voir traduit ainsi dans les Manuscrits de feu M. de Mesmes, premier Président du Parlement de Paris.

   Valois qui les Dames n'aime,
   Deux Couronnes posseda,

D 2   Bien

Au milieu des Etats Guise avec arrogance,
De son Prince offensé vint braver la presence,
S'assit auprès du Trône, & sûr de ses projets,
Crut dans ces Députez voir autant de Sujets.
Déja leur Troupe indigne, à son Tyran venduë,
Alloit mettre en ses mains la puissance absoluë;
Lorsque las de le craindre & las de l'épargner.
Valois voulut enfin se venger & règner.
Son Rival chaque jour soigneux de lui déplaire,
Dédaigneux ennemi, méprisoit sa colere;
Ne soupçonnant pas même, en ce Prince irrité,
Pour un assassinat assez de fermeté.
Son destin l'aveugloit, son heure étoit venuë.
Le Roi le fit lui-même immoler à sa vûë;
* De cent coups de poignard indignement percé.
Son orgueil en mourant ne fut point abaissé;
Et ce front, que Valois craignoit encor peut être,

Tou

    Bientôt sa prudence extrême,
    De deux l'une lui ôta.
    L'autre va tomber de même,
    Grace à ses heureux travaux:
    Une paire de ciseaux
    Doit lui donner la troisiéme.

* *De cent coups de poignard indignement percé.*
Il fut assassiné dans l'Antichambre du Roi au Château de Blois un Vendredi 23. Décembre 1588. par Laugnac, Gentilhomme Gascon, & par quelques uns des Gardes de Henri III. qu'on nommoit les Quarante-cinq. Le Roi leur avoit distribué lui même les poignards dont le Duc fut percé.

Tout pâle & tout sanglant sembloit braver son Maître
C'est ainsi que mourut ce Sujet tout puissant,
De vices, de vertus, assemblage éclatant ;
Le Roi, dont il ravit l'Autorité suprême,
La souffrit lâchement & s'en vengea de même.

   Bien-tôt ce bruit affreux se répand dans Paris.
Le Peuple épouvanté remplit l'air de ses cris,
Les Vieillards désolez, les Femmes éperdues,
Vont du malheureux Guise embrasser les Statues.
Tout Paris croit avoir en ce pressant danger,
L'Eglise à soûtenir, & son Pere à venger ;
De Guise au milieu d'eux le redoutable Frére,
Mayenne à la vengeance anime leur colere,
Et plus par intérêt, que par ressentiment,
Il allume en cent lieux ce grand embrasement.

   * Mayenne dès long-tems nourri dans les allarmes,
Sous le superbe Guise avoit porté les armes ;
Il succede à sa gloire ainsi qu'à ses desseins,
Le Sceptre de la Ligue a passé dans ses mains.
Cette Grandeur sans borne, à ses desirs si chere,
Le console aisément de la perte d'un Frere ;
Il servoit à regret, & Mayenne aujourd'hui

Ai-

* *Mayenne dès long-tems nourri dans les allarmes.*]
Le Duc de Mayenne, Frere puîné du Balafré, tué à
Blois, avoit été long-tems jaloux de la réputation de
son aîné. Il avoit toutes les grandes qualitez de son
Frere, à l'activité près.

Aime mieux le venger que de marcher sous lui,
Mayenne a, je l'avouë, un courage Héroïque,
Il fait par une heureuse & sage politique,
Réünir sous ses loix mille esprits differens,
Ennemis de leur Maître, esclaves Tyrans.
Il connoit leurs talens, il sait en faire usage ;
Souvent du malheur même il tire un avantage.
Guise avec plus d'éclat éblouïssoit les yeux,
Fut plus grand, plus Héros, mais non plus dangereux,
Voilà quel est Mayenne, & quelle est sa puissance.
Autant la Ligue altiere espere en sa prudence,
* Autant la jeune Aumale au cœur présomptueux
Répand dans les esprits son courage orgueilleux.
D'Aumale est du Parti le bouclier terrible,
Il a jusqu'aujourd'hui le titre d'Invincible.
Mayenne qui le guide au milieu des Combats
Est l'ame de la Ligue, & l'autre en est le bras.

Cependant des Flamans l'oppresseur politique,
Ce funeste Allié, ce Tyran CATHOLIQUE,
Ce Roi dont l'artifice est le plus grand soûtien,
Ce Roi votre ennemi, mais plus encor le mien,
† Philippe, de Mayenne embrassant la querelle,

Soû-

* *Autant le jeune Aumale au cœur présomptueux.*]
Voyez la remarque de la pag. 65. du quatriéme Chant.

† *Philippe, de Mayenne embrassant la querelle.*]
Philippe II. Roi d'Espagne, Fils de Charles-Quint.
On l'appelloit le Démon du Midi, DÆMONIUM
ME-

CHANT TROISIE'ME.

Soûtient de nos rivaux la cause criminelle ;
* Et Rome, qui devoit étouffer tant de maux,
Rome de la discorde allume les flambeaux ;
Celui qui des Chrétiens se dit encor le Pere,
Met aux mains de ses Fils un glaive sanguinaire.
Des deux bouts de l'Europe, à mes regards surpris,
Tous les malheurs ensemble accourent dans Paris.
Enfin Roi sans sujets, poursuivi sans deffense,
Valois s'est vû forcé d'implorer ma puissance.
Il m'a crû généreux, & ne s'est point trompé.
Des malheurs de l'Etat mon cœur s'est occupé.
Un danger si pressant a fléchi ma colere ;
Je n'ai plus dans Valois regardé qu'un Beau-Frere ;
Mon devoir l'ordonnoit, j'en ai subi la loi,
Et Roi, j'ai deffendu l'autorité d'un Roi.
† Je suis venu vers lui sans Traité, sans ôtage ;

Votre MERIDIANUM, parce qu'il troubloit toute l'Europe, au Midi de laquelle l'Espagne est située Il envoia de puissans secours à la Ligue dans le dessein de faire tomber la Couronne de France à l'Infante Claire Eugenie, ou à quelque Prince de sa famille.

Et Rome qui devoit étouffer tant de maux.] La Cour de Rome gagnée par les Guises, & soumise alors à l'Espagne, fit ce qu'elle pût pour ruiner la France : Gregoire XIII. secourut la Ligue d'hommes & d'argent ; & Sixte-Quint commença son Pontificat par les excès les plus grands, & heureusement les plus inutiles contre la Maison Roïale, comme on peut voir aux Remarques sur le premier Chant.

† *Je suis venu vers lui sans Traité, sans ôtage.*] Henri IV. alors Roi de Navarre, eut la générosité d'aller à Tours voir Henri III. suivi d'un Page seulement,

Votre fort, ai-je dit, est dans votre courage ;
Venez mourir ou vaincre aux remparts de Paris.
Alors un noble orgueil a rempli ses esprits :
Je ne me flatte point d'avoir pû dans son ame,
Verser par mon exemple une si belle flame ;
Sa disgrace a sans doute éveillé sa vertu,
Il gémit du repos qui l'avoit abatu ;
Valois avoit besoin d'un destin si contraire,
Et souvent l'infortune aux Rois est nécessaire.
 Tels étoient de Henri les sinceres discours.
Des Anglois cependant il presse le secours :
Déja du haut des murs de la Ville rebelle,
La voix de la Victoire en son Camp le rapelle.
Mille jeunes Anglois vont bien-tôt sur ses pas,
Fendre le sein des Mers, & chercher les Combats.
 * Essex est à leur tête, Essex dont la vaillance
A des fiers Castillans confondu la prudence,
Et qui ne croïoit pas qu'un indigne destin
Dût flêtrir les lauriers qu'avoit cueillis sa main.
 Henri ne l'attend point ce Chef que rien n'arrête,
Im-

ment, malgré les défiances & les prieres de ses
vieux Officiers qui craignoient pour lui une seconde
Saint Barthelemi.
 * *Essex est à leur tête, Essex dont la vaillance.*
Robert de Dreux, Comte d'Essex, fameux par la prise de Cadix sur les Espagnols, par la tendresse d'Elisabeth pour lui, & par sa mort tragique en 1601.
Il avoit pris Cadix sur les Espagnols, & les avoit
battus plus d'une fois sur Mer. La Reine Elisabeth
l'envoïa effectivement en France en 1590. au secours de Henri IV. à la tête de cinq mille hommes.

CHANT TROISIE'ME.

Impatient de vaincre à son départ s'apprête.
Allez, lui dit la Reine, allez, digne Héros,
Mes Guerriers sur vos pas traverseront les flots;
Ce n'est point votre Roi, c'est vous qu'ils veulent sui-
A vos soins généreux mon amitié les livre.   [vre:
Au milieu des Combats vous les verrez courir,
Plus pour vous imiter que pour vous secourir:
Formez par votre exemple au grand art de la guerre,
Ils apprendront sous vous à servir l'Angleterre.
Puisse bien-tôt la Ligue expirer sous vos coups!
L'Espagne sert Mayenne, & Rome est contre vous,
Allés vaincre l'Espagne, & songés qu'un grand homme
Ne doit point redouter les vains foudres de Rome.

Allez des Nations venger la liberté;
De Sixte & de Philippe abaissez la fierté.

Philippe de son Pere héritier tyrannique,   [que,
Moins grand, moins courageux, & non moins politi-
Divisant ses Voisins pour leur donner des fers,
Du fond de son Palais croit dompter l'Univers.

* Sixte au Trône élevé du sein de la poussiere,

Avec

---

* *Sixte au Trône élevé du sein de la poussiere.*] Sixte-Quint, né aux grotes dans la Marche d'Ancône d'un pauvre Vigneron nommé Peretty, homme dont la turbulence égala la dissimulation. Etant Cordelier il assomma de coups le Neveu de son Provincial, & se brouilla avec tout l'Ordre. Inquisiteur à Venise il y mit le trouble, & fut obligé de s'enfuir. Etant Cardinal il composa en Latin la Bulle d'excommunication, lancée par le Pape Pie V. contre la Reine Elisabeth; cependant il estimoit cette Reine, & l'apelloit UN GRAN CERVELLO DI PRINCIPESSA.

Avec moins de puissance a l'ame encor plus fiere ;
Le Pastre de Montalte est le rival des Rois,
Dans Paris, comme à Rome, il veut donner des loix ;
Sous le pompeux éclat d'un triple Diadême,
Il pense asservir tout, jusqu'à Philippe même.
Violent, mais adroit, dissimulé, trompeur,
Ennemi des Puissans, des foibles oppresseur,
Dans Londres, dans la Cour, il a formé des brigues,
Et l'Univers, qu'il trompe, est plein de ses intrigues.
   Voilà les ennemis que vous devez braver.
Contre moi l'un & l'autre oserent s'élever :
L'un combattant en vain l'Anglois & les orages,
*Fit voir à l'Océan sa fuite & ses naufrages,
Du sang de ses Guerriers ce bord est encor teint ;
L'autre se tait dans Rome, & m'estime, & me craint.
   Suivez donc à leurs yeux votre noble entreprise.
Si Mayenne est vaincu, Rome sera soûmise :
Vous seul pouvez regler sa haine ou ses faveurs ;
Infléxible aux Vaincus, complaisante aux Vainqueurs,
Prête à vous condamner, facile à vous absoudre,
C'est à vous d'allumer ou d'éteindre sa foudre.

*Fit voir à l'Ocean sa fuite & ses naufrages.]
Cet événement étoit tout récent, car Henri IV. est
supposé voir secretement Elisabeth en 1589. &
c'étoit l'année précédente que la grande Flotte de
Philippe II. destinée pour la Conquête de l'Angleterre, fut battuë par l'Amiral Drake, & dispersée
par la tempête.

Chant 4

LA HENRIADE.

CHANT QUATRIÉME.

ARGUMENT.

D'Aumale étoit prêt de se rendre maître du Camp de Henri III. lorsque le Héros revenant d'Angleterre combat les Ligueurs, & fait changer la fortune. La Discorde console Mayenne & vole à Rome pour y chercher du secours. Description de Rome où règnoit alors Sixte-Quint. La Discorde y trouve la Politique : Elle revient avec elle à Paris : Souleve la Sorbonne : Anime les Seize contre le Parlement, & arme les Moines : On livre à la main du Bourreau des Magistrats qui tenoient pour le Parti des Rois : Trouble & confusion horrible dans Paris.

ANDIS que poursuivant leurs enttretiens secrets,
Et pesant à loisir de si grands intérêts,
Ils épuisoient tous deux la science profonde
De combattre, de vaincre, & de régir le monde;
La Seine avec effroi voit sur ces bords sanglans,

Les

Les Drapeaux de la Ligue abandonnez aux Vents.
　　Valois, loin de Henri, rempli d'inquiétude,
Du Destin des Combats craignoit l'incertitude.
A ses desseins flottans il falloit un appui ;
Il attendoit Bourbon, sûr de vaincre avec lui :
Par ces retardémens les Ligueurs s'enhardirent ;
Des Portes de Paris leurs Légions sortirent.
Le superbe d'Aumale, & Némours, & Brissac ;
Le farouche Saint Paul, la Châtre, Canillac,
D'un coupable Parti deffenseurs intrépides,
Epouvantoient Valois de leurs succès rapides ;
Et ce Roi trop souvent sujet au repentir,
Regrettoit le Héros qu'il avoit fait partir.
　　Parmi ces Combattans, ennemis de leurs Maîtres,
* Un Frere de Joyeuse osa longtems paroître.

Ce

*Un Frere de Joyeuse osa long-tems paroître.] Henri, Comte de Bouchage, Frere-puiné du Duc de Joyeuse, tué à Coutras.
　Un jour qu'il passoit à Paris à quatre heures du matin, près du Convent des Capucins, après avoir passé la nuit en débauche, il s'imagina que les Anges chantoient Matines dans le Convent : frappé de cette idée il se fit Capucin sous le nom de Frere Ange. Depuis il quitta son Froc, & prît les Armes contre Henri IV. Le Duc de Mayenne le fit Gouverneur du Languedoc, Duc & Pair, & Maréchal de France. Enfin il fit son accommodement avec le Roi ; mais un jour ce Prince étant avec lui sur un Balcon, au-dessus duquel beaucoup de Peuple étoit assemblé, [Mon Cousin, lui dit Henri IV. ces Gens-ci me paroissent fort aises de voir ensemble un Apostat & un Renegat.] Cette parole du Roi fit rentrer Joyeuse dans son Convent où il mourut.

CHANT QUATRIE'ME.

Ce fut lui que Paris vit passer tour à tour,
Du Siécle au fond d'un Cloître, & du Cloître à la Cour;
Vicieux, Pénitent, Courtisan, Solitaire,
Il prit, quitta, reprit la cuirasse, & la haire.
Du pied des saints Autels arrosez de ses pleurs,
Il courut de la Ligue animer les fureurs ;
Et plongea dans le sang de la France éplorée,
La main qu'à l'Eternel il avoit consacrée.

Mais de tant de Guerriers, si fiers, si dangereux,
Celui qui mérita l'éloge malheureux,
D'avoir plus ébranlé la Puissance Roïale,
* Ce fut vous, jeune Prince, impétueux d'Aumale ;
Vous né du Sang Lorrain, si fécond en Héros ;
Vous, ennemis des Rois, des Loix, & du repos.
La fleur de la Noblesse en tout tems l'accompagne,
Avec eux sans relâche, il fond dans la Campagne,
Tantôt dans le silence, & tantôt à grand bruit,
A la clarté des Cieux, dans l'ombre de la nuit,
Chez l'Ennemi surpris portant par tout la Guerre,
Du sang des Assiégeans son bras couvroit la Terre.

Dans un de ces Combats, de sa gloire enivré,
Aux Tentes de Valois il avoit pénétré.
La nuit & la surprise augmentoient les allarmes.

Tout

* *Ce fut vous, jeune Prince, impétueux d'Aumale.*] Le Chevalier d'Aumale, Frere du Duc d'Aumale, de la Maison de Lorraine, jeune homme impétueux qui avoit des qualitez brillantes, qui étoit toûjours à la tête des Sorties pendant le Siége de Paris, & inspiroit aux Habitans sa valeur & sa confiance.

Tout plioit, tout trembloit, tout cédoit à ſes armes.
Cet orageux torrent prompt à ſe déborder,
Dans ſon choc ténébreux alloit tout inonder,
L'étoile du matin commençoit à paroître,
Mornay qui précedoit le retour de ſon Maître,
Voïoit déja les Tours du ſuperbe Paris.
D'un bruit mêlé d'horreur il eſt ſoudain ſurpris.
Il court, il apperçoit dans un déſordre extrême,
Les Soldats de Valois, & ceux de Bourbon même:
„ Juſte Ciel! eſt-ce ainſi que vous nous attendiez!
„ Henri va vous deffendre, il vient & vous fuiez.
„ Vous fuiez, Compagnons! Au ſon de ſa parole,
Comme on vit autrefois au pied du Capitole,
Le fondateur de Rome opprimé des Sabins,
Au nom de Jupiter arrêter ſes Romains;
Au ſeul nom de Henri les François ſe rallient.
La honte les enflâme, ils marchent, ils s'écrient;
Qu'il vienne ce Héros, nous vaincrons ſous ſes yeux.
Henri dans le moment paroît au milieu d'eux,
Brillant comme l'éclair au fort de la tempête,
Il vole aux premiers rangs, il s'avance à leur tête,
Il combat, on le ſuit, il change les deſtins,
La foudre eſt dans ſes yeux, la mort eſt dans ſes mains.
Tous les Chefs ranimez autour de lui s'empreſſent,
La Victoire revient, les Ligueurs diſparoiſſent,
Comme aux raïons du jour qui s'avance & qui luit,
S'eſt diſſipé l'éclat des Aſtres de la nuit.
C'eſt en vain que d'Aumale arrête ſur ces rives,
Des ſiens épouvantez les Troupes fugitives;

Sa

CHANT QUATRIE'ME.

Sa voix pour un moment les rappelle aux Combats:
La voix du grand Henri précipite leurs pas:
De son front menaçant la terreur les renverse,
Leur Chef les réünit, la crainte les disperse.
D'Aumale est avec eux dans leur fuite entraîné;
Tel que du haut d'un Mont de frimats couronné,
Au milieu des glaçons & des neiges fondues,
Tombe & roule un rocher qui menaçoit les nues.
　Mais que dis-je? il s'arrête, il montre aux Assiégeans,
Il montre encor ce front redouté si long-tems,
Des siens qui l'entraînoient fougueux il se dégage,
Honteux de vivre encor il revole au carnage.
Il arrête un moment son Vainqueur étonné,
Mais d'ennemis bien-tôt il est environné.
La Mort alloit punir son audace fatale;
La Discorde le vit, & trembla pour d'Aumale :
La barbare qu'elle est a besoin de ses jours:
Elle s'élance en l'air, & vole à son secours.
Elle approche, elle oppose, au nombre qui l'accable,
Son bouclier de fer, immense, impénétrable,
Qui commande au trépas, qu'accompagne l'horreur,
Et dont la vûë inspire ou la rage ou la peur.
O fille de l'enfer, Discorde inéxorable,
Pour la premiere fois tu parus secourable.
Tu sauvas un Héros, tu prolongeas son sort,
De cette même main Ministre de la mort,
De cette main barbare, accoûtumée au crime,
Qui jamais jusques-là n'épargna ses Victimes.
Elle entraîne d'Aumale aux Portes de Paris,

San-

Sanglant, couvert de coups qu'il n'avoit point fentis,
Elle applique à fes maux une main falutaire.
Elle étanche ce fang répandu pour lui plaire.
Mais tandis qu'à fon corps elle rend la vigueur,
De fes mortels poifons elle infecte fon cœur.
Tel fouvent un Tyran, dans fa pitié cruelle,
Sufpend d'un malheureux la fentence mortelle,
A fes crimes fecrets il fait fervir fon bras,
Et quand ils font commis, il le rend au trépas.

 Henri fait profiter de ce grand avantage,
Dont le fort des combats honora fon courage;
Des momens dans la Guerre il connoît tout le prix;
Il preffe au même inftant fes Ennemis furpris :
Il veut que les Affauts fuccedent aux Batailles,
Il fait tracer leur perte autour de leurs murailles,
Valois plein d'efpérance, & fort d'un tel appui,
Donne aux Soldats l'éxemple, & le reçoit de lui ;
Il foûtient les travaux, il brave les allarmes :
La peine a fes plaifirs, le péril a fes charmes.
Tous les Chefs font unis, tout fuccéde à leurs vœux;
Et bien-tôt la terreur, qui marche devant eux,
Des Affiegez tremblans diffipant les Cohortes,
A leurs yeux éperdus alloit brifer leurs Portes.
Que peut faire Mayenne en ce péril preffant ?
Mayenne a pour Soldats un Peuple gémiffant :
Ici la Fille en pleurs lui redemande un Pere,
Là le Frere effraïé pleure au tombeau d'un Frere,
Chacun plaint le prefent, & craint pour l'avenir,

CHANT QUATRIE'ME.

Ce grand Corps allarmé ne peut se réünir :
On s'assemble, on consulte, on veut fuïr, ou se rendre,
Tous sont irrésolus, nul ne veut se deffendre.
Tant le foible vulgaire avec légereté,
Fait succéder la peur à la témérité !
  Mayenne en frémissant voit leur Troupe éperdue ;
Cent desseins partageoient son ame irrésolue,
Quand soudain la Discorde aborde ce Héros,
Fait sifler ses serpens & lui parle en ces mots :
  Digne Héritier d'un Nom redoutable à la France,
Toi qu'unit avec moi le soin de ta vengeance,
Toi nourri sous mes yeux, & formé sous mes Loix,
Entens ta Protectrice, & reconnois ma voix.
Ne crains rien de ce Peuple imbécile, & volage,
Dont un foible malheur a glacé le courage ;
Leurs esprits sont à moi, leurs cœurs sont dans mes
    mains.
Tu les verras bien-tôt secondant nos desseins,
De mon fiel abreuvez, à mes fureurs en proïe,
Combattre avec audace, & mourir avec joïe.

  La Discorde aussi-tôt plus prompte qu'un éclair,
Fend d'un vol assuré les Campagnes de l'air.
Par tout chez les François le trouble & les allarmes,
Presentent à ses yeux des objets pleins de charmes,
Son haleine en cent lieux répand l'aridité,
Le fruit meurt en naissant dans son germe infecté,
Les épics renversez sur la terre languissent,
Le Ciel s'en obscurcit, les Astres en pâlissent,

Et la foudre en éclats qui gronde fous fes pieds,
Semble annoncer la mort aux Peuples effraïez.
 Un tourbillon la porte à fes rives fecondes,
Que l'Eridan rapide arrofe de fes ondes,
 Rome enfin fe découvre à fes regards cruels,
Rome jadis fon Temple & l'effroi des mortels,
Rome dont le deftin dans la Paix, dans la Guerre,
Eft d'être en tous les tems Maîtreffe de la Terre.
Par le fort des combats on la vit autrefois,
Sur leurs Trônes fanglans enchaîner tous les Rois.
L'Univers fléchiffoit fous fon Aigle terrible.
Elle éxerce en nos jours un pouvoir plus paifible :
Elle a fû, fous fon joug affervir fes Vainqueurs
Gouverner les efprits, & commander aux cœurs;
Ses avis font fes Loix, fes Decrets font fes armes.
 Près de ce Capitole où régnoient tant d'allarmes;
Sur les pompeux débris de Bellone & de Mars,
Un Pontife eft affis au Trône des Céfars;
Des Prêtres fortunez foulent d'un pied tranquille,
Les Tombeaux des Catons & la cendre d'Emile,
Le Trône eft fur l'Autel, & l'abfolu pouvoir
Met dans les mêmes mains le Sceptre & l'Encenfoir.
 Là, Dieu même a fondé fon Eglife naiffante,
Tantôt perfécutée, & tantôt triomphante :
Là, fon premier Apôtre avec la Verité
Conduifit la Candeur & la Simplicité.
Ses Succeffeurs heureux quelque-tems l'imiterent,
D'autant plus refpectez que plus il s'abaifferent.
Leur front d'un vain éclat n'étoit plus revêtu,

La

CHANT QUATRIÈME.

La pauvreté soûtînt leur auſtere vertu ;
Et jaloux des ſeuls biens qu'un vrai Chrétien déſire,
Du fond de leur chaumiere ils voloient au martyre.
Le tems, qui corrompt tout, changea bien-tôt leurs mœurs :
Le Ciel pour nous punir leur donna des Grandeurs.
* Sixte alors étoit Roi de l'Egliſe & de Rome.
Si pour être honoré du titre de grand homme,
Il ſuffit d'être faux, auſtere, & redouté,
Au rang des plus grands Rois Sixte ſera compté.
Il devoit ſa grandeur à quinze ans d'artifices,
Il ſut cacher quinze ans, ſes vertus, & ſes vices ;
Il ſembla fuir le rang qu'il brûloit d'obtenir,
Et s'en fit croire indigne afin d'y parvenir.
Sous le puiſſant abri de ſon bras deſpotique,
Au fond du Vatican règnoit la Politique,
Fille de l'Intérêt & de l'Ambition,
Dont nâquirent la fraude & la Séduction.
Ce Monſtre ingénieux en détours ſi fertile,
Accablé de ſoucis paroît ſimple & tranquille ;
Ses yeux creux & perçans, ennemis du repos,
Jamais du doux ſommeil n'ont ſenti les pavots ;
Par cent déguiſemens à toute heure elle abuſe
Les regards éblouïs de l'Europe confuſe ;

E 2   Tou-

---

* *Sixte alors étoit Roi de l'Egliſe & de Rome.*] Sixte-Quint étant Cardinal de Montalte contrefit ſi bien l'imbécille durant près de quinze années, qu'on l'appelloit communément l'Ane d'Ancône. On ſait avec quel artifice il obtint la Papauté, & avec quelle hauteur il régna.

Toujours l'autorité lui prête un prompt secours,
Le mensonge subtil règne en tous ses discours,
Et pour mieux déguiser son artifice extrême,
Elle emprunte la voix de la Vérité même.
  A peine la Discorde avoit frappé ses yeux,
Elle court dans ses bras d'un air mysterieux ;
Avec un ris malin la flatte, la caresse,
Puis prenant tout-à-coup un ton plein de tristesse,
Je ne suis plus, dit-elle, en ces tems bienheureux,
Où les Peuples séduits me présentoient leurs vœux,
Où la crédule Europe à mon pouvoir soûmise,
Confondoit dans mes Loix, les Loix de son Eglise.
Je parlois, & soudain les Rois humiliez,
Du Trône en frémissant descendoient à mes pieds.
Sur la Terre à mon gré ma voix souffloit les Guerres,
Du haut du Vatican je lançois les tonnerres,
Je tenois dans mes mains la vie & le trépas ;
Je donnois, j'enlevois, je rendois les Etats.
* Cet heureux tems n'est plus. Le Sénat de la France

Eteint

* *Cet heureux tems n'est plus. Le Sénat de la France.*] On sait que pendant les Guerres du treiziéme Siecle entre les Empereurs & les Pontifes de Rome, Gregoire IX. eut la hardiesse non seulement d'excommunier l'Empereur Frederic II. mais encore d'offrir la Couronne Impériale à Robert, Frere de Saint Louïs : le Parlement de France assemblé répondit au nom du Roi, que ce n'étoit pas au Pape à déposseder un Souverain, ni au Frere d'un Roi de France à recevoir de la main d'un Pape, une Couronne sur laquelle ni lui ni le Saint Pere n'avoient aucun droit. En 1580. le Parlement sédentaire donna un fameux Arrêt contre la Bulle IN COENA DOMINI.

CHANT QUATRIE'ME.

Eteint presque en mes mains, les foudres que je lance,
Plein d'amour pour l'Eglise & pour moi plein d'horreur,
Il ôte aux Nations le bandeau de l'Erreur;
C'est lui qui le premier démasquant mon visage,
Vengea la Verité dont j'empruntois l'image;
Que ne puis-je, ô Discorde, ardente à te servir,
Le séduire lui-même, ou du moins le punir!
Allons, que tes flambeaux rallument mon tonnerre,
Commençons par la France à ravager la Terre,
Que ses superbes Rois retombent dans nos fers.
Elle dit, & soudain s'élance dans les airs.

Loin du faste de Rome, & des pompes mondaines,
Des Temples consacrez aux vanités humaines,
Dont l'apareil superbe impose à l'Univers.
L'humble Religion se cache en des Deserts :
Elle y vit avec Dieu dans une paix profonde;
Cependant que son nom, profané dans le monde,
Est le prétexte saint des fureurs des Tyrans,
Le bandeau du Vulgaire, & le mépris des Grands.
Souffrir est son destin, benir est son partage.

Elle

On connoit ses Remontrances célebres sous Louïs XI. au sujet de la Pragmatique-Sanction; celles qu'il fit à Henri III. contre la Bulle scandaleuse de Sixte-Quint, qui appelloit la Maison regnante, génération bâtarde, &c. & sa fermeté constante à soûtenir nos Libertez, contre les prétentions de la Cour de Rome.

E 3

Elle prie en secret pour l'ingrat qui l'outrage,
Sans ornement, sans art, belle de ses attraits.
Sa modeste beauté se dérobe à jamais
Aux hypocrites yeux de la foule importune.
Qui court à ses Autels adorer la Fortune.

  Son ame pour Henri brûloit d'un saint amour,
Cette Fille des Cieux sait qu'elle doit un jour,
Vengeant de ses Autels le culte légitime,
Adopter pour son Fils ce Héros magnanime :
Elle l'en croïoit digne, & ses ardens soûpirs
Hâtoient cet heureux tems, trop lent pour ses désirs.
Soudain la Politique, & la Discorde impie
Surprennent en secret leur auguste Ennemie.
Elle leve à son Dieu ses yeux mouillez de pleurs :
Son Dieu pour l'éprouver la livre à leurs fureurs.
Ces Monstres dont toûjours elle a souffert l'injure,
De ses voiles sacrez couvrent leur tête impure,
Prennent ses vêtemens respectez des Humains,
Et courent dans Paris accomplir leurs desseins.

  D'un air insinuant l'adroite Politique
Se glisse au vaste sein de la Sorbonne antique,
C'est-là que s'assembloient ces Sages révérez
Des véritez du Ciel Interpretes sacrez,
Qui des Peuples Chrétiens, Arbitres & Modeles,
A leur culte attachez, à leur Prince fideles,
Conservoient jusqu'alors une mâle vigueur,
Toûjours impénétrable aux flêches de l'Erreur.
Qu'il est peu de vertu, qui réside sans cesse !

Du

CHANT QUATRIE'ME.

Du Monstre déguisé la voix enchanteresse,
Ebranle leurs esprits par ses discours flateurs.
Aux plus ambitieux elle offre des grandeurs,
Par l'éclat d'une mître elle éblouït leur vûë :
De l'Avare en secret la voie lui fut venduë,
Par un éloge adroit le Savant enchanté ;
Pour prix d'un vain encens trahit la Vérité :
Menacé par sa voix le foible s'intimide.
On s'assemble en tumulte, en tumulte on décide.
Parmi les cris confus, la dispute, & le bruit,
De ces lieux en pleurant la Verité s'enfuit.
Alors au nom de tous, un des Vieillards s'écrie :
„ L'Eglise fait les Rois, les absout, les châtie,
„ En nous est cette Eglise, en nous seuls est sa Loi,
„ Nous réprouvons Valois, il n'est plus notre Roi.
„ * Sermens jadis sacrez, nous brisons votre chaîne.

A peine a-t-il parlé, la Discorde inhumaine
Trace en lettres de sang ce Decret odieux.
Chacun jure par elle, & signe sous ses yeux.
Soudain elle s'envole, & d'Eglise en Eglise

An-

* *Sermens jadis sacrez, nous brisons votre chaîne.*]
Le 17. Janvier de l'an 1589. la Faculté de Théologie de Paris donna ce fameux Decret par lequel il fut déclaré que les Sujets étoient déliez de leur serment-de-fidelité, & pouvoient légitimement faire la Guerre au Roi : le Fevre Doyen, & quelques-uns des plus sages refuserent de signer. Depuis, dès que la Sorbonne fut libre, elle révoqua ce Decret que la tyrannie de la Ligue avoit arraché de quelques-uns de son Corps. Tous les Ordres Religieux, qui, comme la

Annonce aux Factieux cette grande entreprise ;
Sous l'Habit d'Augustin, sous le Froc de François,
Dans les Cloîtres sacrez, fait entendre sa voix.
Elle appelle à grands cris tous ses Spectres austeres ;
De leur joug rigoureux esclaves volontaires :
De la Religion reconnoissez les traits,
Dit-elle ; & du Très-Haut vengez les interêts.
C'est moi qui vient à vous, c'est moi qui vous appelle,
Ce Fer qui dans mes mains à vos yeux étincelle,
Ce Glaive redoutable à nos fiers Ennemis,
Par la main de Dieu même en la mienne est remis ;
Il est tems de sortir de l'ombre de vos Temples,
Allez d'un zèle saint répandre les éxemples,
Apprenez aux François, incertains de leur Foi,
Que c'est servir leur Dieu que d'immoler leur Roi ;
Songez que de Levi la Famille sacrée,
Du Ministere saint par Dieu même honorée,
Mérita cet honneur, en portant à l'Autel
Des mains teintes du sang des Enfans d'Israël.
Que dis-je, où sont ces tems, où sont ces jours prosperes,
Où j'ai vû les François massacrez par leurs Freres ?
C'étoit vous, Prêtres saints, qui conduisiez leurs bras,
Coligny par vous seuls a reçû le trépas.
J'ai nagé dans le sang ; que le sang coule encore.

Sorbonne, s'étoient déclarez contre la Maison Roïale se rétracterent depuis comme elle ; mais si la Maison de Lorraine avoit eû le dessus, se seroit-on retracté ?

CHANT QUATRIE'ME.

Montrez-vous, inspirez ce Peuple qui m'adore.
Le Monstre au même instant donne à tous le signal ;
Tous sont empoisonnez de son venin fatal ;
Il conduit dans Paris leur marche solemnelle,
* L'Etendart de la Croix flottoit au milieu d'elle ;
Ils chantent & leurs cris devots & furieux
Semblent à leur révolte associer les Cieux.
On les entend mêler dans leurs vœux fanatiques,
Les imprécations aux Prieres publiques.
Prêtres audacieux, imbecilles Soldats,
Du sabre & de l'épée ils ont chargé leurs bras ;
Une lourde cuirasse à couvert leur Cilice,
Dans les murs de Paris cette infâme Milice
Suit au milieu des flots d'un peuple impétueux,
Le Dieu, ce Dieu de paix qu'on porte devant eux.

Mayenne, qui de loin voit leur folle entreprise,
La méprise en secret, & tout haut l'autorise ;
Il sait combien le Peuple avec soûmission,
Confond le Fanatisme & la Religion ;
Il connoit ce grand Art, aux Princes nécessaire,

De

* *L'Etendart de la Croix flottoit au milieu d'elle.*]
Dès que Henri III. & le Roi de Navarre parurent en armes devant Paris ; la plûpart des Moines endosserent la Cuirasse, & firent la garde avec les Bourgeois. Cependant cet endroit du Poëme désigne la Procession de la Ligue, où douze cens Moines armez firent la revûë dans Paris, aïant Guillaume Rose, Evêque de Senlis, à leur tête. On a placé ici ce fait quoiqu'il ne soit arrivé qu'après la mort de Henri III.

De nourrir la foibleſſe & l'erreur du Vulgaire.
A ce pieux ſcandale, enfin, il applaudit;
Le Sage s'en indigne & le Soldat en rit;
Mais le Peuple excité, juſques aux Cieux envoie
Des cris d'emportement, d'eſpérance & de joie:
Et comme à ſon audace a ſuccedé la peur,
La crainte en un moment fait place à la fureur;
Ainſi l'Ange des Mers ſur le ſein d'Amphitrite,
Calme à ſon gré les Flots, à ſon gré les irrite.

* La Diſcorde choiſit Seize Séditieux,
Signalez par le crime entre les Factieux.
Miniſtres inſolens de leur Reine nouvelle,
Sur ſon Char tout ſanglant ils montent avec elle;
L'Orgueil, la Trahiſon, la Fureur, le Trépas,
Dans des ruiſſeaux de ſang marchent devant leurs pas.
Nez dans l'obſcurité, nourris dans la baſſeſſe,
Leur haine pour les Rois leur tient lieu de nobleſſe,
Et juſque ſous le dais par le Peuple portez,

Ma-

* *La Diſcorde choiſit Seize Séditieux.*] Ainſi nommez à cauſe des ſeize Quartiers de Paris qu'ils gouvernoient par leurs intelligences, & à la tête deſquels ils avoient mis d'abord Seize des plus factieux de leur Corps, les principaux étoient Buſſy-le-Clerc Gouverneur de la Baſtille, ci-devant Maître en fait d'Armes : la Bruiere, Lieutenant Particulier, le Commiſſaire Louchard, Emmonot & Morin, Procureurs, Oudinet, Paſſart, & Senaut, Commis au Greffe du Parlement, homme de beaucoup d'eſprit, qui développa le premier cette queſtion obſcure & dangereuſe du pouvoir qu'une Nation peut avoir ſur ſon Roi.

CHANT QUATRIE'ME.

Mayenne en frémiſſant les voit à ſes côtez ;
Des jeux de la Diſcorde ordinaires caprices,
*Qui ſouvent rend égaux ceux qu'elle rend complices.
Ainſi lorſque les Vents fougueux tyrans des Eaux,
De la Seine ou du Rhône, ont ſoûlevé les Flots,
Le limon croupiſſant dans leurs Grottes profondes,
S'éleve en bouillonnant ſur la face des Ondes ;
Ainſi dans les fureurs de ces embraſemens
Qui changent les Citez en de funeſtes Champs,
Le fer, l'airain, le plomb, que les feux amoliſſent,
Se mêle dans la flâme à l'or qu'ils obſcurciſſent.

Dans ces jours de tumulte & de ſédition,
Themis réſiſtoit ſeule à la contagion ;
La ſoif de s'agrandir, la crainte, l'eſperance,
Rien n'avoit dans ſes mains fait pencher ſa balance,
Son Temple étoit ſans tache, & la ſimple Equité,
Auprès d'elle en fuiant, cherchoit ſa ſûreté.

Il eſt dans ce Saint Temple au Senat vénérable,
Propice à l'Innocence, au Crime redoutable,
Qui des Loix de ſon Prince & l'organe & l'appui,
Marche d'un pas égal entre ſon Peuple & lui ;
Dans l'équité des Rois ſa juſte confiance
Souvent porte à leurs pieds les plaintes de la France.
Le ſeul bien de l'Etat fait ſon ambition,

Il

* *Qui ſouvent rend égaux ceux qu'elle rend complices.*] Les Seize furent long-tems indépendans du Duc de Mayenne : l'un d'eux nommé Normand, dit un jour dans la Chambre du Duc : [Ceux qui l'ont fait pourroient bien le défaire.]

Il hait la Tyrannie & la Rebellion ;
Toûjours plein de respect, toûjours plein de courage,
De la soûmission distingue l'esclavage ;
Et pour nos Libertez toûjours prompt à s'armer,
Connoit Rome, l'honore, & la fait réprimer.

 Des Tyrans de la Ligue une infâme Cohorte,
Du Temple de Themis environne la porte :
 * Bussy les conduisoit ; ce vil Gladiateur,
Monté par son audace à ce coupable honneur,
Se présente au milieu de l'Auguste Assemblée,
Par qui des Citoïens la fortune est reglée.

 Magistrats, leur dit-il, qui tenez au Senat,
Non la place du Roi, mais celle de l'Etat :
Le Peuple assez long-tems opprimé par vous mêmes,
Vous instruit par ma voix de ses Ordres suprêmes,
Las de joug des Capets, qui l'ont tyrannisé,
Il leur ôte un pouvoir dont ils ont abusé ;
Imitez la Sorbonne, & délivrez la France.

          Le

---

 * *Bussy les conduisoit ; ce vil Gladiateur.*] Le 16. Janvier 1589. Bussy-le-Clerc, l'un des Seize, qui de Tireur d'Armes étoit devenu Gouverneur de la Bastille, & le Chef de cette Faction, entra dans la Grand-Chambre du Parlement, suivi de cinquante Satellites : il présenta au Parlement une Requête, ou plûtôt un Ordre pour forcer cette Compagnie à ne plus reconnoître la Maison Roïale.

 Sur le refus de la Compagnie, il mena lui-même à la Bastille tous ceux qui étoient opposez à son parti, il les y fit jeûner au pain & à l'eau pour les obliger à se racheter plûtôt de ses mains : Voilà pourquoi on l'appelloit le grand Pénitencier du Parlement.

CHANT QUATRIE'ME.

Le Sénat répondit par un noble silence.
Tels dans les murs de Rome abatus & brûlans,
Ces Sénateurs courbez sous le fardeau des ans,
Attendoient fierement, sur leur Siége immobiles,
Les Gaulois & la mort avec des yeux tranquilles.
Bussy plein de fureur, & non pas sans effroi,
Obéïssez, dit-il, Tyrans, ou suivez moi...
Alors Harlay se leve, Harlay ce noble Guide,
Ce Chef d'un Parlement, juste autant qu'intrépide,
Il se presente aux Seize, & demande des fers,
De l'air dont il auroit condamné ces Pervers.
On voit auprès de lui les Chefs de la Justice,
Brûlans de partager l'honneur de son Supplice,
Victimes de la Foi qu'on doit aux Souverains,
Tendre aux fers des Tyrans leurs généreuses mains.

Muse, redites-moi ces noms chers à la France,
Consacrez ces Héros qu'opprima la licence,
* Le vertueux de Thou, Molé, Scaron, Bayeul,
† Potier, cet homme juste, & vous jeune Longueil,
Vous

---

* ⸨ *Le vertueux de Thou, Molé, Scaron, Bayeul,*
† ⸩ *Potier, cet homme juste, & vous jeune Longueil.*]
De Thou, est Augustin de Thou, Président, Pere de ce célèbre Historien, Scaron étoit le Bisayeul de Scaron connu par ses Poësies, & par l'enjoüement de son esprit.

Nicolas-Potier-de-Novion, surnommé de Blanc-Mény, parce qu'il possedoit la Terre de ce nom. Il ne fut pas mené à la Bastille avec les autres, mais empoisonné au Louvre & prêt d'être condamné à être pendu par les Seize.

Vous en qui pour hâter vos belles destinées,
L'esprit & la vertu devançoient les années.
Tout le Sénat, enfin par les Seize enchaîné,
A travers un vil Peuple en triomphe est mené,
Dans cet affreux * Château, Palais de la vengeance,
Qui renferme souvent le crime & l'innocence.
Ainsi ces Factieux ont changé tout l'Etat :
La Sorbonne est tombée, il n'est plus de Sénat ;
Mais pourquoi ce concours & ces cris lamentables ?
Pourquoi ces Instrumens de la mort des coupables?
Qui sont ces Magistrats, que la main d'un Bourreau
Par l'ordre des Tyrans précipite au tombeau ?
Les vertus dans Paris ont le destin des crimes ?
† Brisson, Larchet, Tardif, honorables Victimes,
Vous n'êtes point flétris par ce honteux trépas :
Mânes trop généreux, vous n'en rougissez pas ;
Vos noms toûjours fameux vivront dans la Mémoire,
Et qui meurt pour son Roi, meurt toûjours avec gloire.
Ce-

* La BASTILLE.
† *Brisson, Larchet, Tardif, honorables Victimes.*]
En 1591. un Vendredi 15. Novembre, Barnabé
Brisson homme très-savant, & qui faisoit les fonctons
de Premier-Président en l'absence de Achille de Har-
lay, Claude Larchet, Conseiller aux Enquêtes, &
Jean Tardif, Conseiller au Châtelet, furent pendus
à une poutre dans le petit Châtelet par l'ordre des
Seize. Il est à remarquer que Hamilton, Curé de
Saint Côme, furieux Ligueur, étoit venu lui-même
prendre Tardif dans sa Maison, aïant avec lui des
Prêtres qui servoient d'Archers.

CHANT QUATRIE'ME.

Cependant la Discorde au milieu des Mutins,
S'applaudit du succès de ses affreux desseins ;
D'un air fier & content sa cruauté tranquille,
Contemple les effets de la Guerre Civile,
Dans ces murs tous sanglans des Peuples malheureux,
Unis contre leur Prince, & divisez entr'eux ;
Jouëts infortunez des fureurs intestines,
De leur triste Patrie avançant les ruïnes ;
Le tumulte au-dedans, le péril au-dehors,
Et par tout le débris, le carnage, & les morts.

LA HENRIADE.

CHANT CINQUIÉME.

ARGUMENT.

Les Assiegez sont vivement pressez. La Discorde excite Jacques Clement à sortir de Paris pour assassiner le Roi. Elle appelle du fond des Enfers le Demon du Fanatisme qui conduit ce Parricide. Sacrifice des Ligueurs aux Esprits infernaux. Henri III. est assassiné. Sentimens de Henri IV. Il est reconnu Roi par l'Armée.

EPENDANT s'avançoient ces machines mortelles,
Qui portoient dans leur sein la perte des rebelles :
Et le fer & le feu volant de toutes parts,
De cent bouches d'airain foudroïoient leurs remparts.
Les Seize & leur courroux, Mayenne & sa prudence,
D'un Peuple mutiné la farouche insolence,

Des

CHANT CINQUIE'ME.

Des Docteurs de la Loi les scandaleux discours,
Contre le grand Henri n'étoient qu'un vain secours,
La Victoire à grands pas s'approchoit sur ses traces.
Sixte, Philippe, Rome, éclatoient en menaces;
Mais Rome n'étoit plus terrible à l'Univers:
Ses foudres impuissans se perdoient dans les airs :
Et du vieux Castillan la lenteur ordinaire
Privoit les Assiégez d'un secours nécessaire.
Ses Soldats dans la France errans de tous côtez,
Sans secourir Paris, désoloient nos Citez.
Le perfide attendoit que la Ligue épuisée,
Pût offrir à son bras une conquête aisée :
Et l'appui dangereux de sa fausse amitié,
Leur préparoit un Maître au lieu d'un Allié;
Lorsque d'un furieux la main déterminée,
Sembla pour quelque-tems changer la destinée.

Vous, des murs de Paris tranquilles Habitans,
Que le Ciel a fait naître en de plus heureux tems,
Pardonnez, si ma main retrace à la Mémoire,
De vos Aïeux séduits la criminelle Histoire.
L'horreur de leurs forfaits ne s'étend point sur vous,
Votre amour pour vos Rois les a réparez tous.

L'Eglise a de tout tems produit des Solitaires,
Qui rassemblez entr'eux sous des Regles séveres,
Et distinguez en tout du reste des Mortels,
Se consacroient à Dieu par des Vœux solemnels.
Les uns sont demeurez dans une paix profonde,
Toûjours inaccessible aux vains attraits du monde.
Jaloux de ce repos qu'on ne peut leur ravir,

F   Ils

Ils ont fui les Humains qu'ils auroient pû servir.
Les autres à l'Etat rendus plus nécessaires,
Ont éclairé l'Eglise, ont monté dans les Chaires ;
Mais souvent enivrez de ces talens flateurs,
Répandus dans le Siecle, ils en ont pris les mœurs.
Leur sourde ambition n'ignore point les brigues,
Souvent plus d'un Païs s'est plaint de leurs intrigues.
Ainsi chez les Humains par un abus fatal,
Le bien le plus parfait est la source du mal.

Ceux qui de Dominique ont embrassé la vie,
Ont vû long-tems leur gloire en Espagne établie ;
Et de l'obscurité des plus humbles Emplois,
Ont passé tout-à-coup dans les Palais des Rois.
Avec non moins de zèle & bien moins de puissance,
Cet Ordre si fameux fleurissoit dans la France ;
Protégé par les Rois, paisible, heureux enfin,
Si le traître Clement n'eût été dans son sein.

* Clement dans la Retraite avoit dès son jeune âge,
Porté les noirs accès d'une vertu sauvage.
Esprit foible, & crédule en sa dévotion,
Il suivoit le torrent de la rébellion.
Sur ce jeune Insensé la Discorde fatale
Répandit le vénin de sa bouche infernale.
Prosterné chaque jour aux pieds des saints Autels,

* *Clement dans la retraite avoit dès son jeune âge.*]
JACQUES CLEMENT, de l'Ordre des Dominicains, natif de Sorbonne, Village près de Sens, étoit âgé de vingt-quatre ans & demi, & venoit de recevoir l'Ordre de la Prêtrise lorsqu'il commit ce Parricide.

CHANT CINQUIE'ME

Il fatiguoit les Cieux de ses Vœux criminels.
On dit que tout souillé de cendre & de poussiere,
Un jour il prononça cette horrible Priere :

Dieu qui venge l'Eglise & punis les Tyrans,
Te verra-t-on sans cesse accabler tes Enfans ?
Et d'un Roi qui t'outrage at mant les mains impures,
Favoriser le meurtre, & benir les parjures ?
Grand Dieu ! par tes fleaux c'est trop nous éprouver ;
Contre tes Ennemis daigne enfin t'élever.
Détourne loin de nous la mort & la misere ;
Délivre-nous d'un Roi donné dans ta colere.
Viens, des Cieux enflâmez abaisse la hauteur,
Fais marcher devant toi l'Ange exterminateur,
Descens, & d'une main de cent foudres armée,
Frape, écrase à nos yeux leur sacrilege armée,
Que les Chefs, les Soldats, les deux Rois expirans,
Tombent comme la feuille, éparse au gré des vents,
Et que sauvez par toi, nos Ligueurs Catholiques
Sur leurs corps tout sanglants t'adressent leurs Cantiques.

La discorde attentive en traversant les airs,
Entend ces cris affreux & les porte aux Enfers.
Elle amene à l'instant de ces Roïaumes sombres,
Le plus cruel Tyran de l'Empire des ombres.
Il vient, le FANATISME est son horrible Nom,
Enfant dénaturé de la Religion,
Armé pour la deffendre, il cherche à la détruire,
Et reçû dans son sein, l'embrasse & le déchire.

F 2 *C'est

* C'est lui qui dans Raba, sur les bords de l'Arnon
Guidoit les Descendans du malheureux Ammon,
Quand à Moloc leur Dieu, des Meres gémissantes
Offroient de leurs Enfans les entrailles fumantes.
Il dicta de Jephté le Serment inhumain:
Dans le cœur de sa Fille il conduisit sa main.
C'est lui qui de Calcas ouvrant la bouche impie,
Demanda par sa voix la mort d'Iphigenie.
France, dans tes Forêts il habita long-tems.
† A l'affreux Teutâtes il offrit ton encens,
Tu n'as pas oublié ces sacrez homicides,
Qu'à tes indignes Dieux présentoient tes Druïdes.
Du haut du Capitole il crioit aux Payens,
Frappez, exterminez, déchirez les Chrétiens.
Mais lors qu'au Fils de Dieu Rome enfin fut soûmise,
Du Capitole en cendre il passa dans l'Eglise;
Et dans les cœurs Chrétiens inspirant ses fureurs,
De Martyrs qu'ils étoient, les fit Persécuteurs,
¶ Dans Londres il a formé la Secte turbulante,

Qui

* *C'est lui qui dans Raba, sur les bords de l'Arnon.*] Païs des Ammonites, qui jettoient leurs Enfans dans les flames, au son des tambours & des trompettes, en l'honneur de la Divinité qu'ils adoroient, sous le nom de Moloc.

† *A l'affreux Teutâtes il offrit ton encens.*] Teutâtes étoit un des Dieux des Gaulois; il n'est pas sûr que ce fut le même que Mercure, mais il est constant qu'on lui sacrifioit des hommes.

¶ *Dans Londres il a formé la Secte turbulante.*] Les Enthousiastes qui étoient appellez INDEPENDANS, furent ceux qui eurent le plus de part à la mort de Charles Premier, Roi d'Angleterre.

CHANT CINQUIE'ME. 85

Qui sur un Roi trop foible a mis sa main sanglante.
Dans Madrid, dans Lisbonne, il allume ces feux,
Ces buchers solemnels, où des Juifs malheureux
Sont tous les ans en pompe envoïez par des Prêtres,
Pour n'avoir point quitté la Foi de leurs Ancêtres.

 Toûjours il revêtoit dans ses déguisemens
Des Ministres des Cieux les sacrez ornemens :
Mais il prit cette fois dans la nuit éternelle,
Pour des crimes nouveaux une forme nouvelle,
L'Audace & l'Artifice en firent les aprêts.
Il emprunte de Guise & la taille & les traits,
De ce superbe Guise, en qui l'on vit paroître
Le tyran de l'Etat, & le Roi de son Maître,
Et qui toûjours puissant, même après son trépas,
Traînoit encor la France à l'horreur des combats.
D'un casque redoutable il a chargé sa tête :
Un glaive est dans sa main au meurtre toûjours prête,
Son flanc même est percé des coups dont autrefois
Ce Héros factieux fut massacré dans Blois ;
Et la voix de son sang qui coule en abondance,
Semble accuser Valois, & demander vengeance.

 Ce fut dans ce terrible & lugure appareil,
Qu'au milieu des pavots que verse le sommeil,
Il vint trouver Clement au fond de sa Retraite.
La Superstition, la cabale inquiéte,
Le faux zèle enflâmé d'un couroux éclatant,
Veilloient tous à sa porte, & l'ouvrent à l'instant.
* Il entre ; & d'une voix majestueuse & fiere,
Dieu reçoit, lui dit-il, tes Vœux & ta Priere ;

F 3   Mais

Mais n'aura-t-il de toi pour culte & pour encens,
Qu'une plainte éternelle, & des Vœux impuiſſans ?
Au Dieu que ſert la Ligue, il faut d'autres offrandes;
Il éxige de toi les dons que tu dèmandes.
† Si Judith autrefois pour ſauver ſon Païs,
N'eût offert à ſon Dieu que des pleurs & des cris ;
Si craignant pour les ſiens, elle eût craint pour ſa vie,
Judith eût vû tomber les murs de Bethulie.
Voilà les ſaints Exploits que tu dois imiter,
Voilà l'offrande, enfin, que tu dois préſenter ;
Mais tu rougis déja de l'avoir differée...
Cours, vole, & que ta main dans le ſang conſacrée,
Délivrant les François de leur indigne Roi,
Venge Paris & Rome, & l'Univers & moi.
Par un aſſaſſinat Valois trancha ma vie,
Il faut d'un même coup punir ſa perfidie ;
Mais du nom d'Aſſaſſin ne prens aucun effroi ;
Ce qui fut crime en lui, ſera vertu dans toi.
Tout devient légitime à qui venge l'Egliſe :

Le

* *Il entre, & d'une voix majeſtueuſe & fiere.*] On imprima à Paris, & on débita publiquement en 1589. une Relation du Martyre de Frere Jacques Clement, dans laquelle on aſſûroit qu'un Ange lui avoit apparu, lui avoit montré une épée nuë, & lui avoit ordonné de tuër le Tyran.

Cet Ecrit ſe trouve dans la Satire MENIPPE'E.

† *Si Judith autrefois, pour ſauver ſon Païs.*] Frere Jacques Clement étant déja à Saint Clou ; quelques Perſonnes qui ſe défioient de lui, l'épierent pendant la nuit, ils le trouvérent dormant d'un profond ſommeil, ſon Breviaire auprès de lui, ouvert à l'Article de Judith.

CHANT CINQUIÈME. 87

Le meurtre est juste alors, & le Ciel l'autorise.
Que dis-je ? il le commande, il t'instruit par ma voix;
Qu'il a choisi ton bras pour la mort de Valois,
Heureux si tu pouvois, consommant sa vengeance,
Joindre le Navarrois au Tyran de la France,
Et si de ces deux Rois tes Citoïens sauvez,
Te pouvoient... mais les tems ne sont pas arrivez.
Henri doit vivre encor, & Dieu qu'il persécute,
Réserve à d'autres mains la gloire de sa chûte;
Toi, de ce Dieu jaloux remplis les grands desseins,
Et reçois ce Présent qu'il te fait par mes mains.

 Le Fantôme, à ces mots, fait briller une épée,
Qu'aux infernales eaux la Haine avoit trempée;
Dans la main de Clement il met ce don fatal;
Il fuit, & se replonge au séjour infernal.

 Trop aisément trompé, le jeune Solitaire
Des intérêts des Cieux se crut dépositaire.
Il baise avec respect ce funeste Présent,
Il implore à genoux le bras du Tout-Puissant;
Et plein du Monstre affreux dont la Fureur le guide,
D'un air sanctifié s'apprête au parricide.

 Combien le cœur de l'homme est soûmis à l'erreur !
Clement goûtoit alors un paisible bonheur.
Il étoit animé de cette confiance,
Que dans le cœur des Saints affermit l'innocence :
Sa tranquille fureur marche les yeux baissez,
* Ses sacrileges Vœux au Ciel sont adressez ;

F 4   Son

---

* *Ses sacrileges Vœux au Ciel sont adressez.*] Il jeûna, se confessa, & communia avant de partir pour aller assassiner le Roi.

Son front de la vertu porte l'empreinte auſtere,
Et ſon fer parricide eſt caché ſous ſa haire.
Il marche ; ſes amis inſtruits de ſon deſſein,
Et de fleurs ſous ſes pas parfumant ſon chemin,
Remplis d'un ſaint reſpect aux portes le conduiſent ;
Béniſſent ſon deſſein, l'encouragent, l'inſtruiſent,
Placent déja ſon nom parmi les noms ſacrez,
Dans les Faſtes de Rome à jamais revérez,
Le nomment à grands cris le Vengeur de la France,
Et l'encens à la main l'invoquent par avance.
C'eſt avec moins d'ardeur, avec moins de tranſport,
Que les premiers Chrétiens, avides de la mort,
Intrepides ſoûtiens de la Foi de leurs Peres,
Au Martyre autrefois accompagnoient leurs Freres ;
Envioient les douceurs de leur heureux trépas,
Et baiſoient en pleurant les traces de leurs pas.
Le Fanatique aveugle, & le Chrétien ſincére,
Ont porté trop ſouvent le même caractere ;
Ils ont même courage, ils ont mêmes deſirs,
Le crime a ſes Héros, l'Erreur a ſes Martyrs,
Du vrai zèle & du faux, vains Juges que nous ſommes
Souvent des Scelerats reſſemblent aux grands Hom-
   mes.

Mayenne dont les yeux ſavent tout éclairer,
Voit le coup qu'on prépare & feint de l'ignorer ;
De ce crime odieux ſon prudent artifice,
Songe à cueillir le fruit ſans en être complice ;
Il laiſſe avec adreſſe aux plus ſéditieux
Le ſoin d'encourager ce jeune furieux.

          Tan-

CHANT CINQUIE'ME.

Tandis que des Ligueurs une troupe homicide
Aux portes de Paris conduisoit le perfide ;
Des Seize en même-tems le sacrilege effort,
Sur tant d'évenemens interrogeoit le sort.
* Jadis de Medecis l'audace curieuse,
Chercha de ces secrets la science odieuse,
Approfondit long-tems cet Art surnaturel,
Si souvent chimerique, & toûjours criminel.
Tout suivit son éxemple, & le Peuple imbécile,
Des vices de la Cour imitateur servile,
Epris du merveilleux, Amant des nouveautés,
S'abandonnoit en foule à ces impietez.

Dans l'ombre de la nuit sous une voute obscure,
Le silence a conduit leur Assemblée impure.
A la pâle lueur d'un magique flambeau,
S'éleve un vil Autel dressé sur un tombeau ;
C'est-là que des deux Rois on plaça les Images.
Objets de leur terreur, objets de leurs outrages.
Leurs sacrileges mains ont mêlé sur l'Autel,

A

---

* *Jadis de Medecis l'audace curieuse.*] Catherine de Medicis avoit mis la Magie si fort à la mode en France, qu'un Prêtre nommé Sechelles qui fut brûlé en Gréve sous Henri III. pour *Sorcellerie*, accusa douze cens Personnes de ce prétendu crime. L'ignorance & la stupidité étoient poussées si loin dans ces tems-là, qu'on n'entendoit parler que d'éxorcismes & de condamnations au feu. On trouvoit par tout des Hommes assez sots pour se croire Magiciens & des Juges superstitieux qui les punissoient de bonne-foi comme tels.

A des noms infernaux, le nom de l'Eternel.
Sur ces murs ténébreux cent lances sont rangées,
Dans des vases de sang leurs pointes sont plongées;
Appareil menaçant de leur Mystère affreux.
Le Prêtre de ce Temple, est un de ces Hébreux,
Qui proscrits sur la Terre, & Citoïens du Monde,
Portent de Mers en Mers leur misere profonde,
Et d'un antique amas de superstitions
Ont rempli dès long-tems toutes les Nations.
D'abord autour de lui les Ligueurs en furie,
Commencent à grands cris ce Sacrifice impie.
Leurs parricides bras se lavent dans le sang;
De Valois sur l'Autel ils vont percer le flanc.
Avec plus de terreur, & plus encor de rage
De Henri sous leurs pieds ils renversent l'Image;
* Et pensent que la mort, fidelle à leur couroux,
Va transmettre à ces Rois l'atteinte de leurs coups.
† L'Hébreu joint cependant la Priére au Blasphême,
Il

* *Et pensent que la mort fidelle à leur couroux.*] Plusieurs Prêtres-Ligueurs avoient fait faire de petites Images de cire, qui représentoient Henri III. & le Roi de Navarre : ils les mettoient sur l'Autel, les perçoient pendant la Messe quarante jours consécutifs, & le quarantiéme jour les perçoient au cœur.

† *L'Hebreu joint cependant la Priere au Blasphême.*] C'étoit pour l'ordinaire des Juifs que l'on se servoit pour faire des Opérations magiques. Cette ancienne superstition vient des secrets de la Cabale, dont les Juifs se disoient seuls Dépositaires. Catherine de Medicis, la Marêchale d'Ancre, & beaucoup d'autres employerent des Juifs à ces prétendus Sortileges.

CHANT CINQUIÉ'ME.

Il invoque l'Abîme, & les Cieux, & Dieu même,
Tous ces impurs esprits qui troublent l'Univers,
Et le feu de la foudre, & celui des Enfers.
 Tel fut dans Gelboa le secret Sacrifice
Qu'à ses Dieux infernaux offrit la Pythonisse,
Alors qu'elle évoqua devant un Roi cruel,
Le Simulacre affreux du Prêtre Samuel.
Ainsi contre Juda, du haut de Samarie,
Des Prophètes menteurs tonnoit la bouche impie;
* Ou tel chez les Romains l'infléxible Atéïus,
Maudit au nom des Dieux les armes de Crassus.
 Aux Magiques accens que sa bouche prononce,
Les Seize osent du Ciel attendre la réponse,
A dévoiler leur sort, ils pensent le forcer :
Le Ciel pour les punir voulut les exaucer.
Il interrompt pour eux les Loix de la nature.
De ces antres muets sort un triste murmure.
Mille éclairs redoublez dans la profonde nuit,
Poussent un jour affreux qui renait & qui fuit,
Au milieu de ces feux, Henri brillant de gloire,
Apparoit à leurs yeux sur un Char de victoire;
Des lauriers couronnoient son front noble & serain,

Et

───

* *Ou tel chez les Romains l'infléxible Atéïus.*]
Atéïus, Tribun du Peuple, ne pouvant empêcher
Crassus de partir pour aller contre les Parthes, porta
un brazier ardent à la porte de la Ville par où Crassus sortoit, y jetta certaines Herbes, & maudit l'ex-
pedition de Crassus en invoquant des Divinitez infernales.

Et le Sceptre des Rois éclatoit dans sa main.
L'air s'embrase à l'instant de cent coups de tonnerre.
L'Autel couvert de feux tombe, & fuit sous la Terre.
Et les Seize éperdus, l'Hébreu saisi d'horreur,
Vont cacher dans la nuit leur crime & leur terreur.

   Ces Tonnerres, ces feux, ce bruit épouvantable,
Annonçoient à Valois sa perte inévitable.
Dieu du haut de son Trône avoit compté ses jours,
Il avoit loin de lui retiré son secours ;
La Mort impatiente attendoit sa Victime,
Et pour perdre Valois, Dieu permettoit un crime.

   Clement au Camp Royal a marché sans effroi.
Il arrive, il demande à parler à son Roi ;
Il dit que dans ces lieux amené par Dieu même,
Il y vient rétablir les droits de Diadème,
Et révéler au Roi des secrets importans.
On l'interroge, on doute, on l'observe long-tems ;
On craint sous cet Habit un funeste mystere.
Il subit sans allarme un éxamen severe ;
Il satisfait à tout avec simplicité ;
Chacun dans son discours croit voir la vérité.
La Garde aux yeux du Roi le fait enfin paroître.
   L'aspect du Souverain n'étonna point ce Traître.
D'un air humble & tranquille il fléchit les genoux,
Il observe à loisir la place de ses coups ;
Et le Mensonge adroit qui conduisoit sa langue,
Lui dicta cependant sa perfide harangue.

   Souffrez, dit-il, grand Roi, que ma timide voix
S'a-

CHANT CINQUIE'ME.

S'adresse au Dieu puissant qui fait règner les Rois;
Permettez avant tout, que mon cœur le bénisse
Des biens que va sur vous répandre sa Justice.
* Le vertueux Potier, le prudent Villeroi,
Parmi vos Ennemis vous ont gardé leur Foi;
† Harlay, le grand Harlay, dont l'intrépide zèle
Fut toûjours formidable à ce Peuple infidèle,
Du fond de sa Prison réünit tous les cœurs;
Rassemble vos Sujets, confond les Ligueurs.
Dieu qui bravant toûjours les Puissans & les Sages,
Par la main la plus foible accomplit ses Ouvrages,
Devant le grand Harlay lui-même m'a conduit.
Rempli de sa lumiere, & par sa bouche instruit,
J'ai volé vers mon Prince & vous rends cette Lettre,
Qu'à mes fideles mains Harlay vient de remettre.

Valois reçoit la Lettre avec empressement.
Il bénissoit les Cieux d'un si prompt changement;
Quand pourrai-je, dit-il, au gré de ma Justice,

Ré-

* *Le vertueux Potier, le prudent Villeroi.*] Potier, Président du Parlement, dont il est parlé ci-devant.
Villeroi qui avoit été Secretaire d'Etat sous Henri III. & qui avoit pris le Parti de la Ligue pour avoir été insulté en présence du Roi par le Duc d'Epernon.
† *Harlay, le grand Harlay, dont l'intrépide zèle.*] Achille de Harlai, qui étoit alors gardé à la Bastille par Bussy-le-Clerc.
Jacques Clement présenta au Roi une Lettre de la part de ce Magistrat. On n'a point sû si la Lettre étoit contrefaite ou non.

Récompenser ton zèle & payer ton service ?
En lui difant ces mots il lui tendoit les bras.
Le Monftre au même inftant tire fon coutelas,
L'en frappe, & dans le flanc l'enfonce avec furie.
Le fang coule, on s'étonne, on s'avance, on s'écrie;
Mille bras font levez pour punir l'Affaffin ;
Lui fans baiffer les yeux les voit avec dédain ;
Fier de fon Parricide, & quitte envers la France,
Il attend à genoux la mort pour récompenfe :
De la France & de Rome il croit être l'appui,
Il penfe voir les Cieux qui s'entr'ouvrent pour lui,
Et demandant à Dieu la Palme du Martire,
Il benit, en tombant, les coups dont il expire.
Aveuglement terrible, affreufe illufion !
Digne à la fois d'horreur & de compaffion;
Et de la mort du Roi moins coupable peut-être,
Que ces lâches Docteurs ennemis de leur Maître,
Dont la voix répandant un funefte poifon,
D'un foible Solitaire égara la Raifon.

 Déja Valois touchoit à fon heure derniere.
Ses yeux ne voïoient plus qu'un refte de lumiere ;
Ses Courtifans en pleurs autour de lui rangez,
Par leurs deffeins divers en fecret partagez,
D'une commune voix formant les mêmes plaintes,
Exprimoient des douleurs, ou finceres, ou feintes.
Quelques-uns, que flattoit l'efpoir du changement,
Du danger de leur Roi s'affligeoit foiblement ;
Les autres, qu'occupoit leur crainte intereffée,

CHANT CINQUIE'ME.

Pleuroient au lieu d'un Roi leur fortune passée.
   Parmi ce bruit confus de plaintes, de clameurs,
Henri, vous répandiez de véritables pleurs.
Il fut votre Ennemi ; mais les cœurs nez sensibles
Sont aisément émus dans ces momens horribles,
Henri ne se souvint que de son amitié.
En vain son intérêt combattoit sa pitié.
Ce Héros vertueux se cachoit à lui-même,
Que la mort de son Roi lui donne un Diadème.

   Valois tourna sur lui, par un dernier effort,
Ses yeux appésantis qu'alloit fermer la mort ;
Et touchant de sa main ses mains victorieuses,
Retenez, lui dit-il, vos larmes généreuses ;
L'Univers indigné doit plaindre votre Roi :
Vous, Bourbon, combattez, régnez, & vengez-moi.
Je meurs & je vous laisse au milieu des orages,
Assis sur un écueil couvert de mes naufrages ;
Mon Trône vous attend, mon Trône vous est dû,
Jouïssez de ce bien par vos mains deffendu :
Mais songez que la foudre en tout tems l'environne,
Craignez en y montant ce Dieu qui vous le donne,
Puissiez-vous, détrompé d'un Dogme criminel,
Rétablir de vos mains son Culte & son Autel !
Adieu, régnez heureux. Qu'un plus puissant génie,
Du fer des assassins deffende votre vie.
Vous connoissez la Ligue, & vous voïez ses coups ;
Ils ont passé par moi pour aller jusqu'à vous ;
Peut-être un jour viendra qu'une main plus barbare..
                                                  Jus-

Juste Ciel ! Epargnez une vertu si rare.
Permettez ! ... à ce mot, il soupire, il fremit,
* La voix lui manque, il tombe, & son ame s'enfuit.

Au bruit de son trépas Paris se livre en proie,
Aux transports odieux de sa coupable joie.
De cent cris de victoire ils remplissent les airs ;
Les travaux sont cessez, les Temples sont ouverts,
De Couronnes de fleurs ils ont paré leurs têtes,
Ils consacrent ce jour à d'éternelles Fêtes.
Insensez qu'ils étoient ! Ils ne découvroient pas
Les abîmes profonds, qu'ils creusoient sous leurs pas ;
Ils devoient bien plûtôt, prévoyant leurs miseres,
Changer ce vain triomphe en des larmes ameres ;
Ce Vainqueur, ce Héros qu'ils osoient défier,
Henri du haut du Trône alloit les foudroïer ;
Le Sceptre dans sa main rendu plus redoutable,
Annonce à ces Mutins leur perte inévitable ;
Devant lui tous les Chefs ont fléchi les genoux.
Pour leur Roi légitime ils l'ont reconnu tous.
Et certains désormais du destin de la guerre,
Ils jurent de le suivre aux deux bouts de la Terre.

* *La voix lui manque, il tombe, & son ame s'enfuit.*]
Henri III. mourut de sa blessure le troisiéme d'Août à deux heures du matin, à Saint Clou, mais non point dans la même Maison où il avoit pris avec son Frere la résolution de la journée de la S. Barthelemi, comme l'ont écrit plusieurs Historiens, car cette Maison n'étoit point encore bâtie du tems de la Saint Barthelemi.

LA HENRIADE.

CHANT SIXIÉME.

ARGUMENT.

Après la mort de Henri III. les Etats de la Ligue s'assemblent dans Paris pour choisir un Roi. Tandis qu'ils sont occupez de leurs Délibérations, Henri IV. livre un Assaut à la Ville; L'Assemblée des Etats se sépare : Ceux qui la composoient vont combattre sur les remparts : Description de ce Combat. Apparition de S. Loüis à Henri IV.

C'Est un usage antique, & sacré parmi nous,
Quand la Mort sur le Trône étend ses rudes
    coups,
Et que du sang des Rois si chers à la Patrie,
Dans ses derniers canaux la source s'est tarie;
Le Peuple au même instant rentre en ses premiers
    droits;
Il peut choisir un Maître, il peut changer ses Loix:
Les Etats assemblez, organes de la France,

Nomment un *Souverain*, limitent sa Puissance;
Ainsi de nos Aïeux les augustes Decrets,
Au rang de Charlemagne ont placé les Capets.

La Ligue audacieuse, inquiéte, aveuglée,
* Ose de ces Etats ordonner l'Assemblée;
Et croit avoir acquis par un assassinat,
Le droit d'élire un Maître, & de changer l'Etat.
Ils pensoient à l'abri d'un Trône imaginaire
Mieux repousser Bourbon, mieux tromper le vulgaire.
Ils croïoient qu'un Monarque uniroit leurs desseins:
Que sous ce nom sacré leurs droits seroient plus saints;
Qu'injustement élû, c'étoit beaucoup de l'être;
Et qu'enfin, tel qu'il soit, le François veut un Maître.
Bien-tôt de tous côtez accoururent à grand bruit
Tous ces Chefs obstinez qu'un fol orgueil séduit:
Les Lorrains, les Nemours, des Prêtres en furie,
L'Ambassadeur de Rome, & celui d'Iberie.
Ils marchent vers le Louvre, où par un nouveau choix
Ils alloient insulter aux mânes de nos Rois.
Le luxe toûjours né des miséres publiques,
Prépare avec éclat ces Etats tyranniques.
Là ne parurent point ces Princes, ces Seigneurs,

* *Ose de ces Etats, ordonner l'Assemblée.*] Comme on a plus d'égard dans un Poëme-Epique à l'Ordonnance du Dessein, qu'à la Chronologie; on a placé immediatement après la mort de Henri III. les Etats de Paris, qui ne se tinrent effectivement que quatre ans après.

CHANT SIXIE'ME.

De nos antiques Pairs augustes Successeurs;
Qui près des Rois assis, nez Juges de la France,
Du pouvoir qu'ils n'ont plus, ont encor l'apparence.
Là de nos Parlemens les sages Députez,
Ne deffendirent point nos foibles Libertez.
On y vit point des lis l'appareil ordinaire.
Le Louvre est étonné de sa pompe étrangere,
Là le Légat de Rome est d'un siége honoré :
Près de lui pour Mayenne un dais est préparé.
Sous ce dais on lisoit ces mots épouvantables :
» Rois qui Jugez la Terre, & dont les mains coupables
» Osent tout entreprendre, & ne rien épargner,
» Que la mort de Valois vous aprenne à règner.

On s'assemble ; & déja les Partis, les Cabales
Font retentir ces lieux de leurs voix infernales.
Le bandeau de l'Erreur aveugle tous les yeux.
L'un des faveurs de Rome esclave ambitieux,
S'adresse au Légat seul, & devant lui déclare,
Qu'il est tems que les lits rampent sous la Tiare;
Qu'on érige à Paris ce sanglant Tribunal,
*Ce Monument affreux du pouvoir Monacal,
Que l'Espagne a reçû, que l'Univers abhorre,
Qui venge les Autels, & qui les deshonore,
Qui tout couvert de sang, de flâmes entouré,

Egor-

---

* *Ce Monument affreux du pouvoir Monacal.*]
L'INQUISITION que les Ducs de Guise voulurent établir en France.

Egorge les Mortels avec un fer sacré.
Comme si nous vivions dans ces tems déplorables,
Où la Terre adoroit des Dieux impitoiables,
Que des Prêtres menteurs, encor plus inhumains,
Se vantoient d'appaiser par le sang des Humains.
 Celui-ci corrompu par l'or de l'Iberie,
A l'Espagnol, qu'il hait, veut vendre sa Patrie.
 Mais un Parti puissant d'une commune voix,
Plaçoit déja Mayenne au Trône de nos Rois.
Ce Rang manquoit encore à sa vaste Puissance;
Et de ses Vœux hardis l'orgueilleuse espérance
Dévoroit en secret dans le fond de son cœur,
De ce grand nom de Roi le dangereux honneur.
 * Soudain Potier se leve, & demande Audience;
Chacun à son aspect garde un profond silence.
Dans ce tems malheureux par le crime infecté,
Potier fut toûjours juste, & pourtant respecté.
Souvent on l'avoit vû par sa mâle éloquence,
De leurs emportemens réprimer la licence.
Et conservant sur eux sa vieille Autorité,
Leur montrer la Justice avec impunité.

Vous

 * *Soudain Potier se leve, & demande Audience.*]
Potier-de-Blanc-Meny, Président du Parlement,
dont il est question dans le Quatriéme & Cinquiéme Chant.
 Il demanda publiquement au Duc de Mayenne la permission de se retirer vers Henri IV. [Je vous regarderai toute ma vie comme mon Bienfaicteur, lui dit-il, mais je ne puis vous regarder comme mon Maître.]

CHANT SIXIEME.

Vous destinez, dit-il, Mayenne au rang suprême.
Je conçois votre erreur, je l'excuse moi-même.
Mayenne a des vertus qu'on ne peut trop chérir :
Et je le choisirois, si je pouvois choisir.
Mais nous avons nos Loix ; & ce Héros insigne,
S'il prétend à l'Empire, en est dès lors indigne.
  Comme il disoit ces mots, Mayenne entre soudain
Avec tout l'appareil qui suit un Souverain.
Potier le voit entrer, sans changer de visage :
Oui, Prince, poursuit-il d'un ton plein de courage,
Je vous estime assez pour oser contre vous,
Vous adresser ma voix pour la France, & pour nous.
En vain nous prétendons le droit d'élire un Maître.
La France a des Bourbons ; & Dieu vous a fait naître,
Près de l'auguste Rang qu'ils doivent occuper,
Pour soûtenir leur Trône, & non pour l'usurper.
Guise du sein des Morts n'a plus rien à prétendre.
Le sang d'un Souverain doit suffire à sa cendre.
S'il mourut par un crime, un crime l'a vengé.
Changez avec l'Etat que le Ciel a changé.
Périsse avec Valois votre juste colére,
Bourbon n'a point versé le sang de votre Frere.
Le Ciel, ce juste Ciel, qui vous cherit tous deux,
Pour vous rendre ennemis, vous fit trop vertueux.
Mais j'entends le murmure, & la clameur publique.
J'entends ces noms affreux de relaps, d'hérétique :
Je vois d'un zèle faux nos Prêtres emportez ;
Qui le fer à la main... Malheureux, arrêtez :
Quelle Loi, quel Exemple, ou plûtôt quelle rage,

G 3   Peut

Peut à l'Oint du Seigneur arracher votre hommage.
Le Fils de Saint Louïs parjure à ses Sermens,
Vient-il de nos Autels briser les fondemens ?
Aux pieds de ses Autels il demande à s'instruire,
Il aime, il suit les Loix dont vous bravez l'Empire.
Il sait dans toute Secte honorer les vertus,
Respecter votre culte, & même vos abus.
Il laisse au Dieu vivant, qui voit ce que nous sommes
Le soin que vous prenez de condamner les Hommes.
Comme un Roi, comme un Pere, il vient vous gou‑
    verner :
Et plus Chrétien que vous, il vient vous pardonner.
Tout est libre avec lui. Lui seul ne peut-il l'être ?
Quel droit vous a rendus Juges de votre Maître ?
Infidèles Pasteurs, indignes Citoïens !
Que vous ressemblez mal à ces premiers Chrétiens,
Qui bravant tous ces Dieux de métal ou de plâtre,
Marchoient sans murmurer sous un Maître idolâtre,
Expiroient sans se plaindre, & sur les échafauts,
Sanglans, percez de coups, benissoient leurs Bourreaux!

  Eux seuls étoient Chrétiens ; je n'en connois point
    d'autres.
Ils mouroient pour leurs Rois ; vous massacrez les
    vôtres.
Et Dieu, que vous peignez implacable & jaloux,
S'il aime à se venger, Barbares, c'est de vous.
  A ce hardi discours aucun n'osoit répondre.
Par des traits trop puissans ils se sentoient confondre.
                               Ils

CHANT SIXIE'ME.

Ils repoussoient en vain de leur cœur irrité,
Cet effroi, qu'aux méchans donne la vérité.
Le dépit & la crainte agitoient leurs pensées;
Quand soudain mille voix jusqu'au Ciel élancées,
Font par tout retentir avec un bruit confus,
Aux armes, Citoïens, où nous sommes perdus.

Des nuages épais que formoit la poussiere,
Du Soleil dans les Champs déroboit la lumiere.
Des tambours, des clairons le son rempli d'horreur,
De la mort qui les suit, étoit l'avant-coureur.
Tels des autres du Nord échappez sur la Terre,
Précedez par les Vents, & suivis du tonnerre,
D'un tourbillon de poudre obscurcissant les airs,
Les orages fougueux parcourent l'Univers.

C'étoit du grand Henri la redoutable Armée,
Qui lasse du repos & de sang affamée,
Faisoit entendre au loin ses formidables cris,
Remplissoit la Campagne, & marchoit vers Paris.

Bourbon n'emploïoit point ces momens salutaires,
A rendre au dernier Roi les honneurs ordinaires,
A parer son Tombeau de ces titres brillans,
Que reçoivent les Morts de l'orgueil des Vivans.
Ses mains ne chargeoient point ces rives désolées,
De l'appareil pompeux de ces vains Mausolées,
Par qui malgré l'injure & des tems & du sort,
La vanité des grands triomphe de la Mort.
Il vouloit à Valois dans la demeure sombre,
Envoïer des Tribus plus digne des son ombre,

G 4   Pu-

Punir ſes Aſſaſſins, vaincre ſes Ennemis,
Et rendre heureux ſon Peuple, après l'avoir ſoûmis
Au bruit inopiné des aſſauts qu'il prépare,
Des Etats conſternez le Conſeil ſe ſépare.
Mayenne au même inſtant court au haut des remparts;
Le Soldat raſſemblé vôle à ſes étendarts.
Il inſulte à grands cris le Héros qui s'avance.
Tout eſt prêt pour l'attaque, & tout pour la défenſe.
Paris n'étoit point tel en ces tems orageux,
Qu'il paroit en nos jours aux François trop heureux.
Cent Forts qu'avoient bâtis la Fureur & la Crainte
Dans un moins vaſte eſpace enfermoient ſon enceinte.
Ces Fauxbourgs aujourd'hui ſi pompeux & ſi grands,
Que la main de la Paix tient ouverts en tout tems,
D'une immenſe Cité ſuperbes avenuës,
Où cent Palais dorez ſe perdent dans les nuës,
Etoient de longs Hameaux d'un rempart entourez,
Par un foſſé profond de Paris ſéparez.
Du côté du Levant bien-tôt Bourbon s'avance.
Le voilà qui s'approche, & la mort le devance.
Le fer avec le feu vôle de toutes parts,
Des mains des Aſſiégeans, & du haut des remparts.
Ces remparts menaçans, leurs tours, & leurs ouvrages,
S'écroulent ſous les traits de ces brûlans orages.
On voit les Bataillons rompus & renverſez,
Et loin d'eux dans les Champs leurs membres diſperſez.

CHANT SIXIE'ME.

Ce que le fer atteint tombe réduit en poudre.
Et chacun des Partis combat avec la foudre.
Jadis avec moins d'art au milieu des Combats,
Les malheureux Mortels avançoient leur trépas ;
Avec moins d'appareil ils vôloient au carnage,
Et le fer dans leurs mains suffisoit à leur rage.
De leurs cruels Enfans l'effort industrieux
A dérobé le feu qui brûle dans les Cieux.
On entendoit gronder ces bombes effroïables,
Des troubles de la Flandre Enfans abominables.
Le salpêtre enfoncé dans ces Globes d'airain,
Part, s'échauffe, s'embrase, & s'écarte soudain;
La mort en mille éclats en sort avec furie.
Avec plus d'art encor, & plus de barbarie,
Dans des antres profonds on a sû renfermer
Des foudres soûterrains tout prêts à s'allumer.
Sous un chemin trompeur, ou vôlant au carnage,
Le Soldat valeureux se fie à son courage,
On voit en un instant des abîmes ouverts ;
Des noirs torrens de soufre épandus dans les airs ;
Des Bataillons entiers, par ce nouveau tonnerre
Dans les airs emportez, engloutis sous la terre.
Ce sont les dangers où Bourbon va s'offrir ;
C'est par-là qu'à son Trône il brûle de courir.
Ses Guerriers avec lui dédaignent ces tempêtes :
L'Enfer est sous leurs pas, la foudre est sur leurs têtes.
Mais la Gloire à leurs yeux vôle à côté du Roi ;
Ils ne regardent qu'elle, & marchent sans effroi !
Mornay parmi les flots de ce torrent rapide,

S'a-

S'avance d'un pas grave, & non moins intrépide;
Incapable à la fois de crainte & de fureur,
Sourd au bruit des canons, calme au sein de l'horreur,
Avec un œil stoïque il regarde la Guerre,
Comme un fleau du Ciel, affreux, mais néceffaire.
Il marche en Philofophe où l'honneur le conduit;
Condamne les Combats, plaint fon Maître, & le fuit.
Ils defcendent enfin dans ce chemin terrible,
Qu'un glacis teint de fang rendoit inacceffible.
C'eft-là que le danger ranime leurs efforts.
Ils comblent les foffez de fafcines, de morts.
Sur ces morts entaffez ils marchent, ils s'avancent,
D'un cours précipité fur la brêche ils s'élancent,
Armé d'un fer fanglant, couvert d'un bouclier,
Henri vôle à leur tête, & monte le premier.
Il monte: il a déja fes mains triomphantes,
Arboré de fes Lis les Enfeignes flottantes.
Les Ligueurs devant lui demeurent pleins d'effroi:
Ils fembloient refpecter leur Vainqueur, & leur Roi.
Ils cédoient; mais Mayenne à l'inftant les ranime:
Il leur montre l'éxemple, il les rapelle au crime;
Leurs Bataillons ferrez preffent de toutes parts,
Ce Roi, dont ils n'ofoient foûtenir les regards.
Sur le mur avec eux la Difcorde cruelle,
Se baigne dans le fang que l'on verfe pour elle,
Le Soldat à fon gré fur ce funefte mur,
Combattant de plus près, porte un trépas plus fûr.

 Alors on n'entend plus ces foudres de la Guerre,
Dont les bouches de bronze épouvantoient la Terre.
Un

CHANT SIXIE'ME.

Un farouche silence, enfant de la Fureur,
A ces bruïans éclats succede avec horreur.
D'un bras déterminé, d'un œil brûlant de rage,
Parmi ses ennemis chacun s'ouvre un passage :
On saisit, on repend par un contraire effort,
Ce rempart teint de sang, théatre de la mort.
Dans ses fatales mains la Victoire incertaine
Tient encor près des Lits l'Etendart de Lorraine.
Les Assiégeans surpris sont par tout renversez :
Cent fois victorieux, & cent fois terrassez.
Pareils à l'Océan poussé par les orages,
Qui couvre à chaque instant, & qui fuit ses rivages.

  Jamais le Roi, jamais son illustre Rival,
N'avoient été si grands, qu'en cet assaut fatal.
Chacun d'eux, au milieu du sang & du carnage,
Maître de son esprit, maître de son courage,
Dispose, ordonne, agit, voit tout en même-tems,
Et conduit d'un coup d'œil ces affreux mouvemens.

  Cependant des Anglois la formidable élite,
Par le vaillant Essex à cet assaut conduite,
Marchoit sous nos drapeaux pour la premiere fois,
Et sembloit s'étonner de servir sous nos Rois.
Ils viennent soûtenir l'honneur de leur Patrie,
Orgueilleux de combattre, & de donner leur vie,
Sur ces mêmes remparts, & dans ces mêmes lieux,
Où la Seine autrefois vit règner leurs Aïeux.
Essex monte à la brêche où combattoit d'Aumale :
Tous deux jeunes, brillans, pleins d'une ardeur égale,
Tels qu'aux remparts de Troye on peint les demi-
    Dieux,   Leurs

Leurs Amis tout sanglans sont en foule autour d'eux,
François, Anglois, Lorrains, que la fureur assemble,
Avançoient, combattoient, frappoient, mouroient
 ensemble.

Ange, qui conduisiez leur fureur & leur bras,
Ange exterminateur, ame de ces Combats,
De quel Héros enfin prîtes-vous la querelle ?
Pour qui pencha des Cieux la balance éternelle ?
Long-tems Bourbon, Mayenne, Essex, & son Rival,
Assiégeans, Assiégez, font un carnage égal.
Le Parti le plus juste eût enfin l'avantage.
Enfin Bourbon l'emporte, il se fait un passage.
Les Ligueurs fatiguez ne lui resistent plus :
Ils quittent les remparts, ils tombent éperdus.
Comme on voit un torrent du haut des Pirenées,
Menacer des Vallons les Nymphes consternées ;
Cent Digues qu'on oppose à ses flots orageux,
Soutiennent quelque-tems son choc impétueux ;
Mais bientôt renversant sa barriere impuissante,
Il porte au loin le bruit, la mort, & l'épouvante :
Déracine en passant ces chênes orgueilleux,
Qui bravoient les hivers, & qui touchoient les Cieux;
Détache les rochers du penchant des montagnes,
Et poursuit les troupeaux fuiant dans les campagnes,
Tel Bourbon descendoit à pas précipitez
Du haut des murs fumans, qu'il avoit emportez :
Tel d'un bras foudroïant fondant sur les rebelles,
Il moissonne en courant leurs troupes criminelles.

Les

CHANT SIXIEME.

Les Seize avec effroi fuioient ce bras vengeur,
Egarez, confondus, disperfez par la peur.
Mayenne ordonne enfin, que l'on ouvre les portes,
Il rentre dans Paris fuivi de fes Cohortes.
Les Vainqueurs furieux, les flambeaux à la main
Dans les Fauxbourgs fanglans, fe répandent foudain.
Du Soldat effrené la valeur tourne en rage ;
Il livre tout au fer, aux flames, au pillage.
Henri ne les voit point ; fon vol impétueux
Pourfuivoit l'Ennemi fuiant devant fes yeux.
Sa victoire l'enflame, & fa valeur l'emporte.
Il franchit les Fauxbourgs, il s'avance à la porte.
Compagnons apportez & le fer & les feux,
Venez, vôlez, montez fur ces murs orgueilleux.
 Comme il parloit ainfi, du profond d'une nuë
Un Fantôme éclatant fe préfente à fa vûë.
Son corps majeftueux maître des élemens,
Defcendoit vers Bourbon fur les aîles des Vents.
De la Divinité les vives étincelles
Etaloient fur fon front des beautez immortelles :
Ses yeux fembloient remplis de tendreffe & d'horreur,
Arrête, cria-t-il, trop malheureux Vainqueur ;
Tu vas abandonner aux flâmes, au pillage,
De cent Rois tes ayeux l'immortel héritage ;
Ravager ton Païs, mes Temples, tes Tréfors ;
Egorger tes Sujets, & règner fur des Morts.
Arrête...... A ces accens plus forts que le tonnerre,
Le Soldat s'épouvante, il embraffe la terre,
Il quitte le pillage : Henri plein de l'ardeur,

Que

Que le combat encor enflamoit dans son cœur,
Semblable à l'Océan qui s'appaise, & qui gronde;
O fatal Habitant de l'invisible Monde!
Que viens-tu m'annoncer dans ce séjour d'horreur!
Alors il entendit ces mots pleins de douceur,
Je suis cet heureux Roi que la France revere,
Le Pere des Bourbons, ton Protecteur, ton Pere;
Ce Louïs qui jadis combattit comme toi:
Ce Louïs dont ton cœur a négligé la Foi;
Ce Louïs qui te plaint, qui t'admire, & qui t'aime.
Dieu sur ton Trône un jour te conduira lui-même.
Dans Paris, ô mon Fils, tu rentreras Vainqueur,
Pour prix de ta clémence, & non de ta valeur.
C'est Dieu qui t'en instruit, & c'est Dieu qui m'envoie.
Le Héros à ces mots verse des pleurs de joie.
La Paix a dans son cœur étouffé son couroux:
Il s'écrie, il soupire, il adore à genoux.
D'une divine horreur son ame est pénétrée.
Trois fois il tend les bras à cette ombre sacrée;
Trois fois son Pere échappe à ses embrassemens,
Tel qu'un leger nuage écarté par les Vents.
Du faîte cependant de ce mur formidable,
Tous les Ligueurs armez, tout un Peuple innombrable,
Etrangers, & François, Chefs, Citoïens, Soldats,
Font pleuvoir sur le Roi le fer & le trépas.
La vertu du Très-Haut brille autour de sa tête,
Et des traits qu'on lui lance écarte la tempête.
Il vit alors, il vit de quel affreux danger,
Le Pere des Bourbons venoit le dégager.

CHANT SIXIE'ME.

Il contemploit Paris d'un œil triste & tranquille,
François, s'écria-t-il, & toi fatale Ville,
Citoïens malheureux, Peuple foible & sans foi,
Jusqu'à quand voulez-vous combatre votre Roi ?
Alors, ainsi que l'Astre, auteur de la lumiere,
Après avoir rempli sa brûlante carriere,
Au bord de l'horison brille d'un feu plus doux,
Et plus grand à nos yeux paroit fuir loin de nous.
Loin des murs de Paris le Heros se retire,
Le cœur plein du Saint Roi, plein du Dieu qui l'inspire.
Il marche vers Vincenne, où Louïs autrefois
Au pied d'un Chêne assis dicta ses justes Loix.
Bientôt de l'Occident où se forment les ombres
La nuit vint sur Paris porter ses voiles sombres;
Et cacher aux Mortels en ce sanglant séjour,
Ces Morts & ces Combats qu'avoit vû l'œil du jour.

LA

LA HENRIADE.

CHANT SEPTIÉME.

ARGUMENT.

Saint Loüis transporte Henri IV. en Esprit au Ciel & aux Enfers, & lui fait voir dans le Palais des Destins, sa postérité, & les grands Hommes que la France doit produire.

U DIEU qui nous créa la clémence infinie,
Pour adoucir les maux de cette courte vie,
A placé parmi nous deux Etres bien-faisans,
De la Terre à jamais aimables Habitans.
Soûtiens dans les travaux, trésors dans l'indigence;
L'un est le doux Sommeil, & l'autre est l'Esperance.
L'un, quand l'homme acablé sent de son foible corps,
Les organes vaincus sans force & sans ressorts,
Vient par un calme heureux secourir la Nature,
Et lui porter l'oubli des peines qu'elle endure;

L'au-

Chant 7.

CHANT SEPTIE'ME.

L'autre anime nos cœurs, enflame nos defirs,
Et même en nous trompant donne de vrais plaifirs.
Mais aux Mortels chéris à qui le Ciel l'envoie,
Elle n'infpire point une infidelle joie ;
Elle apporte de Dieu la promeffe & l'appui,
Elle eft inébranlable, & pure comme lui,
    Louïs près de Henri tous les deux les appelle.
Approchez vers mon Fils, venez, couple fidelle.
Le Sommeil l'entendit de fes antres fecrets :
Il marche mollement vers ces ombrages frais.
Les Vents à fon afpect s'arrêtent en filence ;
Les Songes fortunez, Enfans de l'Efpérance,
Voltigent vers le Prince, & couvrent ce Héros
D'olives & de lauriers mêlez à leurs pavots.
    Louïs en ce moment prenant fon Diadème,
Sur le front du Vainqueur il le pofa lui-même.
Règne, dit-il, triomphe & fois en tout mon Fils,
Tout l'efpoir de ma Race en toi feul eft remis.
Mais le Trône, ô Bourbon, ne doit point te fuffire
Des préfens de Louïs le moindre eft fon Empire.
C'eft peu d'être un Héros, un Conquérant, un Roi ;
Si le Ciel ne t'éclaire, il n'a rien fait pour toi.
Tous ces honneurs mondains ne font qu'un bien fté-
Des humaines Vertus récompenfe fragile,   [rile ;
Un dangereux éclat qui paffe & qui s'enfuit ;
Que le Trouble accompagne, & que la Mort détruit.
Je vais te découvrir un plus durable Empire,
Pour te récompenfer, bien moins que pour t'inftruire ;
Viens, obéï, fui-moi par de nouveaux chemins :

H   Va-

Vôle au sein de Dieu même, & rempli tes destins.
L'un & l'autre à ces mots dans un Char de lumiere
Des Cieux en un moment traversent la carriere.
Tels on voit dans la nuit la foudre & les éclairs,
Courir d'un pole à l'autre, & diviser les airs :
Et telle s'éleva cette nuë embrasée,
Qui dérobant aux yeux le Maître d'Elisée
Dans un celeste Char de flâme environné
L'emporta loin des bords de ce Globe étonné.

Dans le centre éclatant de ces orbes immenses,
Qui n'ont pû nous cacher leurs marches & leurs distances,
Luit cet Astre du jour par Dieu même allumé
Qui tourne autour de soi sur son axe enflamé.
De lui partent sans fin des torrens de lumiere.
Il donne en se montrant la vie à la matiere,
Et dispense les jours, les saisons & les ans
A des Mondes divers autour de lui flotans,
Ces Astres asservis à la Loi qui les presse,
* S'attirent dans leur course, & s'évitent sans cesse,
Et servant l'un à l'autre & de regle & d'appui
Se prêtent les clartez qu'ils reçoivent de lui.
Au delà de leurs cours, & loin dans cet espace

Où

___

* *S'attirent dans leur course, & s'évitent sans cesse.*] Que l'on admette, ou non, l'attraction de l'illustre M. Newton, toûjours demeure-t-il certain que les Globes célestes, s'approchant & s'éloignant tour à tour, paroissent s'attirer & s'éviter.

CHANT SEPTIE'ME.

Où la matiere nage, & que Dieu seul embrasse,
Sont des Soleils sans nombre & des Mondes sans fin;
Dans cet abîme immense il leur ouvre un chemin.
Par de-là tous ces Cieux le Dieu des Cieux réside.
C'est là que le Héros suit son celeste Guide,
C'est là que sont formez tous ces Esprits divers,
Qui remplissent les corps, & peuplent l'Univers.
Là son après la mort nos ames replongées,
De leur prison grossiere à jamais dégagées.
Un Juge incorruptible y rassemble à ses pieds.
Ces immortels esprits que son soufle a créez.
C'est cet Etre infini qu'on sert & qu'on ignore.
Sous cent noms différents le Monde entier l'adore.
Du haut de l'Empirée il entend nos clameurs;
Il regarde en pitié ce long amas d'erreurs;
Ces Portraits insensez, que l'humaine ignorance
Fait avec pieté de sa sagesse immense.
La Mort auprès de lui, Fille affreuse du Tems,
De ce triste Univers conduit les Habitans.
Elle amene à la fois les Bonzes, les Brachmanes,
Du grand Confucius les Disciples profanes,
Des antiques Persans les secrets Successeurs,
* De Zoroastre encor, aveugles Sectateurs;

Les

―――――――

* *De Zoroastre encor, aveugles Sectateurs.*] En Perse les Guebres ont une Religion à part qu'ils prétendent être la Religion fondée par des Zoroastres, & qui paroît moins folle que les autres Superstitions humaines, puisqu'ils rendent un culte secret au Soleil, comme à une Image du Créateur.

H 2

Les pâles Habitans de ces froides Contrées
Qu'assiégent de Glaçons les Mers Hyperborées,
Ceux qui de l'Amérique habitent les Forêts,
Du Pere du Mensonge innombrable Sujets.

  Eclairez à l'instant, ces morts dans le silence
Attendent en tremblant l'éternelle Sentence.
Dieu qui voit à la fois, entend, & connoit tout,
D'un coup d'œil les punit, d'un coup d'œil les absout.
Henri n'approcha pas vers le Trône invisible,
D'où part à chaque instant ce Jugement terrible,
Où Dieu prononce à tous ses Arrêts éternels,
Qu'osent prévoir en vain tant d'orgueilleux mortels:
» Quelle est, disoit Henri, s'interrogeant lui-même,
» Quelle est de Dieu sur eux la Justice suprême;
» Ce Dieu les punit-il d'avoir fermé leurs yeux
» Aux clartez que lui-même il plaça si loin d'eux;
» Pourroit-il les juger tel qu'un injuste Maître,
» Sur la Loi des Chrétiens qu'ils n'ont point pû con-
    » noître?
» Non, Dieu nous a créez, Dieu nous veut sauver tous.
» Par tout il nous instruit, par tout il parle à nous.
» Il grave en tous les cœurs la Loi de la Nature,
» Seule à jamais la même, & seule toûjours pure.
» Sur cette Loi, sans doute, il juge les Païens,
» Et si leur cœur fut juste, ils ont été Chrétiens.
Tandis que du Héros la Raison confonduë
Portoit sur ce mystere une indiscrete vûë
Aux pieds du Trône même une voix s'entendit.

CHANT SEPTIE'ME.

Le Ciel s'en ébranla, l'Univers en frémit;
Ses accens ressembloient à ceux de ce Tonnerre,
Quand du Mont Sinaï Dieu parloit à la Terre.
Le Chœur des Immortels se tût pour l'écouter;
Et chaque Astre en son cours alla la répeter.

A ta foible Raison garde-toi de te rendre;
Dieu t'a fait pour l'aimer, & non pour le comprendre,
Invisible à tes yeux, qu'il règne dans ton cœur;
Il pardonne aux Humains une invincible erreur:
Mais il punit aussi toute erreur volontaire;
Mortel, ouvre les yeux quand son Soleil t'éclaire.

Henri passe à l'instant auprès d'un Globe affreux,
Rebut de la Nature, aride, ténébreux;
Ciel! d'où partent ces cris, ces cris épouvantables,
Ces torrens de fumée, & ces feux effroiables!
Quels Monstres, dit Bourbon, volent dans ces Climats;
Quels gouffes enflâmez s'entr'ouvent sous mes pas;
O mon Fils, vous voïez les portes de l'abîme,
Creusé par la Justice, habité par le Crime.
Suivez-moi, les chemins en sont toûjours ouverts.
* Ils marchent aussi-tôt aux portes des Enfers.

Là,

---

* *Ils marchent aussi-tôt aux portes des Enfers.* Les Théologiens n'ont pas décidé comme un Article de foi que l'Enfer fut au centre de la Terre, ainsi qu'il étoit dans la Théologie Payenne; quelques-uns l'ont placé dans le Soleil, on l'a mis ici dans un Globe destiné uniquement à cet usage.

Là, gît la sombre Envie à l'œil timide & louche
Versant sur des lauriers les poisons de sa bouche.
Le jour blesse ses yeux dans l'ombre étincelans.
Triste Amante des Morts, elle hait les Vivans.
Elle apperçoit Henri, se détourne, & soûpire.
Auprès d'elle est l'Orgueil qui se plaît, & s'admire.
La Foiblesse au teint pâle, aux regards abbatus,
Tyran qui cede au crime, & détruit les vertus.
L'Ambition sanglante, inquiéte, égarée,
De Trônes, de Tombeaux, d'Esclaves entourée ;
La tendre Hypocrisie aux yeux pleins de douceur,
(Le Ciel est dans ses yeux, l'Enfer est dans son cœur.)
Le faux Zèle étalant ses barbares maximes.
Et l'Interêt enfin Pere de tous les crimes.

Des Mortels corrompus ces Tyrans effrenez,
A l'aspect de Henri paroissent consternez.
Ils ne l'ont jamais vû ; jamais leur Troupe impie
N'approcha de son ame à la vertu nourrie.
Quel mortel, disoient-ils, par ce Juste conduit
Vient nous persécuter dans l'éternelle nuit ?

Le Héros au milieu de ces Esprits immondes
S'avançoit à pas lents sous ces voutes profondes.
Louïs guidoit ses pas : Ciel ! qu'est-ce que je voi ;
L'Assassin de Valois ! Ce Monstre devant moi ;
Mon Pere ! Il tient encor ce couteau patricide,
Dont le Conseil des Seize arma sa main perfide.
Tandis que dans Paris tous ces Prêtres cruels
Osent de son Portrait souiller les saints Autels,
* Que la Ligue l'invoque, & que Rome le louë ;

Ici

CHANT SEPTIE'ME.

Ici dans les tourmens l'Enfer les désavoüe.
  Mon Fils, reprit Louïs, de plus severes Loix
Poursuivent en ces lieux les Princes & les Rois.
Regardez ces Tyrans, adorez dans leur vie;
Plus ils étoient puissans, plus Dieu les humilie.
Il punit les forfaits que leurs mains ont commis,
Ceux qu'ils n'ont point vengez, & ceux qu'ils ont permis.
La Mort leur a ravi leurs Grandeurs passageres,
Ce Faste, ces Plaisirs, ces Flateurs mercenaires,
De qui la complaisance avec dexterité.
A leurs yeux éblouïs cachoit la Verité.
La Verité terrible ici fait leurs supplices :
Elle est devant leurs yeux, elle éclaire leurs vices.
Voïez comme à sa voix tremblent ces Conquérans,
Héros aux yeux du Peuple, aux yeux de Dieu Tyrans.
Fléaux du Monde entier, que leur fureur embrase,
La foudre qu'ils portoient, à leur tour les écrase ;
Auprès d'eux sont couchez tous ces Rois fainéans,
Sur un Trône avili Fantômes impuissans.
Henri voit près des Rois leurs insolens Ministres,

Que la Ligue l'invoque, & que Rome le loüé. Le Parricide Jacques Clement fut loüé à Rome dans la Chaire où l'on auroit dû prononcer l'Oraison funebre de Henri III. On mit son Portrait à Paris sur les Autels avec l'Eucharistie : Le Cardinal de Retz rapporte que le jour des Barricades, sous la Minorité de Louïs XIV. il vit un Hausse-Col sur lequel étoit gravé ce Moine, avec ces mots : SAINT JACQUES CLEMENT.

Il remarque sur tout ces Conseillers sinistres :
Qui des Mœurs & des Loix avares corrupteurs,
De Thémis & de Mars ont vendu les honneurs,
Qui mirent les premiers à d'indignes encheres,
L'inestimable prix des vertus de nos Peres.
　Il est, il est aussi dans ce lieu de douleurs,
Des cœurs qui n'ont aimé que leurs douces erreurs,
Des foules de Mortels noïez dans la mollesse,
Qu'entraîna le plaisir, qu'endormit la paresse.
Le généreux Henri ne put cacher ses pleurs.
Ah ! s'il est vrai, dit-il, qu'en ce séjour d'horreurs,
La Race des Humains soit en foule engloutie,
Si les jours passagers d'une si courte vie,
D'un éternel tourment sont suivis sans retour,
Ne vaudroit-il pas mieux ne voir jamais le jour ?
Heureux s'ils expiroient dans le sein de leur Mere;
Ou si ce Dieu du moins, ce grand Dieu si sévere,
A l'Homme, hélas trop libre, avoit daigné ravir
Le pouvoir malheureux de lui desobéïr !
　Ne crois point, dit Louis, que ces tristes Victimes
Souffrent des châtimens qui surpassent leurs crimes;
Ni que ce juste Dieu, Créateur des Humains,
Se plaise à déchirer l'ouvrage de ses mains.
Non; s'il est infini, c'est dans ses récompenses,
Prodigue de ses Dons, il borne ses vengeances.
Sur la Terre on le peint l'éxemple des Tyrans :
Mais ici c'est un Pere; il punit ses Enfans.
Il adoucit les traits de sa main vengeresse ;
Il ne sait point punir des momens de foiblesse,

Des

CHANT SEPTIE'ME

Des plaisirs passagers, pleins de trouble & d'ennui,
*Par des tourmens affreux, éternels comme lui.

Il dit, & dans l'instant l'un & l'autre s'avance,
Vers les lieux fortunez qu'habite l'innocence.
Ce n'est plus des Enfers l'affreuse obscurité ;
C'est le jour le plus pur l'immortelle clarté.
Henri voit ces beaux lieux, & soudain à leur vûë,
Sent couler dans son ame une joie inconnuë ;
Les soins, les passions n'y troublent point les cœurs,
La Volupté tranquille y répand ses douceurs.
Amour, en ces climats tout ressent ton Empire :
Ce n'est point cet Amour que la mollesse inspire ;
C'est ce flambeau Divin, ce feu saint & sacré,
Ce pur Enfant des Cieux sur la Terre ignoré.
De lui seul à jamais tous les cœurs se remplissent,
Ils désirent sans cesse, & sans cesse joüissent,
Et goûtent dans les feux d'une éternelle ardeur,
Des plaisirs ses regrets, du repos sans langueur.
Là régnent les bons Rois qu'ont produit tous les âges,
Là sont les vrais Héros, là vivent les vrais Sages,
Là sur un Trône d'or, Charlemagne & Clovis
Veillent du haut des Cieux sur l'Empire des Lis.
Les plus grands Ennemis, les plus fiers Adversaires,
Réünis dans ces lieux, n'y sont plus que des Freres.

*Le

---

* *Par des tourmens affreux, éternels comme lui.*]
Il est aisé d'entendre par cet endroit les fautes venielles & le Purgatoire.

* Le sage Louïs douze, au milieu de ces Rois,
S'éleve comme un Cèdre, & leur donne des Loix.
Ce Roi qu'à nos Aïeux donna le Ciel propice,
Sur son Trône avec lui fit asseoir la Justice ;
Il pardonna souvent, il règna sur les cœurs,
Et des yeux de son Peuple il essuia les pleurs.
† D'Amboise est à ses pieds ; ce Ministre fidelle,
Qui seul aima la France, & fut seul aimé d'elle,
Tendre ami de son Maître, & qui dans ce haut Rang,
Ne souilla point ses mains de rapine & de sang.
Ô jours ! ô mœurs ! ô tems d'éternelle mémoire !
Le Peuple étoit heureux, le Roi couvert de gloire ;
De ses aimables Loix chacun goûtoit les fruits :
Revenez, heureux tems, sous un autre Louïs.

Plus loin sont ces Guerriers prodigues de leur vie,
Qu'enflâma leur devoir, & non pas leur furie,
¶ La Trimouille, Clisson, Montmorency, de Foix,
Gues-

---

* *Le sage Louïs douze, au milieu de ces Rois.*]
LOUIS XII. est le seul Roi qui ait eû le surnom de Pere du Peuple.

† *D'Amboise est à ses pieds, ce Ministre fidelle.*]
Sur ces entrefaites mourut GEORGES D'AMBOISE, qui fut justement aimé de la France & de son Maître, parce qu'il les aimoit tous deux également. [MEZERAY, grande Histoire.]

¶ *La Trimouille,*] Parmi plusieurs grands hommes de ce nom, on a eû ici en vûe GUY DE LA TRIMOUILLE, surnommé LE VAILLANT, qui portoit l'Oriflâme, qui refusa l'Epée de Connétable sous Charles VI.

Ibid. *Clisson,*] CLISSON, [le Connétable de] sous Charles VI.

Ibid.

CHANT SEPTIE'ME.

* Guefclin, le Deftructeur & le Vengeur des Rois:
† Le vertueux Bayard, & vous brave Amazone,
La honte des Anglois, & le foûtien du Trône.
  Ces Héros, dit Louïs, que tu vois dans les Cieux,
Comme toi de la Terre ont ébloüi les yeux.
La vertu, comme à toi, mon Fils, leur étoit chere.
Mais

  Ibid. *Montmorency*, MONTMORENCY, il faudroit un Volume pour fpecifier les Services rendus à l'Etat par cette Maifon.
  Ibid. *de Foix.*] GASTON DE FOIX, Duc de Nemours, Neveu de Louïs XII. fut tué de quatorze coups, à la célèbre Bataille de Ravenne qu'il avoit gagnée.
  * *Guefclin, le Deftructeur & le Vengeur des Rois.*] GUESCLIN, [le Connétable du] Il fauva la France fous Charles V. conduit la Caftille, mit Henri de Tranftamare fur le Trône de Pierre-le-Cruel, & fut Connétable de France & de Caftille.
  † *Le vertueux Bayard,*] BAYARD [Pierre Terrail, furnommé le Chevalier fans peur & fans reproche.] Il arma *François Premier*, Chevalier, à la Bataille de Marignan; il fut tué en 1523. à la Retraite de Rebec en Italie.
  Ibid. *& vous brave Amazone,*] JEANNE D'ARC, [connuë fous le nom de la Pucelle d'Orleans] Servante d'Hôtellerie, née au Village de Dom-Remy-fur-Meufe, qui fe trouvant une force de corps, & une hardieffe au-deffus de fon Sexe, fut emploïée par le Comte de Dunois pour rétablir les Affaires de Charles VII. Elle fut prife dans une Sortie à Compiegne en 1430. conduite à Roüen, jugée comme Sorciere par un Tribunal Eccléfiaftique, également ignorant & barbare, & brûlée par les Anglois qui auroient dû honorer fon courage.

Mais Enfans de l'Eglife ils ont chéri leur Mere :
Leur cœur fimple & docile aimoit la Vérité ;
Leur culte étoit le mien ; pourquoi l'as-tu quitté ?

Comme il difoit ces mots d'une voix gémiffante,
Le Palais des Deftins devant lui fe préfente :
Il fait marcher fon Fils vers fes facrez remparts,
Et cent portes d'airain s'ouvrent à fes regards.
Le Tems, d'une aîle prompte, & d'un vol infenfible,
Fuit, & revient fans ceffe à ce Palais terrible :
Et de-là fur la Terre il verfe à pleines mains,
Et les biens & les maux deftinez aux Humains.
Sur un Autel de fer un Livre inexplicable,
Contient de l'avenir l'Hiftoire irrévocable.
La main de l'Eternel y marqua nos defirs,
Et nos chagrins cruels, & nos foibles plaifirs.
On voit la Liberté, cette efclave fi fiere,
Par d'invincibles nœuds en ces lieux prifonniere.
Sous un joug inconnu, que rien ne peut brifer,
Dieu fait l'affujettir fans la tyrannifer ;
A fes fuprêmes Loix d'autant mieux attachée
Que fa chaîne à fes yeux pour jamais eft cachée ;
Qu'en obéïffant même elle agit par fon choix,
Et fouvent aux Deftins penfe donner des Loix.

Mon cher Fils, dit Louïs, c'eft de-là que la Grace
Fait fentir aux Humains fa faveur efficace ;
C'eft de ces lieux facrez, qu'un jour fon trait vainqueur
Doit partir, doit brûler, doit embrafer ton cœur.
Tu ne peux differer, ni hâter, ni connoître

Ces

CHANT SEPTIE'ME.

Ces momens précieux dont Dieu seul est le Maître.
Mais qu'ils sont encor loin ces tems, ces heureux tems,
Où Dieu doit te compter au rang de ses Enfans !
Que tu dois éprouver de foiblesses honteuses !
Et que tu marcheras dans des routes trompeuses.
Retranches, ô mon Dieu, des jours de ce grand Roi,
Ces jours infortunez qui l'éloignent de toi.

Mais dans ces vastes lieux quelle foule s'empresse ?
Elle entre à tout moment & s'écoule sans cesse.
Vous voïez, dit Louis, dans ce sacré séjour,
Les Portraits des Humains qui doivent naître un jour.
Des Siecles à venir ces vivantes Images,
Rassemblent tous les lieux, devancent tous les âges,
Tous les jours des Humains comptez avec les tems,
Aux yeux de l'Eternel à jamais son présens.
Le Destin marque ici l'instant de leur naissance,
L'abaissement des uns, des autres la puissance,
Les divers changemens attachez à leur sort,
Leurs vices, leurs vertus, leur fortune, & leur mort.

Approchons-nous ; le Ciel te permet de connoître
Les Rois & les Héros qui de toi doivent naître.
Le premier qui paroît c'est ton auguste Fils,
Il soûtiendra long-tems la gloire de nos Lis,
Triomphateur heureux du Belge & de l'Ibere,
Mais il n'égalera ni son Fils ni son Pere.

Henri dans ce moment voit sur des Fleurs-de-Lis,
Deux Mortels orgueilleux auprès du Trône assis.

Ils

Ils tiennent sous leurs pieds tout un Peuple à la chaîne,
Tous deux sont revêtus de la Pourpre-Romaine,
Tous deux sont entourez de Gardes, de Soldats ;
Il les prend pour des Rois...Vous ne vous trompez pas,
Ils le sont, dit Louïs sans en avoir le titre ;
Du Prince & de l'Etat l'un & l'autre est l'Arbitre,
Richelieu, Mazarin, Ministres immortels,
Jusqu'au Trône élevez de l'ombre des Autels ;
Enfans de la Fortune & de la Politique,
Marcheront à grands pas au pouvoir despotique ;
Richelieu, grand, sublime, implacable ennemi,
Mazarin, souple, adroit, & dangereux ami,
* L'un fuiant avec art, & cédant à l'orage,
L'autre aux Flots irritez opposant son courage,
Des Princes de mon Sang ennemis déclarez :
Tous deux haïs du Peuple, & tous deux admirez;
Enfin par leurs efforts, ou par leur industrie,
Utiles à leurs Rois, cruels à la Patrie.

Ciel ! quel pompeux amas d'Esclaves à genoux,
Est aux pieds de ce Roi † qui les fait trembler tous ?
Quels honneurs ! Quels respects ! jamais Roi dans la
   France,

N'ac-

* *L'un fuiant avec art, & cedant à l'orage.*] Le Cardinal Mazarin fut obligé de sortir du Roiaume en 1651. malgré la Reine Regente qu'il gouvernoit ; mais le Cardinal de Richelieu se maintint toûjours malgré ses ennemis, & même malgré le Roi qui étoit dégoûté de lui.
† Louïs XIV.

CHANT SEPTIE'ME.

N'accoûtuma son Peuple à tant d'obéïssance !
Je le vois comme vous par la gloire animé ;
Mieux obéï, plus craint, peut-être moins aimé ;
Je le vois éprouvant des fortunes diverses,
Trop fier dans ses succès, mais ferme en ses traverses ;
De vingt Peuples liguez bravant seul tout l'effort,
Admirable en sa vie, & plus grand dans sa mort.
Siécle heureux de Louïs, Siécle que la Nature
De ses plus beaux présens doit combler sans mesure,
C'est toi qui dans la France amene les beaux Arts ;
Sur toi tout l'avenir va porter ses regards ;
Les Muses à jamais y fixent leur Empire ;
La toile est animée, & le marbre respire.
* Quels Sages rassemblez dans ces augustes lieux,
Mesurent l'Univers, & lisent dans les Cieux ?
Et dans la nuit obscure apportant la lumiere,
Sondent les profondeurs de la Nature entiere ?
L'erreur présomptueuse à leur aspect s'enfuit,
Et vers la Vérité le Doute les conduit.
Et toi Fille du Ciel, toi puissante Harmonie ;
Art charmant qui polis la Grece & l'Italie,
J'entends de tous côtez ton langage enchanteur,
Et tes sons souverains de l'oreille & du cœur.
François, vous savez vaincre, & chanter vos Conquêtes :

---

* *Quels sages rassemblez dans ces augustes lieux.*] L'Academie des Sciences dont les Mémoires sont estimez dans toute l'Europe.

Il n'est point de lauriers qui ne couvrent vos têtes;
Un Peuple de Héros va naître en ces climats;
Je vois tous les Bourbons vôler dans les Combats.
* A travers mille feux je vois Condé paroître,
Tour à tour la terreur & l'appui de son Maître;
Turenne de Condé le généreux Rival,
Moins brillant, mais plus sage, & du moins son égal,
† Catinat réünit, par un rare assemblage,
Les talens du Guerrier & les vertus du Sage :

Ce-

* *A travers mille feux, je vois Condé paroître.*] LOUIS DE BOURBON, appellé communément le grand Condé, & HENRI, Vicomte de Turenne, ont été regardez comme les plus grands Capitaines de leur tems, tous deux ont gagné de grandes Victoires, & ont acquis de la gloire même dans leurs Défaites. Le génie du Prince de Condé sembloit, à ce qu'on dit, plus propre pour un jour de Bataille, & celui de M. de Turenne pour toute une Campagne : Au moins est-il certain que M. de Turenne remporta des avantages sur le grand Condé à Gien, à Etampes, à Paris, à Arras, à la Bataille des Dunes ; cependant on n'ose point décider quel étoit le plus grand Homme.

† *Catinat réünit par un rare assemblage.*] Le Maréchal DE CATINAT, né en 1637. Il gagna les Batailles de Staffarde & de la Marsaille, & obéit ensuite sans murmurer au Maréchal de Villeroi, qui lui envoïoit des Ordres sans le consulter : Il quitta le Commandement sans peine, ne se plaignit jamais de personne, ne demanda rien au Roi, & mourut en Philosophe dans une petite Maison de Campagne à Saint Gratien, n'aïant ni augmenté ni diminué son Bien, & n'aïant jamais démenti un moment son caractere de modération.

CHANT SEPTIE'ME. 129

Celui-ci dont la main raffermit nos remparts ;
* C'est Vauban, c'est l'Ami des Vertus & des Arts ;
Malheureux à la Cour, invincible à la Guerre ;
† Luxembourg de son nom remplit toute la Terre.
¶ Regardez dans Denain l'audacieux Villars,
Disputant le Tonnerre à l'Aigle des Cesars,
Arbitre de la Paix que la Victoire amene,
Digne Appui de son Roi, digne Rival d'Eugene.
Quel est ce jeune Prince, ** en qui la Majesté,

Sur

---

* *C'est Vauban, c'est l'Ami des Vertus & des Arts.*] Le Maréchal DE VAUBAN, né en 1633. le plus grand Ingénieur qui ait jamais été, a fait fortifier selon sa nouvelle maniere, trois cens Places anciennes, & en a bâti trente-trois. Il a conduit cinquante-trois Sieges, & s'est trouvé à cent-quarante Actions. Il a laissé douze Volumes Manuscrits, pleins de Projets pour le bien de l'Etat ; aucun n'a encore été éxécuté. Il étoit de l'Académie des Sciences, & lui a fait plus d'honneur que personne, en faisant servir les Mathématiques à l'avantage de sa Patrie.

† *Luxembourg de son nom remplit toute la Terre.*] FRANÇOIS-HENRI-DE-MONTMORENCY, qui prit le nom de Luxembourg, Maréchal de France, & Duc & Pair, gagna la Bataille de Cassel, sous les Ordres de MONSIEUR, Frere de Louïs XIV. & remporta en chef les fameuses Victoires de Mons, de Fleurus, de Steinkerke, de Nerwinde, conquit des Provinces au Roi, fut mis à la Bastille, & reçût mille dégoûts des Ministres.

¶ *Regardez dans Dénain l'audacieux Villars.*] On s'étoit proposé de ne parler dans ce Poëme d'aucun Homme vivant ; on ne s'est écarté de cette regle qu'en faveur du Maréchal Duc DE VILLARS qui a sauvé la France.

I   ii

Sur son visage aimable éclate sans fierté ;
D'un œil d'indifference il regarde le Trône.
Ciel ! quelle nuit soudaine à mes yeux l'environne !
La Mort autour de lui vôle sans s'arrêter,
Il tombe aux pieds du Trône, étant près d'y monter.
O mon Fils ! des François vous voïez le plus juste.
Les Cieux le formeront de votre Sang auguste.
Grand Dieu ! ne faites-vous que montrer aux Humains
Cette fleur passagere, ouvrage de vos mains ?
Hélas ! Que n'eût point fait cette ame vertueuse ?
La France sous son Règne eût été trop heureuse :

Il

Il a gagné la Bataille de Frédelingue, & celle du premier Hochstet. Il est à remarquer qu'il occupa dans cette Bataille le même terrain où se posta depuis le Duc de Marlboroug, lorsqu'il remporta contre d'autres Généraux cette grande Victoire du second Hochstet si fatale à la France. Depuis, le Maréchal de Villars aïant repris le Commandement des Armées, donna la fameuse Bataille de Blangis ou de Malplaquet, dans laquelle on tua vingt mille hommes aux Ennemis, & qui ne fut perduë que quand le Maréchal fut blessé.

Enfin en 1712. lorsque les Ennemis menaçoient de venir à Paris, & qu'on déliberoit si le Roi Louïs XIV. quitteroit Versailles, le Maréchal de Villars battit le Prince Eugene à *Denain*, s'empara du Dépôt de l'Armée ennemie à *Marchienne*, fit lever le Siege de *Landrecy*, prit *Douay*, *Quesnoy*, *Bouchain*, &c. à discretion, & fit ensuite la Paix à Radstat, au nom du Roi, avec le même Prince Eugene, Plenipotentiaire de l'Empereur.

** Feu Mr. le Duc de Bourgogne.

CHANT SEPTIE'ME.

Il eût entretenu l'Abondance & la Paix :
Mon Fils, il eût compté ses jours par ses bienfaits,
Il eût aimé son Peuple. O jours remplis d'allarmes !
O combien les François vont répandre de larmes !
Quand sous la même Tombe ils verront réünis
Et l'Epoux & la Femme, & la Mere & le Fils.

   Un foible Rejetton * sort entre les ruines,
De cet Arbre fécond coupé dans ses racines.
Les Enfans de Louïs descendus au Tombeau,
Ont laissé dans la France un Monarque au Berceau ;
De l'Etat ébranlé douce & frêle espérance.
O toi prudent Fleury, veille sur son Enfance,
Condui ses premiers pas, cultive sous tes yeux
Du plus pur de mon Sang le dépôt précieux.
Tout Souverain qu'il est, instruis-le à se connoître.
Qu'il sache qu'il est Homme, en voïant qu'il est
    Maître,
Qu'aimé de ses Sujets, ils soient chers à ses yeux :
Apprends lui qu'il n'est Roi, qu'il n'est né que pour
    eux.
France, reprends sous lui ta Majesté premiere,
Perce la triste nuit qui couvroit ta lumiere ;
Que les Arts, qui déja vouloient t'abandonnner,
De leurs utiles mains viennent te couronner.
L'Océan se demande en ses Grottes profondes,
Où sont tes Pavillons qui flottoient sur ses Ondes ?
                            Du

  *Ce Poëme fut composé dans l'Enfance de Louïs
XV.

Du Nil & de l'Euxin, de l'Inde & de ses Ports,
Le Commerce t'appelle, & t'ouvre ses tréfors.
Maintiens l'ordre & la Paix, sans chercher la Victoire.
Sois l'arbitre des Rois, c'est assez pour ta gloire :
Il t'en a trop coûté d'en être la terreur.

 Près de ce jeune Roi s'avance avec splendeur
Un Héros que de loin poursuit la Calomnie ;
Plus facile que foible, ardent, plein d'industrie ;
Mais ami des plaisirs, ami des nouveautez,
Gouvernant l'Univers du sein des voluptez,
Par des ressorts nouveaux sa Politique habile
Tient l'Europe en suspens, divisée, & tranquille,
Les Arts sont éclairez par ses yeux vigilans.
Né pour tous les Emplois, il a tous les talens.
Malheureux toutefois dans le cours de sa vie,
D'avoir reçû du Ciel un si vaste génie.

 Alors dans un orage, au milieu des éclairs,
L'Etendart de la France apparut dans les airs,
Devant lui, d'Espagnols une Troupe guerriere
De l'Aigle des Germains brisoit la tête altiere.
O mon Pere ! Quel est ce Spectacle nouveau ?
Tout change, dit Louïs, & tout a son Tombeau :
Adorons du Très-Haut la sagesse cachée,
Du puissant Charles-Quint la race est retranchée.
L'Espagne à nos genoux vient demander des Rois ;
C'est un de nos Neveux qui leur donne des Loix.
Philippe.... A cet objet Henri demeure en proie
A la douce surprise, aux transports de sa joie.

CHANT SEPTIE'ME.

Moderez, dit Louis, ce premier mouvement;
Craignez encor, craignez ce grand événement.
Oui, du sein de Paris, Madrid reçoit un Maître!
Cèt honneur à tous deux est dangereux peut-être.
O Rois nez de mon Sang! ô Philippe! ô mes Fils!
France, Espagne, à jamais puissiez-vous être unis!
Jusqu'à quand voulez-vous, malheureux Politiques,
Allumer les flambeaux des discordes publiques.

Il dit. En ce moment le Héros ne vit plus,
Qu'un assemblage vain de mille objets confus:
Du Temple des destins les portes se fermerent,
Et les voutes des Cieux devant lui s'éclipserent.

L'Aurore cependant au visage vermeil,
Ouvroit dans l'Orient le Palais du Soleil :
La Nuit en d'autres lieux portoit ses voiles sombres
Les Songes voltigeans fuioient avec les ombres.
Le Prince en s'éveillant sent au fond de son cœur,
Une force nouvelle, une divine ardeur :
Ses regards inspiroient le respect & la crainte,
Dieu remplissoit son front de sa Majesté sainte,
Ainsi quand le Vengeur des Peuples d'Israël,
Eût sur le Mont Sina consulté l'Eternel,
Les Hébreux à ses pieds couchez dans la poussiere,
Ne purent de ses yeux soûtenir la lumiere.

I 3 LA

LA HENRIADE.

CHANT HUITIÉME.

ARGUMENT.

Le Comte d'Egmont vient de la part du Roi d'Espagne au secours de Mayenne & des Ligueurs. Bataille d'Ivry, dans laquelle Mayenne est défait, & d'Egmont tué. Valeur & clémence de Henri le Grand.

Es Etats dans Paris la confuse Assemblée,
Avoit perdu l'orgueil dont elle étoit enflée.
Au seul nom de Henri les Ligueurs pleins d'effroi,
Sembloient tous oublier qu'ils vouloient faire un Roi.
Rien ne pouvoit fixer leur fureur incertaine :
Et n'osant dégrader ni couronner Mayenne,
Ils avoient confirmé par leurs Decrets honteux,
Le Pouvoir & le Rang qu'il ne tenoit pas d'eux.

*Ce

Chant 8.e

CHANT HUITIE'ME.

* Ce Lieutenant sans Chef, ce Roi sans Diadême.
Toûjours dans son Parti garde un pouvoir suprême.
Un Peuple obéïssant, dont il se dit l'appui,
Lui promet de combattre, & de mourir pour lui.
Plein d'un nouvel espoir, au Conseil il appelle
Tous ces Chefs orgueilleux, Vengeurs de sa querelle,
† Les Lorrains, les Nemours, la Châtre, Canillac,
¶ Et l'inconstant Joyeuse, & Saint Paul, & Brissac:
            Ils

 * *Ce Lieutenant sans Chef, ce Roi sans Diadême.*]
Il se fit déclarer par la partie du Parlement qui lui
demeura attachée, Lieutenant Général de l'Etat &
Roïaume de France.

 † *Les Lorrains*,] LES LORRAINS, le Chevalier
d'Aumale dont il est si souvent parlé, & son Frere le
Duc, étoient de la Maison de Lorraine.

 Ibid. *Les Nemours*,] CHARLES-EMMANUEL,
Duc DE NEMOURS, Frere uterin du Duc de Mayenne.

 Ibid. *La Châtre*,] LA CHATRE étoit un des Maréchaux de la Ligue, que l'on appelloit des Bâtards,
qui se feroient un jour légitimer aux dépens de leur
Pere. En effet la Châtre fit sa paix depuis, & Henri
lui confirma la Dignité de Maréchal de France.

 ¶ *Et l'inconstant Joyeuse*,] JOYEUSE est le même
dont il est parlé dans la Remarque du Quatriéme
Chant, *pag.* 64.

 Ibid. *Et Saint Paul*,] SAINT PAUL, Soldat de
Fortune fait Maréchal par le Duc de Mayenne, homme emporté & d'une violence extrême. Il fut tué depuis par le Duc de Guise, Fils du Balafré.

 Ibid. *Et Brissac.*] BRISSAC s'étoit jetté dans le
Parti de la Ligue par indignation contre Henri III.
qui avoit dit qu'il n'étoit bon ni sur Terre ni sur Mer.
Il négocia depuis secretement avec Henri IV. & lui

Ils viennent. La fierté, la vengeance, la rage,
Le defefpoir, l'orgueil, font peints fur leur vifage,
Quelques-uns en tremblant fembloient porter leurs pas
Affoiblis par leur fang verfé dans les Combats :
Mais ces mêmes Combats, leur fang & leurs bleffures,
Les excitoient encore à venger leurs injures.
Tous auprès de Mayenne ils viennent fe ranger.
Tous, le fer dans les mains, jurent de le venger.
Telle au haut de l'Olympe, aux Champs de Theffalie,
Des Enfans de la Terre on peint la Troupe impie,
Entaffant des rochers, & menaçant les Cieux,
Yvres du fol efpoir de détrôner les Dieux.

La Difcorde à l'inftant entr'ouvrant une nue,
Sur un Char lumineux fe préfente à leur vûe ;
Courage, leur dit-elle, on vient vous fecourir :
François, c'eft maintenant qu'il faut vaincre ou mourir.
D'Aumale le premier fe leve à ces paroles,
Il court, il voit de loin les lances Efpagnoles ;
Le voilà, cria-t-il, le voilà ce fecours,
Demandé fi longtems, & differé toûjours.
Amis, enfin l'Efpagne a fecouru la France.
Il dit. Mayenne alors vers les portes s'avance,
Le fecours paroiffoit vers ces lieux révérez,

Qu'aux

ouvrit les Portes de Paris moïennant le Bâton de Maréchal de France.

CHANT HUITIE'ME.

Qu'aux Tombes de nos Rois la mort a consacrez.
Ce formidable amas d'armes étincelantes,
Cet or, ce fer brillant, ces lances éclatantes,
Ces casques, ces harnois, ce pompeux appareil,
Défioient dans les Champs les raïons du Soleil.
Tout le Peuple au devant court en foule avec joie :
Ils bénissent le Chef que Madrid leur envoie.
* C'étoit le jeune Egmont, ce Guerrier obstiné,
Ce Fils ambitieux d'un Pere infortuné ;
Dans les murs de Bruxelle il a reçû la vie,
Son Pere qu'aveugla l'amour de la Patrie,
Mourut sur l'échafaut, pour soûtenir les droits
Des malheureux Flamans opprimez par leurs Rois.
Le Fils Courtisan, lâche, & Guerrier téméraire,
Baisa longtems la main qui fit périr son Pere,
Servit par politique aux maux de son Païs,
Persécuta Bruxelle, & secourut Paris :
Philippe l'envoïoit sur les bords de la Seine,

* *C'étoit le jeune Egmont, ce Guerrier obstiné.*] Le Comte D'EGMONT, Fils de l'Amiral d'Egmont, qui fut décapité à Bruxelles avec le Prince de Horn. Le Fils étant resté dans le Parti de Philippe II. Roi d'Espagne, fut envoïé au secours de Mayenne, à la tête de dix-huit cens lances. A son Entrée dans Paris il reçut les complimens de la Ville : Celui qui le haranguoit aïant mêlé dans son Discours les loüanges de l'Amiral d'Egmont son Pere : [Ne parlez pas de lui, dit le Comte, il méritoit la mort, c'étoit un Rebelle.] Paroles d'autant plus condamnables, que c'étoit à des Rebelles qu'il parloit, & dont il venoit deffendre la cause.

Comme un Dieu Tutelaire au secours de Mayenne;
Et Mayenne avec lui crut aux tentes du Roi,
Rapporter à son tour le carnage & l'effroi.
Le témeraire orgueil accompagnoit leur trace.
Qu'avec plaisir, grand Roi, tu voïois cette audace,
Et que tes vœux hâtoient le moment d'un Combat
Où sembloient attachez les destins de l'Etat.

*Près des bords de l'Itton, & des rives de l'Eure,
Est un champ fortuné, l'amour de la nature,
La guerre avoit longtems respecté les trésors
Dont Flore & les Zephirs embellissoient ces bords,
Les Bergers de ces lieux couloient des jours tran-
    quilles,
Au milieu des horreurs des discordes civiles:
Protegez par le Ciel, & par leur pauvreté,
Ils sembloient des Soldats braver l'avidité;
Et sous leurs toits de chaume, à l'abri des allarmes,
N'entendoient point le bruit des tambours & des ar-
    mes.
Les deux Camps ennemis arrivent en ces lieux;
La désolation par tout marche avant eux;
De l'Eure & de l'Itton les Ondes s'allarmerent.
Les Bergers pleins d'effroi dans les bois se cacherent,
Et leurs tristes Moitiez, Compagnes de leurs pas,
                                    Em-

---

* *Près des Bords de l'Itton & des rives de l'Eure.*]
Ce fut dans une Plaine entre l'Itton & l'Eure que se
donna la Bataille d'Ivry, le 14. Mars 1590.

CHANT HUITIE'ME.

Emportent leurs Enfans, gémissans dans leurs bras.
  Habitans malheureux de ces bords pleins de char-
  mes,
Du moins à votre Roi n'imputez point vos larmes ;
S'il cherche les Combats, c'est pour donner la Paix :
Peuples, sa main sur vous répandra ses bienfaits :
Il veut finir vos maux, il vous plaint, il vous aime,
Et dans ce jour affreux il combat pour vous-même.
Les momens lui sont chers, il court dans tous les rangs,
Sur un Coursier fougueux, plus leger que les Vents,
Qui fier de son fardeau, du pied frappant la terre,
Appelle les dangers, & respire la guerre.

On voïoit près de lui briller tous ces guerriers,
Compagnons de sa gloire & ceints de ses lauriers,
* D'Aumont, qui sous cinq Rois avoit porté les ar-
  mes ;
† Biron, dont le seul nom répandoit les allarmes,
*Et

* *D'Aumont qui sous cinq Rois avoit porté les ar-mes.*] JEAN D'AUMONT, Maréchal de France, qui fit des merveilles à la Bataille d'Ivry, étoit Fils de Pierre d'Aumont Gentilhomme de la Chambre, & de Françoise de Sully, Héritiere de l'ancienne Maison de Sully. Il servit sous les Rois Henri II. François II. Charles IX. Henri III. & Henri IV.

† *Biron, dont le seul nom répandoit les allarmes.*] HENRI DE GONTAUD DE BIRON, Maréchal de France, Grand Maître de l'Artillerie, étoit un grand Homme de Guerre : il commandoit à Ivry le Corps de reserve, & contribua au gain de la Bataille en se présentant à propos à l'Ennemi. Il dit à Hen-

* Et son Fils jeune encor, ardent, impétueux,
Qui depuis... mais alors il étoit vertueux.
† Sully, Nangis, Grillon, ces Ennemis du crime,
Que la Ligue déteste, & que la Ligue estime.
¶ Turenne qui, depuis, de la jeune Bouillon

Mé-

ri le Grand après la Victoire : [Sire, vous avez fait ce que devoit faire Biron, & Biron ce que devoit faire le Roi.] Ce Maréchal fut tué d'un coup de canon en 1592. au Siége de Pernay.

Et son Fils jeune encor, ardent, impétueux.] CHARLES DE GONTAUD DE BIRON, Maréchal, & Duc & Pair, Fils du précédent, conspira depuis contre Henri IV. & fut décapité dans la Cour de la Bastille en 1602. On voit encore à la muraille les crampons de fer qui servirent à l'échaffaut.

† *Sully.*] RONY, depuis Duc DE SULLY, Sur-Intendant des Finances, Grand-Maître de l'Artillerie, fait Maréchal de France après la mort de Henri IV. reçût sept blessures à la Bataille d'Ivry.

Ibid. *Nangis, Grillon, ces Ennemis du crime.*] NANGIS, homme d'un grand mérite, & d'une véritable vertu : il avoit conseillé à Henri III. de ne point faire assassiner le Duc de Guise, mais d'avoir le courage de le juger selon les Loix. Grillon étoit surnommé LE BRAVE : Il offrit à Henri III. de se battre contre ce même Duc de Guise : C'est à ce Grillon que Henri le Grand écrivit : [Pends-toi, brave Grillon, nous avons combattu à Arques, & tu n'y étois pas.... Adieu, brave Grillon, je vous aime à tort & à travers.]

¶ *Turenne qui, depuis, de la jeune Bouillon.*] HENRI DE LA TOUR D'OLIERGUES, Vicomte DE TURENNE, Maréchal de France. Henri le Grand le maria à Charlotte de la Mark, Prin-

cesse

CHANT HUITIE'ME.

Mérita dans Sedan la Puissance & le nom :
Puissance malheureuse & trop mal conservée,
Et par Armand détruite aussi-tôt qu'élevée.
Essex avec éclat paroît au milieu d'eux,
Tel que dans nos Jardins un Palmier sourcilleux,
A nos Ormes touffus mêlant sa tête altiere,
Etale les beautez de sa tige étrangere.
Son casque étinceloit des feux les plus brillans ;
Qu'étaloient à l'Envi l'Or & les Diamans,
Dons chers & précieux, dont sa fiere Maîtresse
Honora son courage, ou plutôt sa tendresse.
Ambitieux Essex, vous étiez à la fois,
L'Amant de votre Reine, & le soûtien des Rois.
† Plus loin sont la Trimouille, & Clermont, & Feu-
    quieres,   * Le

cesse de Sédan en 1591. La nuit de ses Nôces le Maréchal alla prendre Stenay d'assaut.

Cette Souveraineté acquise par Henri de Turenne, fut perduë par Frederic-Maurice, Duc de Bouillon, son Fils, qui ayant trempé dans la Conspiration
de Cinqmars contre Louis XIII. ou plûtôt contre le
Cardinal de Richelieu, donna Sedan pour conserver
sa vie, il eût en échange de sa Souveraineté, de très-
grandes Terres plus considérables en revenu, mais
qui donnoient plus de richesses, & moins de puissance.

† *Plus loin sont la Trimouille.*] CLAUDE, Duc
DE LA TRIMOUILLE, étoit à la Bataille d'Ivry.
Il avoit un grand courage & une ambition demesurée,
de grandes richesses, & étoit le Seigneur le plus con-
siderable parmi les Calvinistes. Il mourut à trente-
huit ans.

Ibid. *Et Clermont, & Feuquieres.*] BALSAC
                                                DE

* Le malheureux de Nesle, & l'heureux Lesdiguieres
D'Ailly, pour qui ce jour fut un jour trop fatal.
Tous ces Héros en foule attendoient le signal,
Et rangez près du Roi lisoient sur son visage,
D'un triomphe certain l'espoir & le présage.

 Mayenne en ce moment, inquiet, abbatu,
Dans son cœur étonné cherche en vain sa vertu;
Soit que de son Parti connoissant l'injustice,
Il ne crut point le Ciel à ses armes propice;
Soit que l'ame, en effet, ait des pressentimens,
Avant-coureurs certains de grands événemens.
Ce Héros cependant, Maître de sa foiblesse,
Déguisoit ses chagrins sous sa fausse allegresse.
Il s'excite, il s'empresse, il inspire aux Soldats
Cet espoir généreux que lui-même il n'a pas.
 D'Egmont auprès de lui, plein de la confiance,
Que dans un jeune cœur fait naître l'imprudence,
Impatient dèja d'éxercer sa valeur,
De l'incertain Mayenne accusoit la lenteur.
Tel qu'échappé du sein d'un riant patûrage,
Au bruit de la trompette animant son courage,

Dans

DE CLERMONT D'ENTRAGUES, Oncle de la fameuse Marquise de Verneuil, fut tué à la Bataille d'Ivry: Feuquieres & de Nesle, Capitaines de cinquante Hommes d'armes, y furent tuez aussi.

 **Et l'heureux Lesdiguieres.*] Jamais homme ne mérita mieux le titre d'heureux : il commença par être simple Soldat, & finit par être Connétable sous Louïs XIII.

CHANT HUITIE'ME.

Dans les Champs de la Trace un Coursier orgueilleux,
Indocile, inquiet, plein d'un feu belliqueux,
Levant les crins mouvant de sa tête superbe,
Impatient du frein, vôle & bondit sur l'herbe,
Tel paroissoit Egmont : une noble fureur,
Eclate dans ses yeux, & brûle dans son cœur.
Il s'entretient déja de sa prochaine gloire,
Il croit que son destin commande à la Victoire :
Hélas, il ne sait point que son fatal orgueil
Dans les Plaines d'Ivry lui prépare un cercueil.

Vers les Ligueurs enfin le grand Henri s'avance,
Et s'adressant aux siens, qu'enflamoit sa présence ;
* » Vous êtes nez François, & je suis votre Roi,
» Voilà nos ennemis, marchez & suivez-moi ;
» Ne perdez point de vûe, au fort de la tempête,
» Ce pannache éclatant qui flotte sur ma tête ;
» Vous le verrez toûjours au chemin de l'Honneur.
A ces mots, que ce Roi prononçoit en Vainqueur
Il voit d'un feu nouveau ses Troupes enflâmées ;
Et marche en invoquant le grand Dieu des Armées.

Sur les pas de deux Chefs alors en même tems,
On voit des deux Partis vôler les Combattans.

Ain-

* *Vous êtes nez François, & je suis votre Roi.*] On
a tâché de rendre en Vers les propres paroles que dit
Henri IV. à la Journée d'Ivri : [Ralliez-vous à mon
pannache blanc, vous le verrez toûjours au chemin de
l'Honneur & de la Gloire.]

Ainsi lorsque des Monts séparez par Alcide,
Les Aquilons fougueux fondent d'un vol rapide ;
Soudain les flots émus de deux profondes Mers,
D'un choc impétueux s'élancent dans les airs,
La Terre au loin gémit, le jour fuit, le Ciel gronde,
Et l'Afriquain tremblant craint la chûte du Monde.

 Au Mousquet reuni le sanglant Coutelas,
Déja de tous côtez porte un double trépas.
* Cette arme que jadis, pour dépeupler la Terre ;
Dans Bayonne inventa le Démon de la Guerre,
Rassemble en même tems, digne fruit de l'Enfer,
Ce qu'ont de plus terrible, & la flame, & le fer.

 Dans tous les deux Partis, l'adresse, le courage,
Le tumulte, les cris, la peur, l'aveugle rage,
Le desespoir, la mort, l'ardente soif du sang,
Par tout, sans s'arrêter, passent de rang en rang.
L'un poursuit un Parent dans le Parti contraire ;
Là le Frere en fuiant meurt de la main d'un Frere ;
La Nature en frémit, & ce Rivage affreux
S'abreuvoit à regret de leur sang malheureux.
Dans d'épaisses Forêts de lances hérissées,
De Bataillons sanglans, de Troupes renversées,
Henri pousse, s'avance, & se fait un chemin.
*Le grand Mornay le suit, toûjours calme & serain.

Il

---

* *Cette arme que jadis, pour dépeupler la Terre.*] La Bayonnette au bout du Fusil ne fut en usage que long-tems après. Le nom de *Bayonnette* vient de Bayonne, où l'on fit les premieres Bayonnettes.

CHANT HUITIE'ME.

Il veille autour de lui tel qu'un heureux génie :
Voïez-vous, lui dit-il, cet Escadron qui plie ;
Ici près de ce Bois Mayenne est arrêté :
Plus loin d'Aumale vôle, & fond de ce côté.
Ainsi dans la mêlée, il l'assiste, il l'escorte,
Et pare en lui parlant plus d'un coup qu'on lui porte.
Mais il ne permet pas à ses stoïques mains,
De se souiller du sang des malheureux Humains.
De son Roi seulement son ame est occupée :
Pour sa deffense seule il a tiré l'Epée,
Et son rare courage, Ennemi des Combats,
Sait affronter la mort, & ne la donne pas.

De Turenne déja la valeur indomptée,
Repoussoit de Nemours la Troupe épouvantée.
D'Ailly portoit par tout l'horreur & le trépas ;
Les Ligueurs ébranlez fuïoient devant ses pas.
Soudain de mille dards affrontant la tempête,
Un jeune Audacieux dans sa course l'arrête ;
Ils fondent l'un sur l'autre à coups précipitez,
La Victoire & la Mort vôlent à leurs côtez.
Ils s'attaquent cent fois, & cent fois se repoussent
Leur courage s'augmente, & leurs glaives s'émouſ-
    sent ;
Deffendus par leur casque & par leur bouclier,
Ils parent tous les traits du redoutable acier.

Cha-

---

* *Le grand Mornay le suit, toûjours calme & serain.*] DU PLESSIS-MORNAY eut deux Chevaux tuez sous lui à cette Bataille. Il avoit effectivement dans l'Action le sang froid dont on le loüe ici.

Chacun d'eux étonné de tant de résistance,
Respecte son Rival, admire sa vaillance.
Enfin le vieux d'Ailly, par un coup malheureux,
Fait tomber à ses pieds ce Guerrier généreux.
Ses yeux sont pour jamais fermez à la lumiere,
Son casque auprès de lui roule sur la poussiere:
D'Ailly voit son visage, ô désespoir! ô cris!
Il le voit, il l'embrasse, hélas! c'étoit son Fils.
Le Pere infortuné, les yeux baignez de larmes,
Tournoit contre son sein ses parricides armes;
On l'arrête, on s'oppose à sa juste fureur,
Il s'arrache en tremblant de ce lieu plein d'horreur.
Il déteste à jamais sa coupable Victoire,
Il renonce à la Cour, aux Humains, à la Gloire,
Et se fuïant lui-même, au milieu des déserts,
Il va cacher sa peine au bout de l'Univers;
Là, soit que le Soleil rendit le jour au Monde,
Soit qu'il finît sa course au vaste sein de l'Onde,
Sa voix faisoit redire aux Echos attendris,
Le nom, le triste nom de son malheureux Fils.

Ciel, quels cris effraïans se font par tout entendre!
Quels flots de sang François viennent de se répandre!
Qui précipite ainsi ses Ligueurs dispersez?
Quel Héros, ou quel Dieu les a tous renversez:
C'est le jeune Biron, c'est lui dont le courage
Parmi leurs Bataillons s'étoit fait un passage,
D'Aumale les voit fuir, & bouillant de couroux,
Arrêtez, revenez.... lâches, où courez-vous?

Vous

CHANT HUITIE'ME.

Vous fuir! vous Compagnons de Mayenne & de Guise?
Vous qui devez venger Paris, Rome & l'Eglise?
Suivez-moi, rappellez votre antique vertu,
Combattez sous d'Aumale; & vous avez vaincu.
Aussi-tôt secouru de Beauveau, de Fosseuse,
Du farouche Saint Paul, & même de Joyeuse,
Il rassemble avec eux ces Bataillons épars,
Qu'il anime en marchant du feu de ses regards.
La Fortune avec lui revient d'un pas rapide,
Biron soutient en vain d'un courage intrépide,
Le cours précipité de ce fougueux torrent;
Il voit à ses côtez Parabere expirant;
Dans la foule des morts il voit tomber Feuquieres,
Nesle, Clermont, d'Angenne ont mordu la poussiere,
Percé de coups lui-même, il est prêt de périr....
C'étoit ainsi Biron que tu devois mourir.
Un trépas si fameux, une chûte si belle,
Rendoit de ta vertu la mémoire immortelle.
  Le genereux Bourbon sut bientôt le danger
Où Biron trop ardent venoit de s'engager.
Il l'aimoit, non en Roi, non en Maître severe,
Qui souffre qu'on aspire à l'honneur de lui plaire,
Et de qui le cœur dur & l'inflexible orgueil
Croit le sang d'un Sujet trop payé d'un coup d'œil;
Il court le secourir; l'amitié qui le guide
Rend son bras plus puissant, & son vol plus rapide.
* Biron qu'environnoient les ombres de la mort,

-----
* *Biron qu'environnoient les ombres de la mort.*]

A l'aspect de son Roi, fait un dernier effort
Il rapelle à sa voix les restes de sa vie,
Sous les coups de Bourbon, tout s'écarte, tout plie,
Ton Roi, jeune Biron, t'arrache à ses Soldats,
Dont les coups redoublez achevoient ton trépas.
Tu vis ; songe du moins à lui rester fidele.

 Un bruit affreux s'entend, la Discorde cruelle,
Aux vertus du Héros opposant ses fureurs
Vient d'une ardente rage embraser ses Ligueurs.
Elle fond dans leur Camp, là sa bouche fatale
Fait resonner au loin sa Trompette infernale ;
Par ces sons trop connus d'Aumale est excité :
Il est semblable au trait dans les airs emporté ;
Il cherchoit le Héros, sur lui seul il s'élance ;
Des Ligueurs en tumulte, une foule s'avance,
Bourbon au milieu d'eux se trouvoit sans appui,
La mort de tous côtez s'approche autour de lui.
Louïs du haut des Cieux dans ce danger terrible,
Donne au Héros qu'il aime une force invincible,
Il est comme un rocher qui menaçant les airs,
Rompt la course des Vents & repousse les Mers.
Qui pourroit exprimer le sang & le carnage
Dont l'Eure en ce moment vit couvrir son Rivage.
O vous Mânes sanglans du plus vaillant des Rois,

Eclai-

Le Duc DE BIRON fut blessé à Ivry, mais ce fut au Combat de Fontaine-Françoise que Henri le Grand lui sauva la vie. [On a transporté à la Bataille d'Ivry cet évenement, qui n'étant point un fait principal, peut être aisément déplacé.]

CHANT HUITIEME.

Eclairez mon esprit, & parlez par ma voix.
Il voit vôler vers lui sa Noblesse fidelle,
Elle meurt pour son Roi, son Roi combat pour elle,
Henri de tous côtez faisoit sentir ses coups,
Quand le fougueux Egmont s'offrit à son couroux.
Longtems cet Etranger trompé par son courage,
Avoit cherché le Roi dans l'horreur du carnage :
Dût sa témérité le conduire au cercueil,
L'honneur de le combattre irritoit son orgueil.
Viens, Bourbon, crioit-il, viens augmenter ta gloire ;
Combattons, c'est à nous de fixer la Victoire.
Comme il disoit ces mots, un lumineux éclair,
Messager des Destins fend les plaines de l'air.
L'Arbitre des Combats fait gronder son tonnerre,
Le Soldat sous ses pieds sentit trembler la Terre.
D'Egmont joint le Héros, il l'atteint par le flanc,
Il triomphoit déja d'avoir versé son sang.
Le Roi qu'il a blessé, voit son péril sans trouble,
Ainsi que le danger son audace redouble :
Son grand cœur s'aplaudit d'avoir au Champ d'hon-
    neur,
Trouvé des Ennemis digne de sa valeur.
Loin de le retarder, sa blessure l'irrite :
Sur ce fier Ennemi Bourbon se précipite :
D'Egmont d'un coup plus sûr est renversé soudain.
Le fer étincelant se plongea dans son sein.
Sous leurs pieds teints de sang les chevaux le foulerent,
Des ombres du trépas ses yeux s'enveloperent,
Et son ame en courroux s'envôla chez les morts,

K 3   Où

Où l'aspect de son Pere excita ses remords.
Espagnols tant vantez, troupe jadis si fiere,
Sa mort anéantit votre vertu guerriere,
Pour la premiere fois vous connûtes la peur.

L'étonnement, l'esprit de trouble & de terreur
S'empare en ce moment de leur troupe allarmée.
Il passe en tous les rangs, il s'étend sur l'armée ;
Les Chefs sont égarez, les Soldats confondus ;
L'un ne peut commander, l'autre n'obéit plus.
Ils jettent leurs Drapeaux, ils courent, se renversent,
Poussent des cris affreux, se heurtent, se dispersent.
Les uns sans résistance à leur Vainqueur offerts,
Fléchissoient les genoux, & demandoient des fers ;
D'autres d'un pas rapide évitant sa poursuite,
Jusqu'aux rives de l'Eure emportez dans leur fuite,
Dans les profondes eaux vont se précipiter,
Et courent au trépas qu'ils veulent éviter.
Les Flots couverts de morts interrompent leur course ;
Et le Fleuve sanglant remonte vers sa Source.

Mayenne en ce tumulte incapable d'effroi,
Affligé, mais tranquille, & maître encor de soi,
Voit d'un œil assuré sa fortune cruelle,
Et tombant sous ses coups, songe à triompher d'elle.
D'Aumale auprès de lui, la fureur dans les yeux,
Accusoit les Flamans, la Fortune & les Cieux.
Tout est perdu, dit-il, mourons, brave Mayenne.
Quittez, lui dit son Chef, une fureur si vaine,
Vivez pour un Parti dont vous êtes l'honneur,

CHANT HUITIE'ME.

Vivez pour réparer ma perte & son malheur,
Que vous & Bois-Dauphin dans ce moment funeste,
De nos Soldats épars assemblent ce qui reste.
Suivez-moi, l'un & l'autre, aux remparts de Paris,
De la Ligue en marchant ramassez les débris ;
De Coligny vaincu surpassons le courage.
D'Aumale en l'écoutant pleure & frémit de rage,
Cet ordre qu'il déteste, il va l'éxecuter ;
Semblable au fier Lion qu'un Maure a sû dompter,
Qui docile à son Maître, à tout autre terrible,
A la main qu'il connoît soûmet sa tête horrible ;
Le suit d'un air affreux, le flatte en rugissant,
Et paroît menacer même en obéïssant.

Mayenne, cependant, par une fuite prompte,
Dans les murs de Paris couroit cacher sa honte.
Henri victorieux voïoit de tous côtez,
Les Ligueurs sans deffense implorant ses bontez.
Des Cieux en ce moment les voûtes s'entr'ouvrirent :
Les Mânes des Bourbons dans les airs descendirent,
Louis au milieu d'eux du haut du Firmament,
Vint contempler Henri dans ce fameux moment ;
Vint voir comme il sauroit user de la Victoire,
Et s'il acheveroit de mériter sa gloire.
Ses Soldats près de lui d'un œil plein de couroux,
Regardoient ces vaincus échappez à leurs coups.
Les Captifs en tremblant conduits en sa présence
Attendoient leur Arrêt dans un profond silence.
Le mortel désespoir, la honte, la terreur,

Dans leurs yeux égarez avoient peint leur malheur.
Bourbon tourna sur eux des regards pleins de grace,
Où règnoient à la fois la douceur, & l'audace.
Sçiez libres, dit-il ; vous pouvez désormais
Rester mes Ennemis, ou vivre mes Sujets.
Entre Mayenne & moi, reconnoissez un Maître.
Voïez qui de nous deux a merité de l'être ;
Esclaves de la Ligue, ou Compagnons d'un Roi,
Allez trembler sous elle, ou triomphez sous moi.
Choisissez. A ces mots d'un Roi couvert de gloire,
Sur un Champ de Bataille, au sein de la Victoire,
On voit en un moment ces Captifs éperdus,
Contens de leur défaite, heureux d'être vaincus.
Leurs yeux sont éclairez, leurs cœurs n'ont plus de
  haîne ;
Sa valeur les vainquit, sa vertu les enchaîne,
Et s'honorant déja du nom de ses Soldats,
Pour expier leur crime ils marchent sur ses pas.
Le Roi de tous côtez fait cesser le carnage ;
Maître de ses Guerriers, il fléchit leur courage.
Ce n'est plus ce Lion qui tout couvert de sang
Portoit avec l'effroi la mort de rang en rang.
C'est un Dieu bien-faisant, qui laissant son tonnerre,
Fait succeder le calme aux horreurs de la Guerre,
Console les Vaincus, applaudit aux Vainqueurs,
Soulage, récompense & gagne tous les cœurs.
Ceux à qui la lumiere étoit presque ravie
Par ses ordres humains sont rendus à la vie,
Et sur tous les dangers, & sur tous leurs besoins,
                                          Tel

CHANT HUITIEME.

Tel qu'un Pere attentif il étend tous ses soins.

Du vrai comme du faux la prompte messagere,
Qui s'accroit dans sa course, & d'une aîle legere,
Traversant tous les jours & les Monts & les mers,
Des actions des Rois va rempli l'Univers.
La Renommée, enfin, dans la Ville rebelle,
Des Exploits de Henri répandoit la nouvelle.
Mayenne dans ces murs abusoit les esprits,
Vaincu, mais plein d'espoir, & Maître de Paris,
Sa politique habile, au fond de sa retraite,
Aux Ligueurs incertains déguisoit sa défaite.
Contre un coup si funeste il veut les rassurer,
En cachant sa disgrace il croit la réparer :
Par cent bruits mensongers il ranimoit leur zele.
Mais malgré tant de soins la vérité cruelle,
Démentant à ses yeux ses discours imposteurs,
Vôloit de bouche en bouche, & glaçoit tous les cœurs.

La Discorde en frémit, & redoublant sa rage,
Non, je ne verrai point détruire mon ouvrage,
Dit-elle, & n'aurai point dans ces murs malheureux,
Versé tant de poisons, allumé tant de feux,
De tant de flots de sang cimenté ma puissance,
Pour laisser à Bourbon l'Empire de la France.
Tout terrible qu'il est, j'ai l'Art de l'affoiblir,
Si je n'ai pû le vaincre, on le peut amôlir.
N'opposons plus d'efforts à sa valeur suprême.
Henri n'aura jamais de Vainqueur que lui-même.
C'est

C'est son cœur qu'il doit craindre, & je veux aujourd'hui
L'attaquer, le combattre, & le vaincre par lui.
Elle dit ; & soudain des rives de la Seine,
Sur un Char teint de sang, attelé par la Haine,
Dans un nuage épais qui fait pâlir le jour,
Elle part, elle vôle, & va trouver l'Amour.

Chant 9.^e

LA HENRIADE.

CHANT NEUVIÉME.

ARGUMENT.

Description du Temple de l'Amour: la Discorde implore son pouvoir pour amolir le courage de Henri IV. Ce Héros est retenu quelque tems auprès de Madame D'ESTRE'ES, *si célèbre sous le nom de* LA BELLE GABRIELLE. *Mornay l'arrache à son amour, & le Roi retourne à son Armée.*

UR les bords fortunez de l'antique Idalie,
Lieu où finit l'Europe, & commence l'Asie,
* S'éleve un vieux Palais respecté par les tems:
La Nature en posa les prémiers fondemens;

Et

---

* *S'éleve un vieux Palais respecté par les tems.*] Cette Description du Temple de l'Amour, & la peinture de cette Passion personifiée, sont entierement allégoriques.

Et l'Art ornant depuis sa simple Architecture,
Par ses travaux hardis surpassa la Nature.
Là, tous les Champs voisins peuplez de mirtes verds,
N'ont jamais ressenti l'outrage des Hivers.
Par tout on voit meurir, par tout on voit éclore,
Et les fruits de Pomone, & les presens de Flore ;
Et la Terre n'attend pour donner ses moissons,
Ni les vœux des Humains, ni l'ordre des Saisons.
L'Homme y semble goûter dans une paix profonde,
Tout ce que la Nature aux prémiers jours du monde,
De sa main bien-faisante accordoit aux Humains,
Un éternel repos, des jours purs & serains,
Les douceurs, les plaisirs que promet l'Abondance,
Les biens de l'âge d'or, hors la seule innocence.
On entend pour tout bruit des Concerts enchanteurs,
Dont la molle harmonie inspire les langueurs,
Les voix de mille Amans, les chants de leurs Maîtresses,
Qui célèbrent leur honte, & vantent leurs foiblesses,
Chaque jour on les voit, le front paré de fleurs,
De leur aimable Maître implorer les faveurs ;
            Et

riques. On a placé en Chypre le lieu de la Scene, comme on a mis à Rome la demeure de la Politique ; parce que les Peuples de l'Isle de Chypre ont de tout tems passé pour être très-abandonnez à l'Amour, de même que la Cour de Rome a eû la réputation d'être la Cour la plus Politique de l'Europe.

 On ne doit donc point regarder ici l'Amour comme Fils de Venus & comme un Dieu de la Fable, mais comme une passion representée avec tous les plaisirs & tous les desordres qui l'accompagnent.

CHANT NEUVIE'ME.

Et dans l'Art dangereux de plaire & de séduire,
Dans son Temple à l'envi s'empresser de s'instruire.
La flateuse Esperance, au front toûjours serain,
A l'Autel de l'Amour les conduit par la main.
Près du Temple sacré les Graces demi-nuës,
Accordent à leurs voix leurs danses ingénuës.
La molle Volupté sur un lit de gazons,
Satisfaite & tranquille écoute leurs chansons.
On voit à ses côtez le Mystere en silence,
Le Sourire enchanteur, les Soins, la Complaisance,
Les plaisirs amoureux, & les tendres desirs,
Plus doux, plus séduisans encor que les plaisirs.
De ce Temple fameux telle est l'aimable entrée;
Mais lorsqu'en avançant sous la voûte sacrée,
On porte au Sanctuaire un pas audacieux,
Quel spectacle funeste épouvante les yeux!
Ce n'est plus des plaisirs la troupe aimable & tendre;
Leurs concerts amoureux ne s'y font plus entendre:
Les Plaintes, les Dégouts, l'Imprudence, la Peur,
Font de ce beau séjour un séjour plein d'horreur.
La sombre Jalousie, au teint pâle & livide,
Suit d'un pied chancelant le soupçon qui la guide:
La Haine & le Couroux répandant leur venin,
Marchent devant ses pas un poignard à la main.
La Malice les voit, & d'un souris perfide,
Applaudit en passant à leur Troupe homicide.
Le Repentir le suit détestant leurs fureurs,
Et baisse en soûpirant ses yeux mouillez de pleurs.
  C'est-là, c'est au milieu de cette Cour affreuse,

Des

Des plaisirs des Humains Compagne malheureuse,
Que l'Amour a choisi son séjour éternel.
Ce dangereux Enfant, si tendre & si cruel,
Porte en sa foible main les destins de la Terre,
Donne avec un souris, ou la paix, ou la guerre ;
Et répandant par tout ses trompeuses douceurs,
Anime l'Univers, & vit dans tous les cœurs.
Sur un Trône éclatant, contemplant ses Conquêtes,
Il fouloit à ses pieds les plus superbes Têtes,
Fier de ses cruautez plus que de ses bienfaits,
Il sembloit s'applaudir des maux qu'il avoit faits.
  La Discorde soudain conduite par la Rage,
Ecarte les Plaisirs, s'ouvre un libre passage,
Secouant dans ses mains ses flambeaux allumez,
Le front couvert de sang & les yeux enflâmez,
Mon Frere, lui dit-elle, où sont tes traits terribles ?
Pour qui réserves-tu tes flèches invincibles ?
Ah ! fi de la Discorde allumant le tison,
Jamais à tes fureurs tu mêlas mon poison ;
Si tant de fois pour toi j'ai troublé la Nature ;
Viens, vôle sur mes pas, viens venger mon injure.
Un Roi Victorieux écrase mes Serpens,
Ses mains joignent l'Olive aux Lauriers triomphans
La Clemence avec lui marchant d'un pas tranquille,
Au sein tumultueux de la Guerre-Civile,
Va sous ses Etendars, flottans de tous côtez,
Réünir tous les cœurs par moi seule écartez.
Encore une Victoire, & mon Trône est en poudre ;
Aux remparts de Paris Henri porte la foudre.

Ce

CHANT NEUVIE'ME.

Ce Héros va combattre, & vaincre, & pardonner;
De cent chaînes d'airain son bras va m'enchaîner.
C'est à toi d'arrêter ce torrent dans sa course.
Va de tant de hauts faits empoisonner la source.
Que sous ton joug, Amour, il gémisse, abbatu;
Va dompter son courage au sein de la Vertu.
C'est toi, tu t'en souviens, toi dont la main fatale
Fit tomber sans effort Hercule aux pieds d'Omphale.
Ne vit-on pas Antoine amoli dans tes fers,
Abandonnant pour toi les soins de l'Univers,
Fuiant devant Auguste, & te suivant sur l'Onde,
Préferer Cléopatre à l'Empire du Monde.
Henri te reste à vaincre après tant de Guerriers.
Dans ses superbes mains va flétrir ses lauriers,
Va du mirte amoureux ceindre sa tête altiere;
Endors entre tes bras son audace guerriere.
A mon Trône ébranlé cours servir de soûtien,
Viens, ma cause est la tienne, & ton règne est le mien.

Ainsi parloit ce Monstre; & la voute tremblante
Répétoit les accens de sa voix effraiante.
L'Amour qui l'écoutoit, couché parmi des fleurs,
D'un souris fier & doux répond à ses fureurs.
Il s'arme cependant de ses flèches dorées.
Il fend des vastes Cieux les voûtes azurées;
Et précédé des Jeux, des Graces, des Plaisirs,
Il vôle aux Champs François sur l'aîle des Zéphirs.
Dans sa course, d'abord, il découvre avec joie,
Le foible Ximoïs, & les Champs où fut Troie.

Il rit en contemplant dans ces lieux renommez,
La cendre des Palais par ses mains consumez.
Il apperçoit de loin ces murs bâtis sur l'Onde,
Ces remparts orgueilleux, ce prodige du Monde,
Venise, dont Neptune admire le destin,
Et qui commande aux flots renfermez dans son sein.
 Il descend; il s'arrête aux Champs de la Sicile,
Où lui-même inspira Théocrite & Virgile,
Où l'on dit qu'autrefois par des chemins nouveaux
De l'amoureux Alphée il conduisit les Eaux.
Bientôt quittant les bords de l'aimable Arethuse,
* Dans les Champs de Provence, il vôle vers Vau-
 cluse,
Azile encor plus doux, lieux où dans ses beaux jours
Petrarque soûpira ses Vers & ses Amours.
Il voit les murs d'Anet bâtis aux bords de l'Eure;
Lui-même en ordonna la superbe structure.
Par ses adroites mains avec art enlassez,
† Les Chiffres de Diane y sont encor tracez.
Sur sa tombe en passant les Plaisirs & les Graces,
Répandirent les fleurs qui naissoient sur leurs traces.
Aux

 * *Dans les Champs de Provence, il vôle vers Vau-cluse.*] VAUCLUSE, *Vallisclausa*, près de Gordes en Provence, célèbre par le séjour que fit Petrarque dans les environs. L'on voit même encore près de sa Source une Maison qu'on appelle la Maison de Petrarque.

 † *Les Chiffres de Diane y sont encor tracez.*] ANET fut bâti par Henri II. pour Diane de Poitiers, dont les Chiffres sont mêlez dans tous les ornemens de ce Château lequel n'est pas loin de la Plaine d'Ivry.

CHANT NEUVIE'ME

Aux Campagnes d'Ivry l'Amour arrive enfin.
Le Roi prêt d'en partir pour un plus grand deſſein,
Mêlant à ſes plaiſirs l'image de la guerre;
Laiſſoit pour un moment repoſer ſon tonnerre.
Mille jeunes Guerriers à travers les Guerêts,
Pourſuivoient avec lui les Hôtes des Forêts.
L'Amour ſent à ſa vûe une joie inhumaine,
Il aiguiſe ſes traits, il prépare ſa chaîne,
Il ſouleve avec lui les Elémens armez,
Il trouble en un moment les airs qu'il a calmez.
D'un bout du Monde à l'autre appellant les Orages,
Sa voix commande aux Vents d'aſſembler les Nuages;
De verſer ces torrens ſuſpendus dans les airs,
Et d'apporter la nuit, la foudre, & les éclairs.
Déja les Aquilons à ſes ordres fidèles,
Dans les Cieux obſcurcis ont déploïé leurs aîles;
La plus affreuſe nuit ſuccede au plus beau jour;
La Nature en gémit, & reconnoît l'Amour.

Dans les ſillons fangeux de la Campagne humide,
Le Roi marche incertain, ſans eſcorte & ſans guide.
L'Amour en ce moment allumant ſon flambeau,
Fait briller devant lui ce prodige nouveau.
Abandonné des ſiens, le Roi dans ces Bois ſombres,
Suit cet Aſtre ennemi, brillant parmi les Ombres.
Comme on voit quelquefois les Voïageurs troublez,
Suivre ces feux ardens de la Terre exhalez,
Ces feux dont la vapeur maligne & paſſagere,
Conduit au précipice à l'inſtant qu'elle éclaire.

L De-

Depuis peu la Fortune en ces tristes climats
D'une illustre Mortelle avoit conduit les pas
Dans le fond d'un Château, tranquille & solitaire,
Loin du bruit des combats elle attendoit son Pére,
Qui fidelle à ses Rois, vieilli dans les Hazards,
Avoit du grand Henri suivi les Etendarts.
* D'Estrée étoit son nom ; la main de la Nature,
De ses aimables dons la combla sans mesure :
Telle ne brilloit point au bords de l'Eurotas,
La coupable Beauté qui trahit Menelas ;
Moins touchante & moins belle, à Tarse on vit paroître,
† Celle qui des Romains avoit dompté le Maître ;

Lors-

* *D'Estrée étoit son nom ; la main de la Nature.*]
GABRIELLE D'ESTRÉES, d'une ancienne Maison de Picardie, Fille & petite-Fille d'un Grand Maître de l'Artillerie mariée au Seigneur de Liancour, & depuis Duchesse de Beaufort, &c.

Henri IV. en devint amoureux pendant les Guerres Civiles ; il se déroboit quelquefois de son Armée pour l'aller voir. Un jour même il se déguisa en Païsan, passa au travers des Gardes ennemies, & arriva chez elle, non sans courir risque d'être pris.

On peut voir ses détails dans l'Histoire des Amours du grand Alcandre, écrite par une Princesse de Conti.

† *Celle qui des Romains avoit dompté le Maître.*]
CLÉOPATRE allant à Tarse où Antoine l'avoit mandée, fit ce Voïage sur un Vaisseau brillant d'or, & orné des plus belles Peintures ; les Voiles étoient de pourpre, les Cordages d'Or & de soye. Cléopatre étoit habillée comme on representoit alors la Déesse Venus, ses Femmes representoient les Nymphes & les Graces, la Poupe & la Prouë étoient remplies des plus beaux Enfans déguisez en Amours. Elle
avan-

CHANT NEUVIEME.

Lorſque les Habitans des rives du Cydnus,
L'encenſoir à la main, la prirent pour Venus.
Elle entroit dans cet âge ; hélas ! trop redoutable,
Qui rend des paſſions le joug inévitable.
Son cœur né pour aimer, mais fier & genereux,
D'aucun Amant encor n'avoit reçû les vœux.
Semblable en ſon Printems à la roſe nouvelle,
Qui renfermé en naiſſant ſa beauté naturelle,
Cache aux Vents amoureux les treſors de ſon ſein,
Et s'ouvre aux doux raions d'un jour pur & ſerein.

 L'Amour, qui cependant s'aprête à la ſurprendre,
Sous un nom ſuppoſé vient près d'elle ſe rendre,
Il paroît ſans flambeau, ſans flèches, ſans carquois.
Il prend d'un ſimple Enfant la figure & la voix.
On a vû, lui dit-il, ſur la rive prochaine,
S'avancer vers ces lieux le Vainqueur de Mayenne.
Il gliſſoit dans ſon cœur, en lui diſant ces mots,
Un deſir inconnu de plaire à ce Héros.
Son teint fut animé d'une grace nouvelle.
L'Amour s'applaudiſſoit en la voïant ſi belle ;
Que n'eſperoit-il point, aidé de tant d'apas !
Au devant du Monarque il conduiſit ſes pas.

              L'Art
avançoit dans cet équipage ſur le Fleuve Cydnus, au ſon de mille inſtrumens de Muſique. Tout le Peuple de Tarſe la prit pour la Déeſſe Venus. On quitta le Tribunal d'Antoine pour courir au devant d'elle. Ce Romain lui-même alla la recevoir, & en devint éperdûment amoureux. [PLUTARQUE.]

L'Art simple dont lui-même a formé sa parure
Paroît, aux yeux séduits, l'effet de la Nature.
L'Or de ses blonds cheveux qui flotte au gré des Vents,
Tantôt couvre sa gorge, & ses tréfors naissans;
Tantôt expose aux yeux leur charme inexprimable.
Sa modestie encor la rendoit plus aimable :
Non pas cette farouche, & triste Austerité,
Qui fait fuir les Amours, & même la Beauté,
Mais cette Pudeur douce, innocente, enfantine,
Qui colore le front d'une rougeur divine ;
Inspire le respect, enflame les desirs,
Et de qui la peut vaincre augmente les plaisirs.

Il fait plus ; à l'Amour tout miracle est possible.
Il enchante ces lieux par un charme invincible.
Des Mirtes enlassez, que d'un prodigue sein,
La Terre obéïssante a fait naître soudain,
Dans les lieux d'alentour étendent leur feuillage.
A peine a-t-on passé sous leur fatal ombrage,
Par des liens secrets on se sent arrêter ;
On s'y plaît, on s'y trouble, on ne peut les quitter.
On voit fuir sous cette ombre un onde enchanteresse;
Les Amans fortunez, pleins d'une douce ivresse,
Y boivent à longs traits l'oubli de leur devoir.
L'Amour dans tous ces lieux fait sentir son pouvoir,
Tout y paroît changé, tous les cœurs y soûpirent.
Tous sont empoisonnez du charme qu'ils respirent.
Tout y parle d'amour. Les Oiseaux dans les Champs
Redoublent leurs baisers, leurs caresses, leurs chants.
Le Moissonneur ardent qui court avant l'Aurore,

Cou-

CHANT NEUVIE'ME.

Couper les blonds épics que l'Eté fait éclore,
S'arrête, s'inquiète, & pousse des soupirs;
Son cœur est étonné de ses nouveaux desirs.
Il demeure enchanté dans ces belles Retraites,
Et laisse en soûpirant ses Moissons imparfaites.
Près de lui, la Bergere oubliant ses Toupeaux,
De sa tremblante main sent tomber ses fuseaux.
Contre un pouvoir si grand qu'eût pû faire d'Estrée,
Par un charme indomptable elle étoit attirée.
Elle avoit à combattre en ce funeste jour,
Sa jeunesse, son cœur, un Héros, & l'Amour.

Quelque-tems de Henri, la valeur immortelle
Vers ses Drapeaux vainqueurs en secret le rappelle:
Une invisible main le retient malgré lui.
Dans sa vertu premiere il cherche un vain appui;
Sa Vertu l'abandonne; & son ame enivrée
N'aime, ne voit, n'entend, ne connoît que d'Estrée.

Loin de lui cependant tous ses Chefs étonnez,
Se demandent leur Prince, & restent consternez.
Ils trembloient pour ses jours : hélas ! qui l'eût pû croire,
Qu'on eût dans ce moment dû craindre pour sa gloire?
On le cherchoit en vain; ses Soldats abbatus,
Ne marchant plus sous lui sembloient déja vaincus.

Mais le Génie heureux qui préside à la France,
Ne souffrit pas longtems sa dangereuse absence.
Il descendit des Cieux, à la voix de Louïs,

Et vint d'un vol rapide au secours de son Fils.
Quand il fut descendu vers ce triste Hémisphére,
Pour y trouver un Sage, il regarda la terre.
Il ne le chercha point dans ces lieux révérez,
A l'Etude, au Silence, au Jeûne consacrez.
Il alla dans Ivry : là parmi la licence,
Où du Soldat vainqueur s'emporte l'insolence,
L'Ange heureux des François fixa son vol divin,
Au milieu des Drapeaux des Enfans de Calvin.
Il s'adresse à Mornay ; c'étoit pour nous instruire,
Que souvent la Raison suffit à nous conduire :
Ainsi qu'elle guida chez des Peuples Payens,
Marc-Aurele, ou Platon, la honte des Chrétiens.

Non moins prudent Ami, que Philosophe austère,
Mornay sut l'art discret de reprendre & de plaire :
Son éxemple instruisoit bien mieux que ses discours ;
Les solides vertus furent ses seuls amours,
Avide de travaux, insensible aux délices,
Il marchoit d'un pas ferme au bord des précipices.
Jamais l'air de la Cour, & son souffle infecté
N'altéra de son cœur l'austère pureté.
Belle Aréthuse, ainsi, ton onde fortunée
Roule au sein furieux d'Amphitrite étonnée,
Un crystal toûjours pur, & des flots toûjours clairs,
Que jamais ne corrompt l'amertume des Mers.

Le généreux Mornay conduit par la Sagesse,
Part, & vôle en ces lieux, où la douce Molesse

Re-

CHANT NEUVIE'ME.

Retenoit dans ſes bras le Vainqueur des Humains,
Et de la France en lui maîtriſoit les deſtins.
L'Amour à chaque inſtant redoublant ſa Victoire,
Le rendoit plus heureux, pour mieux flétrir ſa Gloire;
Les plaiſirs qui ſouvent ont des termes ſi courts,
Partageoient ſes momens & rempliſſoient ſes jours.

L'Amour au milieu d'eux découvre avec colère,
A côté de Mornay la Sageſſe ſévère;
Il veut ſur ce Guerrier lancer un trait vengeur,
Par l'attrait des Plaiſirs il croit vaincre ſon cœur:
Mais Mornay mépriſoit ſa colère & ſes charmes,
Tous ſes traits impuiſſans s'émouſſoient ſur ſes armes.
Il attend qu'en ſecret le Roi s'offre à ſes yeux,
Et d'un œil irrité contemple ces beaux lieux.

Au fond de ces Jardins, au bord d'une onde claire,
Sous un Mirte amoureux, azile du Miſtere,
D'Eſtrée à ſon Amant prodiguoit ſes appas;
Il languiſſoit près d'Elle, il brûloit dans ſes bras.
De leurs doux entretiens rien n'alteroit les charmes,
Leurs yeux étoient remplis de ces heureuſes larmes;
De ces larmes qui font les plaiſirs des Amans.
Ils ſentoient cette ivreſſe & ces ſaiſiſſemens,
Ces tranſports, ces fureurs, qu'un tendre amour inſpire,
Que lui ſeul fait goûter, que lui ſeul peut décrire.
Les folâtres Plaiſirs, dans le ſein du repos,
Les Amours enfantins déſarmoient ce Héros:

L'un tenoit sa cuirasse encor de sang trempée ;
L'autre avoit détaché sa redoutable épée,
Et rioit en tenant dans ses débiles mains,
Ce fer, l'appui du Trône, & l'effroi des Humains.

La Discorde de loin, insulte à sa foiblesse ;
Elle exprime en grondant sa barbare allegresse :
Sa fiere activité ménage ces instans.
Elle court de la Ligue irriter les Serpens.
Et tandis que Bourbon se repose & sommeille,
De tous ses Ennemis la rage se reveille.

Enfin dans ces Jardins où sa vertu languit,
Il voit Mornay paroître : il le voit, & rougit.
L'un de l'autre en secret ils craignoient la présence.
Le Sage en l'abordant garde un morne silence ;
Mais ce silence même & ses regards baissez
Se font entendre au Prince, & s'expliquent assez.
Sur ce visage austère, où régnoit la tristesse,
Henri lut aisément sa honte, & sa foiblesse.
Rarement de sa faute on aime le témoin.
Tout autre eût de Mornay mal reconnu le soin.
Cher Ami, dit le Roi, ne crains point ma colere.
Qui m'aprend mon devoir est trop sûr de me plaire.
Viens, le cœur de ton Prince est digne encor de toi.
Je t'ai vû, c'en est fait, & tu me rends à moi :
Je reprends ma vertu que l'amour m'a ravie ;
De ce honteux repos fuions l'ignominie :
Fuions ce lieu funeste, où mon cœur mutiné

CHANT NEUVIE'ME.

Aime encore les liens dont il fut enchaîné :
Me vaincre est désormais ma plus belle Victoire.
Partons, bravons l'Amour dans les bras de la Gloire ;
Et bientôt vers Paris répandant la terreur,
Dans le sang Espagnol effaçons mon erreur.
A ces mots généreux Mornay connut son Maître,
C'est vous, s'écria-t-il, que je revois paroître ;
Vous de la France entiere, auguste Deffenseur :
Vous Vainqueur de vous même, & Roi de votre cœur ;
L'Amour à votre gloire ajoûte un nouveau lustre.
Qui l'ignore est heureux, qui le dompte est illustre.

Il dit : Le Roi s'apprête à partir de ces lieux.
Quelle douleur, ô Ciel ! attendrit ses adieux.
Plein de l'aimable objet qu'il fuit & qu'il adore,
En condamnant ses pleurs il en versoit encore.
Entraîné par Mornay, par l'Amour attiré,
Il s'éloigne, il revient, il part désespéré,
Il part : en ce moment d'Estrée évanouïe,
Reste sans mouvement, sans couleur, & sans vie,
D'une soudaine nuit ses beaux yeux sont couverts.
L'Amour qui l'apperçût jette un cris dans les airs :
Il s'épouvante, il craint qu'une nuit éternelle
N'enleve à son Empire une Nymphe si belle ;
N'efface pour jamais les charmes de ses yeux,
Qui devoient dans la France allumer tant de feux.
Il la prend dans ses bras, & bien-tôt cette Amante
R'ouvre à sa douce voix sa paupiere mourante,
Lui nomme son Amant, le redemande en vain,

Le

Le cherche encor des yeux, & le ferme soudain.
L'amour baigné des pleurs qu'il répand auprès d'elle,
Au jour qu'elle fuioit tendrement la rapelle ;
D'un espoir séduisant il lui rend la douceur,
Et soulage les maux dont lui seul est l'Auteur.

Mornay toûjours sévere & toûjours infléxible,
Entraînoit cependant son Maître trop sensible.
La Force & la Vertu leur montrent le chemin,
La Gloire les conduit les lauriers à la main ;
Et l'Amour indigné, que le devoir surmonte,
Va cacher loin d'Anet sa colere & sa honte.

Chant 10.^e

LA HENRIADE.

CHANT DIXIÉME.

ARGUMENT.

Retour du Roi à son Armée : il recommence le Siege. Combat singulier du Vicomte de Turenne, & du Chevalier d'Aumale. Famine horrible qui désole la Ville. Le Roi nourrit lui-même les Habitans qu'il assiege. Le Ciel récompense enfin ses Vertus. La Vérité vient l'éclairer. Paris lui ouvre ses Portes, & la Guerre est finie.

Es momens dangereux, perdus dans la molesse,
Avoient fait aux Vaincus oublier leur foiblesse.
A de nouveaux Exploits Mayenne est préparé.
D'un espoir renaissant le Peuple est enivré.
Leur espoir les trompoit ; Bourbon que rien n'arrête,
Accourt impatient d'achever sa conquête ;

Pa-

Paris épouvanté revit ses Etendarts.
Le Héros reparut aux pieds de ses remparts ;
De ces mêmes remparts, où fume encor sa foudre,
Et qu'à réduire en cendre, il ne pût se resoudre :
Quand l'Ange de la France, appaisant son couroux,
Retint son bras vainqueur, & suspendit ses coups.
Déja le Camp du Roi jette des cris de joie,
D'un œil d'impatience il devoroit sa proie.
Les Ligueurs cependant d'un juste effroi troublez,
Près du prudent Mayenne étoient tous rassemblez.
Là, d'Aumale, ennemi de tout conseil timide,
Leur tenoit fierement ce langage intrépide :
Nous n'avons point encor apris à nous cacher,
L'Ennemi vient à nous, c'est-là qu'il faut marcher,
C'est-là qu'il faut porter une fureur heureuse ;
Je connois des François la fougue impétueuse.
L'ombre de leurs remparts affoiblit leur vertu,
Le François qu'on attaque est à demi vaincu.
Souvent le desespoir a gagné des Batailles :
J'attens tout de nous seuls, & rien de nos murailles.
Héros qui m'écoutez, volez aux Champs de Mars ;
Peuples qui nous suivez, vos Chefs sont vos remparts.

Il se tut à ces mots ; les Ligueurs en silence,
Sembloient de son audace accuser l'imprudence.
Il en rougit de honte, & dans leurs yeux confus
Il lût en frémissant leur crainte & leur refus,
Eh bien, poursuivit-il, si vous n'osez me suivre,
François, à cet affront je ne veux point survivre.

Vous

CHANT DIXIE'ME. 173

Vous craignez les dangers, seul je m'y vais offrir,
Et vous apprendre à vaincre, ou du moins à mourir.

De Paris à l'instant il fait ouvrir la porte ;
Du Peuple qui l'entoure il éloigne l'escorte,
Il s'avance : Un Hérault, Ministre des Combats,
Jusqu'aux Tentes du Roi marche devant ses pas,
Et crie à haute voix : Quiconque aime la Gloire,
Qu'il dispute en ces lieux l'honneur de la Victoire.
D'Aumale vous attend ; Ennemis, paroissez.
Tous les Chefs à ces mots d'un beau zèle poussez,
Vouloient contre d'Aumale essaïer leur courage.
Tous briguoient près du Roi cet illustre avantage,
Tous avoient mérité ce prix de la Valeur ;
Mais le vaillant Turenne emporta cet honneur.
Le Roi mit dans ses mains la gloire de la France.
Va, dit-il, d'un Superbe abaisser l'insolence,
Combats pour ton Païs, pour ton Prince & pour toi,
Et reçois en partant les Armes de ton Roi.
Le Heros, à ces mots, lui donne son épée.
Votre attente, ô grand Roi, ne sera point trompée,
Lui répondit Turenne, embrassant ses genoux :
J'en atteste ce fer, & j'en jure par vous.
Il dit : le Roi l'embrasse, & Turenne s'élance,
Vers l'endroit où d'Aumale, avec impatience,
Attendoit qu'à ses yeux un Combattant parût.
Le Peuple de Paris aux remparts accourût ;
Les Soldats de Henri près de lui se rangerent :
Sur les deux Combattans tous les yeux s'attacherent,

Cha-

Chacun dans l'un des deux voïant son deffenseur,
Du geste & de la voix excitoit sa valeur.

Cependant sur Paris gronde un sombre nuage
Où sembloient enfermez le tonnerre & l'orage.
Ses flancs noirs & brûlans tout-à-coup entr'ouverts,
Vomissent en ces lieux les Monstres des Enfers,
La Fanatisme affreux, la Discorde farouche,
La triste Politique au cœur faux, à l'œil louche,
Bellone respirant le sang & les fureurs,
Les fléaux de l'Europe & les Dieux des Ligueurs ;
Sur les murs de Paris ils fondent, ils s'arrêtent,
Pour secourir d'Aumale, au Combat ils s'apprêtent.

Voici qu'au même instant du haut des Cieux ouverts
Un Ange est descendu sur le trône des airs,
Entouré des rayons, nageant dans la lumiere,
Sur des aîles de feu parcourant sa carriere,
Et laissant loin de lui l'Occident éclairé
Des sillons lumineux dont il est entouré.
Il tient dans une main cette Olive sacrée,
Ce gage précieux d'une paix desirée,
Dans l'autre étinceloit le fer d'un Dieu vangeur,
Le Glaive dont s'arma l'Ange exterminateur,
Alors que l'éternel à la Mort devorante
Livra les premiers nez d'une race insolente.
A l'aspect de ce fer interdits, consternez,
Les Monstres infernaux paroissent enchaînez,
Ils fremissent en vain. Ce pouvoir invincible

Frap-

CHANT DIXIE'ME. 175

Frappe, arrete, & retient leur Cohorte inflexible.
Ainsi de son Autel teint du sang des humains
Tomba ce fier *Dagon*, ce Dieu des Philistins,
Lors que du Dieu des Cieux en son Temple aportée
A ses yeux éblouïs l'Arche fut présentée.

Le Roi, Paris, l'Armée, & l'Enfer & les Cieux,
Enfin sur ce combat avoient fixé leurs yeux,
Déja les deux Guerriers entrent dans la Carriere.
Henri du Champ d'honneur leur ouvre la barriere,
Leur bras n'est point chargé du poids d'un bouclier.
Ils ne se cachent point sous ces Bustes d'acier,
Des anciens Chevaliers ornement honorable,
Eclatant à la vûe, aux coups impénétrable,
Ils négligent tous deux cet appareil qui rend
Et le Combat plus long, & le danger moins grand.
Leur ame est une épée, & sans autre deffense,
Exposé tout entier, l'un & l'autre s'avance.

Mais la trompette sonne : ils s'élancent tous deux,
Ils commencent enfin ce Combat dangereux.
Tout ce qu'a pû jamais la valeur & l'adresse,
L'ardeur, la fermeté, la force, la souplesse,
Parut des deux côtez en ce choc éclatant.
Cent coups étoient portez, & parez à l'instant.
Le Spectateur surpris, & ne pouvant le croire,
Voioit à tout moment leur chûte & leur Victoire.
D'Aumale est plus ardent, plus fort, plus furieux ;
Turenne est plus adroit, & moins impétueux.

Mai-

Maître de tous ses sens, animé sans colere,
Il songe à fatiguer son terrible Adversaire.
D'Aumale en vains efforts épuise sa vigueur.
Bientôt son bras lassé ne sert plus sa valeur.
Turenne qui l'observe, apperçoit sa foiblesse;
Il se ranime alors, il le pousse, il le presse.
Enfin d'un coup mortel il lui perce le flanc.
D'Aumale est renversé dans les flots de son sang.
Il tombe, & de l'enfer tous les Monstres fremirent;
Ces funebres accens dans les airs s'entendirent;
» De la Ligue à jamais le trône est renversé.
» Tu l'emportes, Bourbon, notre règne est passé.
Le Peuple y répondit par un cri lamentable.
D'Aumale sans vigueur étendu sur le sable,
Menace encore Turenne, & le menace en vain.
Sa redoutable épée échape de sa main.
Il veut parler, sa voix expire dans sa bouche.
L'horreur d'être vaincu rend son air plus farouche;
Il se leve, il retombe, il ouvre un œil mourant,
Il regarde Paris, & meurt en soûpirant.
Tu le vis expirer, infortuné Mayenne,
Tu le vis, tu fremis, & ta chûte prochaine
Dans ce moment affreux s'offrit à tes esprits.
*Cependant des Soldats, dans les murs de Paris,

Ra-

---

* *Cependant des Soldats dans les murs de Paris.*]
Le Chevalier d'Aumale fut tué dans ce tems-là à
Saint Denys, & sa mort affoiblit beaucoup le Parti
de la Ligue. Son Duel avec le Vicomte de Turenne
n'est qu'une fiction, mais des Combats singuliers

étoient

CHANT DIXIE'ME.

Rapportoient à pas lents le malheureux d'Aumale.
Ce spectacle sanglant, cette pompe fatale,
Entre au milieu d'un Peuple interdit, égaré:
Chacun voit en tremblant ce corps défiguré.
Ce front souillé de sang, cette bouche entr'ouverte,
Cette tête panchée, & de poudre couverte,
Ces yeux où le trépas étale ses horreurs.
On n'entend point de cris, on ne voit point de pleurs,
La honte, la pitié, l'abbatement, la crainte,
Étouffent leurs sanglots, & retiennent leur plainte,
Tout se tait & tout tremble. Un bruit rempli d'hor-
 reur,
Bientôt de ce silence augmenta la terreur.
Du Camp des assiegeans mille cris s'éleverent :
Les Chefs & les Soldats près du Roi s'assemblerent :
Ils demandoient l'assaut. Le Roi dans ce moment,
Modera son courage, & leur emportement.
Il sentit qu'il aimoit son ingrate Patrie,
Il voulut la sauver de sa propre furie.
Haï de ses Sujets, prompt à les épargner,
Eux seuls vouloient se perdre, il les voulut gagner.
Heureux si sa bonté prévenant leur audace,

étoient encore à la mode. Il s'en fit un célèbre derriere les Chartreux, entre le Sieur de Marivaux qui tenoit pour les Roïalistes, & le Sieur Claude de Matolles qui tenoit pour les Ligueurs. Ils se battirent en présence du Peuple & de l'Armée, le jour même de l'Assassinat de Henri III. mais ce fut Marolle qui fut Vainqueur.

Forçoit ces malheureux à lui demander grace !
Pouvant les emporter, il les fait inveſtir,
Il laiſſe à leur fureur le tems du repentir.
* Il crut que ſans aſſauts, ſans Combats, ſans al-
 larmes;
La diſette & la faim, plus fortes que ſes armes,
Lui livreroient ſans peine un Peuple inanimé,
Nourri dans l'abondance, au luxe accoûtumé;
Qui, vaincu par ſes maux, ſouple dans l'indigence,
Viendroit à ſes genoux implorer ſa clémence.
Mais le faux zèle, hélas ! qui ne ſauroit ceder,
Enſeigne à tout ſouffrir, comme à tout hazarder.

La clémence du Roi parut une foibleſſe.
Les Mutins qu'épargnoit cette main vengereſſe,
A peine encor remis de leur juſte terreur,
Alloient inſollemment défier leur Vainqueur.
Ils oſoient inſulter à ſa vengeance oiſive.
Mais lorſqu'enfin les eaux de la Seine captive,
Ceſſerent d'apporter dans ce vaſte ſéjour,
L'ordinaire tribut des moiſſons d'alentour ;
Quand on vit dans Paris la faim pâle & cruelle,
Montrant déja la mort qui marchoit après elle,
Alors on entendit des heurlemens affreux.
Ce ſuperbe Paris fut plein de malheureux,
De qui la main tremblante, & la voix affoiblie,

De-

---

* *Il crut que ſans Aſſauts, ſans Combats, ſans allarmes.*] Henri IV. bloqua Paris en 1593. avec
moins de vingt mille hommes.

CHANT DIXIE'ME. 179

Demandoient vainement le soutien de leur vie.
Bien-tôt le riche même, après de vains efforts,
Eprouva la famine au milieu des tresors.
Ce n'étoit plus ces Jeux, ces Festins & ces Fêtes,
Où de mirthe & de rose ils couronnoient leurs têtes;
Où parmi cent plaisirs, toûjours trop peu goûtez,
Les vins les plus parfaits, les mets les plus vantez,
Sous des lambris dorez, qu'habite la Molesse,
De leur goût dédaigneux irritoient la paresse.
On vit avec effroi tous ces Voluptueux,
Pâles, défigurez, & la mort dans les yeux,
Périssant de misere au sein de l'opulence,
Détester de leurs biens l'inutile abondance.
Le Vieillard, dont la faim va terminer les jours,
Voit son Fils au berceau qui périt sans secours.
Ici meurt dans la rage une Famille entiere:
Plus loin, des malheureux couchez sur la poussiere,
Se disputoient encore à leurs derniers momens,
Les restes odieux des plus vils alimens.
Ces Spectres affamez, outrageant la Nature,
Vont au sein des Tombeaux chercher leur nourriture.
Des Morts épouvantez les ossemens poudreux,
Ainsi qu'un pur froment sont preparez par eux;
Que n'osent point tenter les extrêmes miseres?
On les vit se nourrir des cendres de leurs Peres.
  * Mais ce mets detestable avança leur trépas.

Et

─────────────

* *Mais ce mets détestable avança leur trépas*] Ce fut l'Ambassadeur d'Espagne auprès de la Ligue, qui donna le conseil de faire du pain avec des os de
M 2   morts;

Et ce repas pour eux fut le dernier repas.

Ces Prêtres, cependant, ces Docteurs fanatiques,
Qui loin de partager les miseres publiques,
Bornant à leurs besoins tous leurs soins paternels,
* Vivoient dans l'abondance à l'ombre des Autels,
Du Dieu qu'ils offensoient attestant la souffrance,
Alloient par tout du Peuple animer la constance.
Aux uns, à qui la mort alloit fermer les yeux,
Leurs liberales mains ouvroient déja les Cieux.
Aux autres ils montroient d'un coup d'œil prophetique,
Le tonnerre allumé sur un Prince Hérétique,
Paris bien-tôt sauvé par des secours nombreux,
Et la Manne du Ciel prête à tomber pour eux.
Hélas ! ces vains appas, ces promesses stériles,
Charmoient ces malheureux, à tromper trop faciles.
Par les Prêtres séduits, par les Seize effraiez,
Soûmis, presque contens ils mouroient à leurs pieds.

Trop morts : conseil qui fut éxécuté, & qui ne servit qu'à avancer les jours de plusieurs milliers d'Hommes, surquoi un Auteur remarque l'étrange foiblesse de l'imagination humaine. [Ces Assiégez n'auroient pas osé manger la chair de leurs Compatriotes qui venoient d'être tuez, mais ils mangeoient volontiers les os.]

* *Vivoient dans l'abondance, à l'ombre des Autels.*] On fit la visite, [dit Mezeray] dans les Logis des Ecclésiastiques & dans les Couvens, qui se trouverent tous pourvûs, même celui des Capucins pour plus d'un an.

CHANT DIXIE'ME.

Trop heureux, en effet, d'abandonner la vie.

D'un ramas d'Etrangers la Ville étoit remplie,
Tigres que nos Aïeux nourriffoient dans leur fein,
Plus cruels que la mort, & la guerre & la faim.
Les uns étoient venus des Campagnes Belgiques,
Les autres des Rochers & des Monts Helvétiques,
* Barbares dont la guerre eft l'unique métier,
Et qui vendent leur fang à qui veut le paier.
De ces nouveaux Tyrans les avides Cohortes,
Affiégent les maifons, en enfoncent les portes,
Aux Hôtes effraiez prefentent mille morts:
Non pour leur arracher d'inutiles Tréfors;
Non pour aller ravir, d'une main adultère,
Une Fille éplorée, à fa tremblante Mere;
De la cruelle faim le befoin confumant
Semble étouffer en eux tout autre fentiment;
Et d'un peu d'alimens la découverte heureufe,
Etoit l'unique but de leur recherche affreuffe.
Il n'eft point de tourment, de fupplice & d'horreur,
Que pour en découvrir n'inventât leur fureur.

*Une

* *Barbares dont la guerre eft l'unique métier.*] Les Suiffes qui étoient dans Paris à la folde du Duc de Mayenne, y commirent des excès affreux, au rapport de tous les Hiftoriens du tems: c'eft fur eux feuls que tombe ce mot de *Barbares*, & non fur leur Nation pleine de bon fens & de droiture, & l'une des plus refpectables Nations du monde, puifqu'elle ne fonge qu'à conferver fa liberté & jamais à opprimer celle des autres.

* Une Femme, grand Dieu ! faut-il à la mémoire
Conserver le récit de cette horrible Histoire !
Une Femme avoit vû, par ces cœurs inhumains,
Un reste d'alimens arraché de ses mains.
Des biens que lui ravit la fortune cruelle,
Un Enfant lui restoit, prêt à périr comme elle:
Furieuse, elle approche, avec un coutelas,
De ce Fils innocent qui lui tendoit les bras;
Son enfance, sa voix, sa misére, & ses charmes,
A sa Mere en fureur arrachent mille larmes;
Elle tourne sur lui son visage effraié,
Plein d'amour, de regret, de rage, & de pitié.
Trois fois le fer échappe à sa main défaillante.
La rage enfin l'emporte ; & d'une voix tremblante
Détestant son hymen & sa fécondité,
Cher & malheureux Fils, que mes flancs ont porté,
Dit-elle, c'est en vain que tu reçus la vie,
Les Tyrans ou la faim l'auroient bientôt ravie :
Eh pourquoi vivrois-tu ! pour aller dans Paris,
Errant & malheureux pleurer sur ses débris?
Meurs avant de sentir mes maux & ta misére,
Rends-moi le jour, le sang, que t'a donné ta Mere;
Que mon sein malheureux te serve de tombeau,
Et que Paris du moins voie un crime nouveau.

En

* *Une Femme, grand Dieu! faut-il à la mémoire.*]
Cette Histoire est rapportée dans tous les Mémoires
du tems. De pareilles horreurs arriverent aussi au Siege de la Ville de Sancerre.

CHANT DIXIE'ME.

En achevant ces mots, furieuse, égarée,
Dans les flancs de son Fils sa main désespérée
Enfonce en frémissant le parricide acier :
Porte le corps sanglant auprès de son foier ;
Et d'un bras que poussoit sa faim impitoiable,
Prépare avidement ce trepas effroiable.

Attirez par la faim les farouches Soldats,
Dans ces coupables lieux reviennent sur leurs pas.
Leur transport est égal à la cruelle joie
Des Ours & des Lions, qui fondent sur leur proie.
A l'envi l'un de l'autre ils courent en fureur,
Ils enfoncent la porte. O ! surprise ! ô terreur !
Près d'un corps tout sanglant à leurs yeux se presente
Une Femme égarée, & de sang degoutante.
Oui, c'est mon propre Fils, oui, Monstres inhumains,
C'est vous qui dans son sang avez trempé mes mains.
Que la Mere & le Fils vous servent de pâture.
Craignez-vous plus que moi d'outrager la Nature ?
Quelle horreur, à mes yeux, semble vous glacer tous ?
Tigres, de tels festins sont préparez pour vous.
Ce discours insensé, que sa rage prononce,
Est suivi d'un poignard qu'en son cœur elle enfonce.
De crainte, à ce spectacle, & d'horreur agitez,
Ces Monstres confondus courent épouvantez.
Ils n'osent regarder cette Maison funeste,
Ils pensent voir sur eux tomber le feu céleste :
Et le Peuple effraïé de l'horreur de son sort,
Levoit les mains au Ciel, & demandoit la mort.

Jusqu'aux tentes du Roi, mille bruits en coururent;
Son cœur en fut touché, ses entrailles s'émurent;
Sur ce peuple infidelle il répandit des pleurs:
O Dieu! s'écria-t-il, Dieu, qui lis dans les cœurs,
Qui vois ce que je puis, qui connois ce que j'ose,
Des Ligueurs & de moi tu séparés la cause.
Je puis lever vers toi mes innocentes mains,
Tu le sais, je tendois les bras à ces Mutins;
Tu ne m'imputes point leurs malheurs & leurs crimes,
Que Mayenne à son gré s'immole ces victimes;
Qu'il impute, s'il veut, des désastres si grands
A la necessité, l'excuse des Tyrans;
De mes Sujets séduits qu'il comble la misere,
Il en est l'Ennemi, j'en dois être le Pere.
Je le suis, c'est à moi de nourrir mes Enfans,
Et d'arracher mon Peuple à ces Loups dévorans.
Dût-il de mes bienfaits s'armer contre moi-même;
Dussai-je en le sauvant perdre mon Diadême,
Qu'il vive, je le veux, il n'importe à quel prix:
Sauvons-le malgré lui de ses vrais Ennemis.
Et si trop de pitié me coûte mon Empire,
Que du moins sur ma tombe, un jour on puisse lire,
,, Henri de ses Sujets, Ennemi généreux,
,, Aima mieux les sauver que de régner sur eux.

*Il dit, & dans l'instant il veut que son Armée,

Ap-

* *Il dit, & dans l'instant il veut que son Armée,*]
Henri IV. fut si bon, qu'il permettoit à ses Officiers
d'en-

CHANT DIXIEME.

Approche sans éclat de la Ville affamée;
Qu'on porte aux Citoiens des paroles de paix,
Et qu'au lieu de vengeance, on parle de bienfaits.
A cet ordre divin ses Troupes obéissent.
Les murs en ce moment de Peuple se remplissent.
On voit sur les remparts avancer à pas lents,
Ces corps inanimez, livides & tremblans,
Tels qu'on feignoit jadis que des Roiaumes sombres,
Les Mages à leur gré faisoient sortir les ombres;
Quand leur voix du Cocyte arrêtant les torrens,
Appelloit les Enfers, & les Mânes errans.
Quel est de ces Mourans l'étonnement extrême!
Leur cruel Ennemi vient les nourrir lui-même.
Tourmentez, déchirez par leurs fiers Deffenseurs,
Ils trouvent la pitié dans leurs Persécuteurs.
Tous ces événemens leur sembloient incroiables,
Ils voioient devant eux ces piques formidables,
Ces traits, ces instrumens des cruautez du sort,
Ces lances, qui toûjours avoient porté la mort,
Secondant de Henri la généreuse envie,
Au bout d'un fer sanglant leur apporter la vie.
Sont-ce là, disoient-ils, ces Monstres si cruels?
Est-ce là ce Tyran si terrible aux Mortels?

Cet

d'envoier, (comme le dit Mezeray) des rafraîchissemens à leurs anciens Amis & aux Dames. Les Soldats en faisoient autant, à l'éxemple des Officiers. Le Roi avoit de plus la générosité de laisser sortir de Paris presque tous ceux qui se présentoient : par là il arriva effectivement que les Assiégeans nourrirent les Assiégez.

Cet ennemi de Dieu, qu'on peint si plein de rage?
Hélas! du Dieu vivant, c'est la brillante image.
C'est un Roi bien-faisant, le modèle des Rois.
Nous ne méritons pas de vivre sous ses Loix.
Il triomphe, il pardonne, il chérit qui l'offense.
Puisse tout notre sang cimenter sa puissance!
Trop dignes du trépas, dont il nous a sauvez,
Consacrons-lui ces jours qu'il nous a conservez.

De leurs cœurs attendris tel étoit le langage.
Mais qui peut s'assûrer sur un Peuple volage,
Dont la foible amitié s'exhale en vains discours?
Qui quelquefois s'éleve & retombe toûjours?
Ces Prêtres, dont cent fois la fatale éloquence
Ralluma tous ces feux qui consumoient la France,
Vont se montrer en Pompe à ce Peuple abbatu.
« Combattans sans courage, & Chrétiens sans vertu,
« A quel indigne appas vous laissez-vous séduire?
« Ne connoissez-vous plus les palmes du Martire?
« Soldats du Dieu vivant, voulez-vous aujourd'hui,
« Vivre pour l'outrager, pouvant mourir pour lui?
« Quand Dieu du haut des Cieux nous montre la
   « Couronne,
« Chrétiens, n'attendons pas qu'un Tyran nous par-
   « donne.
« Dans sa coupable Secte, il veut nous réünir:
« De ses propres bienfaits songeons à le punir.
« Sauvons nos Temples saints de son Culte hérètique.
C'est ainsi qu'ils parloient, & leur voix fanatique,

CHANT DIXIE'ME.

Maîtresse du vil Peuple, & redoutable aux Rois,
Des bienfaits de Henri faisoit taire la voix :
Et déja quelques-uns reprenant leur furie,
S'accusoient en secret de lui devoir la vie.

A travers ses clameurs, & ces cris odieux,
La vertu de Henri pénétra dans les Cieux.
Louïs qui du plus haut de la voûte divine,
Veille sur les Bourbons, dont il est l'Origine,
Connut qu'enfin les tems alloient être accomplis,
Et que le Roi des Rois adopteroit son Fils.
Aussi-tôt de son cœur il chassa les allarmes.
La Foi vint essuïer ses yeux mouillez de larmes,
Et la douce esperance, & l'amour paternel,
Conduisirent ses pas aux pieds de l'Eternel.

Au milieu des clartez d'un feu pur & durable,
Dieu mit avant les tems son Trône inébranlable.
Le Ciel est sous ses pieds. De mille Astres divers,
Le cours toûjours réglé l'annonce à l'Univers.
La puissance, l'amour, avec l'intelligence,
Unis & divisez composent son essence.
Ses Saints dans les douceurs d'une éternelle paix,
D'un torrent de plaisirs enivrez à jamais,
Pénétrez de sa gloire, & remplis de lui-même,
Adorent à l'envi sa Majesté suprême.
Devant lui sont ces Dieux, ces brûlans Séraphins,
A qui de l'Univers il commet les destins.
Il parle, & de la Terre ils vont changer la face.
Des Puissances du Siecle ils retranchent la race,

Tandis

Tandis que les Humains vils joüets de l'erreur,
Des Conseils éternels accusent la hauteur.
Ce sont eux dont la main frappant Rome asservie
Aux fiers Enfans du Nord ont livré l'Italie,
L'Espagne aux Africains, Solime aux Ottomans.
Tout Empire est tombé, tout Peuple eut ses Tyrans,
Mais cette impénétrable, & juste Providence
Ne laisse pas toûjours prosperer l'insolence.
Quelquefois sa bonté favorable aux Humains
Met le Sceptre des Rois dans d'innocentes mains.

   Le Pere des Bourbons à ses yeux se presente ;
Et lui parle en ces mots d'une voix gémissante.
Pere de l'Univers, si tes yeux quelquefois
Honorent d'un regard les Peuples & les Rois;
Vois le Peuple François à son Prince rebelle.
S'il viole tes Loix, c'est pour t'être fidelle,
Aveuglé par son zèle, il te désobeit,
Et pense te venger alors qu'il te trahit.
Vois ce Roi triomphant, ce Foudre de la Guerre,
L'exemple, la terreur, & l'amour de la Terre;
Avec tant de vertu, n'as-tu formé son cœur,
Que pour l'abandonner aux piéges de l'erreur ?
Faut-il que de tes mains le plus parfait ouvrage,
A son Dieu qu'il adore, offre un coupable hommage?
Ah ! si du grand Henri ton culte est ignoré,
Par qui le Roi des Rois veut-il être adoré ?
Daigne éclairer ce cœur, créé pour te connoître,
Donne à l'Eglise un Fils, donne à la France un Maître,

Des

CHANT DIXIE'ME.

Des Ligueurs obstinez confonds les vains projets,
Rends les Sujets au Prince, & le Prince aux Sujets.
Que tous les cœurs unis adorent ta justice,
Et t'offrent dans Paris le même Sacrifice.

 L'Eternel à ses Vœux se laissa pénétrer.
Par un mot de sa bouche il daigna l'assurer.
A sa divine voix les Astres s'ébranlerent :
La Terre en tressaillit, les Ligueurs en tremblerent ;
Le Roi qui dans le Ciel avoit mis son appui,
Sentit que le Très-Haut s'interressoit pour lui.
 Soudain la Vérité, si longtems attenduë
Toûjours chere aux Humains, mais souvent inconnuë,
Dans les Tentes du Roi, descend du haut des Cieux.
D'abord un voile épais la cache à tous les yeux.
De moment en moment, les ombres qui la couvrent,
Cedent à la clarté des feux qui les entr'ouvrent :
Bientôt elle se montre à ses yeux satisfaits,
Brillante d'un éclat qui n'éblouït jamais.
 Henri, dont le grand cœur étoit formé pour elle,
Voit, connoit, aime enfin sa lumiere immortelle.
Il abjure avec foi ces Dogmes séducteurs,
Ingénieux Enfans de cent nouveaux Docteurs.
Il reconnoit l'Eglise ici bas combatuë,
L'Eglise toûjours une, & par tout étenduë :
Libre, mais sous un Chef, adorant en tout lieu,
Dans le bonheur des Saints, la grandeur de son Dieu.
Le Christ, de nos pechez Victime renaissante,

De

De ſes Elûs chétis nourriture vivante,
Deſcend ſur les Autels à ſes yeux éperdus,
Et lui découvre un Dieu ſous un Pain qui n'eſt plus,
Son cœur obéiſſant ſe ſoûmet, s'abandonne,
A ces Myſteres Saints dont la Raiſon s'étonne.

Louïs dans ce moment qui comble ſes ſouhaits,
Louïs tenant en main l'olive de la paix,
Deſcend du haut des Cieux vers le Héros qu'il aime,
Aux remparts de Paris il le conduit lui-même,
Les remparts ébtanlez s'entr'ouvrent à ſa voix.
* Il entre au nom du Dieu qui fait règner les Rois.
Les Ligueurs éperdus, & mettant bas leurs armes,
Sont aux pieds de Bourbon, les baignent de leurs lar-
    mes,
Les Prêtres ſont muets : les Seize épouvantez
En vain cherchent pour fuir des antres écartez.
Tout le Peuple changé dans ce jour ſalutaire
Reconnoit ſon vrai Roi, ſon Vainqueur, & ſon Pere.

Dès lors on admira ce règne fortuné,
Et commencé trop tard, & trop tôt terminé.
L'Eſpagnol en trembla : juſtement deſarmée

Rome

* *Il Entre au nom du Dieu qui fait règner les Rois.*]
Ce Blocus & cette Famine de Paris ont pour époque
l'année 1590. & Henri n'entra dans Paris qu'au mois
de Mars 1594. Il s'étoit fait Catholique en Juillet
1593. mais il a fallu raprocher ces trois grands Evénemens, parce qu'on écrivoit un Poëme, & non une
Hiſtoire.

Rome adopta Bourbon, Rome s'en vit aimée,
La Discorde rentra dans l'éternelle nuit :
A reconnoître un Roi Mayenne fut réduit ;
Et soumettant enfin son cœur & ses Provinces,
Fut le meilleur Sujet du plus juste des Princes.

FIN.

TABLE

TABLE DES CHANTS DE LA HENRIADE.

CHANT PREMIER.   Pag. 1
CHANT SECOND.   19
CHANT TROISIE'ME.   39
CHANT QUATRIE'ME.   59
CHANT CINQUIE'ME.   80
CHANT SIXIE'ME.   97
CHANT SEPTIE'ME.   110
CHANT HUITIE'ME.   134
CHANT NEUVIE'ME.   155
CHANT DIXIE'ME.   171

FIN DE LA TABLE.

ESSAI

ESSAI
SUR LA
POESIE EPIQUE
DE
TOUTES LES NATIONS,
ECRIT EN ANGLOIS
Par M. DE VOLTAIRE,
EN M. DCC. XXVI.
ET TRADUIT EN FRANCOIS
Par M. l'Abbé DES FONTAINES.

AVERTISSEMENT
DE L'AUTEUR.

ON regardera peut-être comme une espéce de présomption, que n'ayant encore passé que dix-huit mois en Angleterre, j'ose écrire dans une Langue que je prononce fort mal, & que j'entends à peine dans la conversation. Il me semble que je fais à présent ce que j'ai fait autrefois au College, lorsque j'écrivois en Latin & en Grec; car il est certain que nous prononçons l'un & l'autre d'une maniere pitoyable, & que nous serions hors d'état d'entendre ces deux Langues, si ceux qui les parlent suivoient la vraye prononciation des Romains & des Grecs. Au reste, je regarde la Langue Angloise comme une Langue savante, qui mérite que les François l'étudient, avec la même application que les Anglois apprennent la Langue Françoise.

Pour moi j'ai étudié celle des Anglois par une espéce de devoir. Je me suis engagé de donner une relation de mon séjour en Angleterre, & je n'ai pas envie d'imiter Sorbiere, qui n'ayant passé que trois mois en ce Païs, sans y rien connoître ni des mœurs ni du langage, s'est avisé d'en publier une rélation, qui n'est autre chose qu'une Satire platte & misérable contre une Nation qu'il ne connoissoit point.

La plûpart de nos Voyageurs Européans parlent mal de leurs voisins, tandis qu'ils prodiguent la loüange aux Persans & aux Chinois. C'est que nous aimons naturellement à rabaisser ceux qu'on peut mettre aisément en paralléle avec nous, & à élever au contraire

AVERTISSEMENT.

ceux que l'éloignement met à couvert de notre jalousie.

Cependant une Relation de Voyageur est faite pour instruire les hommes & non pour favoriser leur malignité. Il me semble que dans cette sorte d'Ouvrage, on devroit principalement s'étudier à faire mention de toutes les choses utiles, & de tous les grands Hommes du Païs dont on parle, afin de les faire connoître utilement à ses compatriotes. Un Voyageur qui écrit dans cette vûë est un noble Negociant qui transporte dans sa patrie les talens & les vertus des autres Nations.

Que d'autres décrivent exactement l'Eglise de Saint Paul, Westminster, &c. Je considere l'Angleterre par d'autres endroits. Je la regarde comme le Païs qui a produit un Newton, un Loke, un Tillotson, un Milton, un Boyle, & plusieurs autres hommes rares, morts ou vivans encore, dont la gloire dans la profession des Armes, dans les Lettres, mérite de s'étendre au-delà des bornes de cette Isle.

Pour ce qui est de cet Essai sur la Poësie Epique, c'est un Discours que je publie, comme une espéce d'Introduction à mon HENRIADE, qui paroît actuellement. *

* Elle précéde cet Essai dans cette Edition.

ESSAI
SUR LA
POESIE EPIQUE
DE
TOUTES LES NATIONS.

Ous avons dans chaque Art plus de préceptes que d'exemples ; car les hommes ont plus de passion pour enseigner, que de talent pour executer ; ainsi il y a plus de Commentateurs que de Poëtes, & plusieurs Ecrivains incapables de faire deux vers, nous ont accablez de Traitez de Poëtique.

Cependant tous ces discoureurs n'ont fait, par leurs définitions & par leurs distinctions, que répandre une profonde obscurité sur des choses, qui d'elles-mêmes étoient très-claires. Il n'est donc pas surprenant que de tels Législateurs, trop foibles pour le fardeau dont ils s'étoient chargez, ayent rempli de trouble & de confusion des Etats auſquels ils prétendoient donner des loix.

La plûpart des Critiques ont puiſé les régles de la Poëſie Epique, dans les Livres d'Homere, ſuivant la coûtume, ou plûtôt ſuivant la foibleſſe des hommes qui prennent communément les commencemens d'un Art pour les principes de l'Art même; aſſez peu judicieux pour ſe perſuader que chaque choſe doit être réellement & dans ſa propre nature ce qu'elle étoit, lorſqu'elle a été inventée. Mais comme Homere a compoſé deux Poëmes d'un genre très-different & que l'Eneïde tient quelque choſe de l'Iliade & de l'Odyſſée, les Commentateurs ont été obligez d'établir differentes régles, pour accorder Homere avec lui-même, & ont imaginé enſuite d'autres règles pour concilier Virgile avec le Poëte Grec: à peu près comme les Aſtronomes, qui pour ajuſter leurs ſyſtêmes, ont été dans la néceſſité d'ajoûter ou de retrancher, & de ſe jetter dans les cercles concentriques ou excentriques, à meſure qu'ils découvroient de nouveaux mouvemens dans le Ciel.

Rien de plus excuſable que l'ignorance des Aſtronomes, & rien de plus loüable que leurs recherches ſur le ſyſtême impénétrable de la nature; parce qu'il eſt certain que ſes principes ſont invariables, & auſſi dignes de notre étude, qu'éloignez de notre conception.

Mais il y a une très-grande difference entre l'invention des Arts & les ouvrages de la Nature. La même imagination qui a inventé la Poëſie,

POESIE EPIQUE.

varie chaque jour dans ſes productions, étant elle-même ſujette à d'éternelles viciſſitudes. La Poëſie & la Muſique des Perſans different autant de la nôtre que leur langage : une Nation même ne reſſemble plus à elle-même dans moins d'un ſiécle ; il n'y a pas plus de révolutions dans les Etats que dans les Arts. Les Arts fuyent, changent & ſe dérobent à notre pourſuite, lors même que nous faiſons nos efforts pour les fixer par des règles & par des principes. Si je veux, par exemple, donner la définition d'un habillement, je ne dois en décrire aucun en particulier, l'habit Grec, Romain, ou François ne doivent point être donnez pour modèle. Un habillement eſt ce qui ſert à couvrir le corps ; voilà ce qui lui eſt eſſentiel : tout le reſte doit être compté pour un ornement acceſſoire, que le caprice & la mode créent, conſervent & détruiſent à leur gré ; & l'uſage qui nous paroît le meilleur, ne doit pas nous faire exclure les autres.

Il en eſt peut-être ainſi de la Poëſie Epique ; ce mot *Epique* vient d'*Epos* qui ſignifie *Diſcours*, parce qu'un Poëme Epique eſt un diſcours en vers. L'uſage a ſingulierement conſacré ce nom à ces Poëmes, qui roulent ſur quelque grand ſujet. Que l'action ſoit ſimple ou complexe, qu'elle ſe paſſe en un ſeul lieu comme dans l'Iliade, ou que le Héros parcoure pluſieurs contrées, comme dans l'Odyſſée ; qu'il y ait un ou pluſieurs Héros ; que le Héros ſoit heureux ou malheureux, furieux comme Achille, ou pieux comme Enée ; que ce ſoit un Roi ou un General, ou ſi l'on veut, ni l'un ni l'autre ; qu'on mette la Scene fur la Mer des Indes, comme dans la *Lufiade* de Camoens ; dans les Indes Occidentales, comme dans le Poëme intitulé *Araucana*, d'Alonfo d'Ereilla ; dans l'Enfer, dans le Ciel, hors des limites de notre nature, comme dans Milton ; le Poëme méritera également le nom d'Epique, à moins qu'on ne veuille lui donner un autre nom.

Dans une carriere fi vafte, le point de la queftion & de la difficulté eft de connoître ce qui réunit fur ce fujet le goût de toutes les Nations polies, & en quoi elles different les unes des autres.

Le Poëme Epique doit être créé par le jugement, & embelli par l'imagination.

Ce qui eft du reffort du bon-fens appartient à toutes les Nations de l'Univers : les Grecs, les Romains, les Italiens, les François, les Anglois, les Efpagnols nous difent dans tous leurs ouvrages, qu'ils exigent principalement l'unité d'action ; parce que l'entendement joüit d'un plaifir plus fenfible lorfqu'il s'arrête fur un fimple objet proportionné à fes regards, & qu'il le faifit plus aifément que lorfqu'il fe perd dans une confufion d'objets.

Ils nous difent que cette unité doit être accompagnée de variété, comme le corps eft compofé de membres tous differens ; ils ajoûtent que l'action doit être grande, pour nous frapper de refpect ; interreffante, parce que nous nous plaifons à être agitez & émus ; entiere, afin que rien ne manque à la fatisfaction de notre efprit.

Ces préceptes & quelques autres femblables font en quelque forte des loix éternelles, aufquelles tou-

POESIE EPIQUE.

tes les Nations se sont soûmises ; parce que la nature a pris soin de les dicter, mais le merveilleux, les épisodes, le stile même, & tout ce qui naît de cet instinct, qu'on appelle *goût*, ou de la tyrannie de la coûtume, sont des points qui partagent les esprits, & sur lesquels il n'y a aucune règle établie.

Il est vrai qu'il y a des beautez, qui sont du goût de toutes les Nations du monde : ainsi toute l'Europe a reconnu certains Auteurs pour des modéles ; Homere & Demosthene, Virgile & Ciceron, ont en quelque façon réuni sous leurs loix toutes les Nations qui les connoissent, & ont changé tant de païs differens en une même République ; mais nos coûtumes particulieres ont en même-tems introduit un genre de goût qui distingue chaque Nation.

Les meilleurs Ecrivains modernes ont joint le goût de leur païs à celui des anciens ; leurs fleurs & leurs fruits échauffez & muris par le même Soleil, empruntent cependant du terrain où ils naissent, leurs differentes couleurs, leurs odeurs & leurs autres proprietez. On distingue aussi aisément par le stile un Auteur Espagnol, Italien, ou Anglois, qu'on connoît à sa démarche, à son langage & à ses traits, dans quel païs il est né. L'expression molle des Italiens, leurs saillies qui dégénérent si souvent en faux brillans, le stile pompeux & métaphorique des Espagnols, l'exactitude élégante, la précision & la clarté des François, l'énergie particuliere à l'Anglois, sa passion pour l'allégorie & pour les comparaisons : ce sont autant de qualitez diſtinctes & de caracteres differens, qui ne peuvent échaper aux yeux des connoiſſeurs.

C'eſt dans cette varieté de caracteres qu'il faut chercher la ſource de cette averſion & de ce mépris, que montre chaque Nation pour le goût de ſes voiſins. De-là vient que la bataille des Anges dans Milton ſeroit mépriſée en France, & que les nobles, mais prolixes diſcours de Cinna & d'Auguſte, dans Corneille, déplairoient ſur le Theâtre Anglois.

La ſtrophe ſuivante du Taſſe eſt admirée en Italie ; on la ſait par cœur ; elle eſt dans la bouche de tout le monde :

Colei Sofronia, Olindo egli s'appella,
D'una cittade entrambi, & duna fede.
Ei che modeſto è ſi, com'eſſa è bella,
Brama aſſai, poco ſpera e nulla chiede ;
Nè ſa ſcorprirſi, o non ardiſce, & ella
O lo ſprezza, o no'l vede, o non s'avede.
Coſi fin' hora il miſero hà ſervito
O non viſto, ò mal noto, ò mal gradito.

Elle s'apelle Sofronie & lui Olinde, ils ſont de la même ville, & de la même religion : lui qui eſt modeſte autant qu'elle eſt belle, déſire beaucoup, eſpere peu & n'éxige rien ; il ne ſcait point ſe découvrir, ou il ne l'oſe ; & elle ou le mépriſe, ou ne le voit point, ou ne s'en apperçoit pas : ainſi cet Amant infortuné a ſervi juſqu'alors ſa maîtreſſe, ou ignoré, ou mal connu, ou mal reçu d'elle.

POESIE EPIQUE.

Il n'y a rien dans ces vers qui heurte le bon sens; mais cette recherche de mots, cette symmetrie affectée, cette pensée qui retourne sur elle-même avec tant d'art, ne seroient pas à mon avis goûtez par un Lecteur Anglois ou François, qui veut dans le Poëme Heroïque une simplicité plus grave & plus majestueuse.

Entre plusieurs endroits de Milton, qui effaroucheroient un Lecteur François, qu'il me soit permis d'en citer un, qui a en Angleterre plus de partisans que de critiques. On le trouve dans le premier Chant.

At once as far as angels ken, he view
The dismal situation, waste and wild,
A dungeon horrible, on all sides round,
As one great furnace flam'd; yet from those flames
No light, but rather à darkness visible,
Serv'd only to dis cover Sights of Woe.

„ Aussi loin que la vûë de l'Ange pouvoit s'é-
„ tendre, il vit la triste situation de ce lieu vaste
„ & solitaire; un dongon affreux, enflâmé de tou-
„ tes parts, comme une grande fournaise; cepen-
„ dant les flâmes ne produisoient point de lumie-
„ re, mais plûtôt des ténèbres visibles, qui ser-
„ voient seulement à découvrir les horreurs de ce
„ séjour.

Antoine de Solis a hazardé la même pensée dans son excellente Histoire du Mexique, en parlant de la place où Montezuma avoit coûtume d'aller consulter ses Divinitez. „ *Il y avoit*, dit-il,

„ une large & longue voûte souterraine, où quelques
„ tristes flambeaux ne répandoient qu'autant de lu-
„ miere qu'il en faloit pour voir l'obscurité.

Des pensées aussi hardies paroîtroient extravagantes à un Critique François, dont l'exactitude seroit ensuite traitée de timidité par un Anglois. Or puisque le grand Poëte d'Angleterre, & le plus celebre Historien d'Espagne se sont quelquefois pardonné sans aucun scrupule de pareilles libertez, qui tiennent si fort de l'enflure & du phebus, il en résulte au moins que dans ces païs les Auteurs sont plus libres qu'en France. Il seroit inutile d'apporter d'autres exemples, pour prouver que chaque Nation a son goût particulier.

Dans cette supofition, si nous voulons acquérir une notion distincte de la Poësie Epique, il ne faut que jetter les yeux sur tous les differens Poëmes de ce genre, qui ont paru dans differens siécles & dans differens païs.

Il ne suffit pas de connoître Virgile & Homere. Un homme qui n'a lû que Sophocle & Euripide, ne sçauroit avoir une parfaite idée du Théâtre; nous devons être les admirateurs des Anciens & non leurs esclaves.

Nous ne parlons pas le même langage; la Religion, cette base du Poëme Epique, n'est pas aujourd'hui telle qu'autrefois; nos Sieges, nos Batailles, nos Armées navales sont plus differentes des leurs, que nos manieres ne le sont de celles des Américains. L'invention de la Poudre à canon, de la Boussole, & de l'Imprimerie, tant d'autres Arts nouvellement découverts, ont chan-

POESIE EPIQUE.

gé la face de la terre. Un Poëte environné de tant d'objets nouveaux doit avoir un génie bien borné, s'il n'ose pas être original & s'il n'invente rien.

Nous envoyons nos enfans voyager dans les païs étrangers, après qu'ils ont lû Homere & Virgile au College ; seroit-ce leur faire perdre le tems que de leur donner une connoissance parfaite de Milton en Angleterre, & du Tasse en Italie ? Où peut-on trouver des monumens plus dignes de l'attention d'un Voyageur ?

Le respect que nous devons aux Anciens, dégénére en superstition, s'il nous porte à mépriser nos voisins & nos compatriotes ; ne faisons pas cet affront à la nature, de fermer les yeux à toutes les beautez dont elle nous environne, pour ne les ouvrir que sur ses anciennes productions.

Il est certainement agréable & avantageux à l'esprit humain, de considerer tous les Auteurs des Poëmes Epiques dans leur propre païs ; depuis Homère jusqu'à Milton, & de remarquer les traits & les ajustemens qui distinguent ces hommes illustres. Je ne prétends point traiter ce sujet à fond : ce seroit une entreprise superieure à mes forces : je me contenterai de craïonner quelques traits ; une main plus habile achevera cette ébauche.

Un Lecteur judicieux pourra par ses réflexions fortifier mes foibles idées : c'est à moi de proposer & à lui de juger ; mais il doit éviter toute partialité, & écarter les préjugez du College & la trop grande complaisance pour les productions de son païs. Il considerera le progrès, la décadence

& la renaissance de l'Art, & le suivra dans tous ses differens états; il saura distinguer les beautez & les défauts, qui sont beautez & défauts dans tous les païs & dans tous les siécles, de ces beautez équivoques qui sont méprisées d'une Nation & admirées d'une autre: il ne se laissera point maîtriser par Aristote, Castelvetro, le Bossu, & Dacier; mais ne consultant que la Raison, & gouverné par son seul bon sens, il se constituera Juge entre les fixions d'Homere & celles de Milton, & entre Calipso, Didon, Armide, & Eve.

Mais si le Lecteur a l'équité de faire attention aux differens tems dans lesquels chacun de ces divers Auteurs a écrit, on le prie aussi d'avoir quelque indulgence pour cet Essai, & de pardonner les fautes d'un Ecrivain qui ne sait un peu la Langue Angloise que depuis une année, qui a tiré la plus grande partie de ses observations des Livres Anglois, & qui souhaite de s'acquitter envers cette illustre Nation, des obligations qu'il lui a. Une nourrice entend avec plaisir le begayement d'un enfant, qui lui communique avec peine ses premieres pensées.

HOMERE.

Il est inutile de s'étendre sur Homere & sur Virgile, principalement en Angleterre, où à peine trouve-t-on un Gentilhomme qui ignore le Latin & le Grec. Ceux d'ailleurs qui ne peuvent lire Homere dans l'original, peuvent lire la Traduction de M. Pope, & y appercevoir le feu de ce Pere des Poëtes, comme réflechi dans un miroir

POESIE EPIQUE.

poli & fidele ; aucune des beautez d'Homere n'est perduë dans cette belle Traduction, & la plus grande partie de ses fautes y est corrigée ou diminuée.

Que chaque Lecteur lorsqu'il lit Homere, se consulte lui-même, & remarque l'effet que cet Auteur produit sur son esprit : alors il jugera si Homere a atteint la perfection de l'Art, en autre chose que dans la maniere de peindre avec force ; ce qui fait son caractere & son merite particulier.

Malgré la juste vénération qu'on a pour Homere, il est assez étonnant que parmi les plus savans & les plus zélez admirateurs de l'antiquité, on en trouve à peine un qui ait lû l'*Iliade* avec le même empressement & le même genre de plaisir, que les femmes lisent Zaïde. Quand au commun des Lecteurs qui sont à la vérité moins familiers avec les Lettres, mais qui ont peut-être autant d'esprit & de bon sens, il y en a très-peu qui ayent pû lire toute l'*Iliade* dans une bonne Traduction, sans sentir du dégoût & de l'ennui : plusieurs même en ont entierement abandonné la lecture après le quatriéme ou le cinquiéme Livre. Comment donc peut-il arriver qu'Homere ait tant d'admirateurs & si peu de lecteurs, & soit tout à la fois adoré & négligé ?

Je vais tâcher d'éclaircir ce paradoxe : la plûpart des hommes sont plûtôt éblouïs de la réputation d'Homere, que frappez du mérite de ses ouvrages. Les personnes judicieuses admirent sans doute la feconde imagination de ce grand Auteur ; mais il y en a peu qui soient assez au-dessus du préjugé pour se pouvoir transporter dans les tems reculez, & se rendre en quelque sorte contemporains d'Homére, lorsqu'ils le lisent. Le bon sens les porte à avoir de l'indulgence pour les mœurs de l'antiquité ; mais il ne peut les porter à goûter ces mœurs peintes dans les ouvrages d'Homere ; les raïons de sa lumiere frapent leurs yeux de trop loin, pour leur causer autre chose qu'un foible & sombre crepuscule, sans aucune chaleur. Nous ressemblons à ses vieillards qui formoient le Conseil de Priam ; ils admiroient la beauté d'Hélene sans rien sentir pour elle.

Une autre raison de notre dégoût, est l'uniformité qui regne dans les ouvrages d'Homere. Il n'est parlé que de Bataille dans les trois quarts de l'*Iliade*. Cette couleur dominante fatigue, & rebute un Lecteur médiocrement touché de la diversité des teintes & des ombres, apperçuë seulement par les vûës fines.

Le Poëme de l'*Iliade* est certainement trop long, mais il n'y a gueres de Poëme Epique qui n'ait ce défaut. La Poësie Epique est le fruit d'une imagination forte, & une imagination forte est sujette à se deborder.

Je ne parlerai point de toutes les querelles excitées par les ennemis d'Homere sur quelques endroits de son *Iliade* qui peuvent bien être les objets de notre critique, mais qui ne sont pas assez défectueux pour être appellez absolument mauvais. Ses Dieux sont peut-être en même-tems absurdes & ridicules ; ils sont néanmoins aussi amusans que les extravagances de l'Arioste, qui nous causent
une

POESIE EPIQUE.

une espece d'enchantement. A l'égard de ses autres fautes, la majesté & le feu de ses expressions les changent souvent en beautez.

Mais ce qui cause principalement cette langueur qui gagne l'esprit de la plûpart des Lecteurs, malgré les beaux endroits qu'ils y peuvent admirer, est qu'Homere ne nous interesse pour aucun de ses Héros. Achille est trop violent pour nous inspirer un tendre intérèt pour lui, & quand même sa fierté & sa valeur s'attireroient de notre part cette favorable disposition que produit d'ordinaire l'idée d'un grand courage, sa longue oisiveté feroit évanoüir cette idée : Le Lecteur le laisse-là à l'imitation du Poëte.

Menelas, qui est le veritable auteur de la guerre & auquel on dévroit principalement s'intéresser, n'est pas assurément un caractere fort brillant, celui de Paris son rival, est méprisable ; Menelas n'est dans le Poëme que le frere d'Agamemnon, & Paris que le frere d'Hector. Agamemnon le Roi des Rois nous blesse par son orgueil, sans nous donner une haute idée de sa conduite. Je ne sai comment cela se fait, mais on n'aime point le sage Ulysse ; la belle Hélene, cause de tant de désordres & de malheurs, est un personnage insipide ; on se soucie peu de quel côté elle restera ; elle paroit elle-même indifferente à l'égard de ses deux maris, & de pancher ni pour l'un ni pour l'autre.

Lorsque deux Guerriers combattent dans l'Iliade, nous sommes frappez par la description du combat, & souvent même nous nous sentons saisis de la même fureur qui les anime ; mais nous ne craignons ni n'efperons pour aucun d'eux & en cela nous reſſemblons à Junon dans l'Eneïde.

Tros Rutuluſve fuat nullo difcrimine habebo.

Qu'il ſoit Troyen ou Rutule, je n'en ferai aucune différence.

Nous plaignons, il eſt vrai, les malheurs de Priam, & il paroît mériter les larmes que nous répandons pour lui. Cependant Homere devoit nous intéreſſer pour les Grecs durant tout ſon Poëme, puiſqu'il a prétendu les célébrer & que ce ſont ſes Héros. Obſervons en même-tems que ſi nous nous intereſſons pour Priam à la fin du Poëme, il nous eſt très-indifferent dans tout le cours de l'action.

De tous les Guerriers de l'*Iliade*, c'eſt le brave, le tendre, le pieux Hector, qui mérite le plus notre affection. Il a le meilleur caractere, quoiqu'il défende la mauvaiſe cauſe, & il eſt trahi par les Dieux, quoiqu'il ſoit le plus vertueux. Mais l'intérêt que nous prenons à ce qui le touche s'évanoüit dans la foule de tant de Héros ; notre attention partagée diminuë, comme une riviere diviſée en pluſieurs bras ne forme que pluſieurs ruiſſeaux. Ainſi l'imagination du Lecteur eſt ſouvent pleine d'idées grandes & nobles, pendant que les affections de l'ame ſont oiſives. Il n'eſt donc point étonnant que les mouvemens du cœur ne ſuivent point ceux de l'imagination, & que nous nous trouvions tout à la fois remplis d'admiration & d'ennui.

Si toutes ces raiſons ſont conteſtées (car quelle penſée de notre eſprit eſt à couvert de la contradiction ?) j'ajouterai une autre réflexion fur un point de fait, hors de toute dispute. Plusieurs Livres de l'*Iliade* font indépendans les uns des autres ; ils n'ont aucune liaison, aucune suite nécessaire ; on les peut transposer, sans que l'action en soit altérée. C'est peut-être ce qui les a fait appeller Rapsodies ; je laisse au Lecteur à juger si un tel ouvrage, quelque bien écrit qu'il soit, peut nous intéresser.

VIRGILE.

M. Addison est le premier qui ait examiné de près tous les matriaux qui ont servi à la construction de l'Eneïde. Il est certain que Virgile a tiré le sujet de son Poëme de plusieurs traditions populaires & fabuleuses, sur l'arrivée & l'établissement d'Enée en Italie, de même qu'Homere avoit fondé son *Iliade* sur la tradition du Siege de Troye.

Il n'est pas croyable qu'Homere & Virgile, se soient assujettis d'avance aux régles établies par Le Boffu, qui prétend qu'un Poëte Epique doit inventer & disposer la constitution de sa fable, avant que de se déterminer au choix & au nom de ses Heros. Il est vraisemblale qu'ils n'ont pas coupé l'habit sans connoître la taille de ceux qu'ils vouloient habiller. La régle de Le Boffu peut avoir lieu par rapport à la Comedie, où il s'agit de l'exposition des mœurs & de la representation des ridicules du siecle. Elle convient encore à une intrigue où le Lecteur ne veut qu'être surpris par de petits incidens qui n'ont besón ni de l'autorité de l'histoire ni du poids d'aucun nom connu.

Les Poëtes Epiques au contraire, ainsi que les Tragiques, font généralement obligez d'employer un Heros connu, dont le nom puisse imposer au Lecteur & se concilier son attention. Ce qu'ils imaginent doit être assorti à ce qui a été. Si quelqu'un d'eux commençoit par tirer son sujet de sa seule imagination, toutes les Annales de l'Univers ne lui fourniroient pas un événement réel conforme à ses idées. Il seroit obligé de l'alterer; & en vérité je ne puis comprendre comment Le Bossu s'est avisé de nous conseiller de bâtir, pour nous mettre dans la nécessité de détruire.

Quoiqu'il en soit, une partie des évenemens contenus dans l'Eneïde, son tirez de Denis d'Halicarnasse. Il décrit exactement le cours de la Navigation d'Enée; il n'oublie ni la fable des Harpyes, ni les prédictions de Céleno, ni les Troyens mangeant leurs assietes, &c. pour ce qui est de la métamorphose des vaisseaux en Nymphes, si Denis d'Alicarnasse n'en parle point, Virgile a soin de justifier une pareille absurdité, en nous avertissant que c'étoit une ancienne tradition.

Prisca fides facto, sed fama perennis.

Il semble donc que Virgile ayant eu honte de ce conte pueril, ait voulu l'excuser par la croyance commune. Plusieurs endroits de Virgile considerez de cette maniere se maintiennent contre la critique née d'un défaut d'attention.

Si un Anglois prenoit le Roi Arthur, & un François, Clovis, pour sujet d'un Poëme, l'un pourroit

POESIE EPIQUE.

parler des opérations magiques de Merlin, & l'autre de la Sainte Ampoule apportée du Ciel par un pigeon. C'est le fort de toutes ces anciennes fables où l'origine de chaque peuple est enveloppée, d'être respectées à cause de leur antiquité, en même-tems qu'on s'en moque à cause de leur absurdité. Après tout, je crois qu'il vaudroit mieux les rejetter entierement, quoiqu'on fût excusable de les mettre en œuvre. Un seul Lecteur sensé, que de pareils faits rebutent, mérite plus d'être menagé qu'un vulgaire ignorant qui les croit.

Virgile, par rapport à la construction de sa Fable, est blâmé par quelques-uns & loüé par d'autres, d'avoir suivi Homere. Mais, si j'ose hazarder mon sentiment, il ne mérite en cela ni blâme, ni loüange. Il ne lui étoit pas possible de se passer des Dieux d'Homere, qui étoient aussi les Dieux des Romains, ni d'oublier le Siege de Troye, Enée étant Troyen. Ces fixions étoient communes à l'Auteur Grec, & à l'Auteur Latin; si celui-ci a puisé dans la même source, ce n'est point aux dépens de celui-là. Il est vrai qu'il s'est approprié quelques endroits de l'*Iliade* & de l'*Odyssée*, & qu'il en a emprunté quelques descriptions & quelques comparaisons; mais on peut dire que ce grand génie pouvoit s'en passer & n'en pouvoit retirer qu'une gloire médiocre. C'est plûtôt un honneur qu'il a fait à Homere, qu'une preuve du besoin qu'il avoit de son secours.

Il est plaisant de voir des Critiques s'applaudir de la découverte des prétendus larcins de Virgile. Ceux qui prennent les armes contre lui en faveur d'Homere, & qui facrifient le plaifir d'être amufez par tous les deux à celui d'élever l'un fur les ruines de l'autre, foutiennent que Didon eft d'après Calypfo, qu'Enée ne defcend aux enfers qu'à l'exemple d'Ulyffe, & ainfi du refte : mais que le Lecteur compare ces prétenduës copies à l'original fupofé, il y trouvera une difference confiderable.

La paffion de Didon, fes malheurs, fa mort que Virgile établit comme la fource de la haine qui anima dans la fuite Carthage contre Rome : Anchife tirant du fein des tems la deftinée de l'Empire Romain qu'il révéle à fon fils ; ces beautez ne font affûrément point dûës à l'imitation d'Homere. Ce n'eft pas en effet le propre d'un grand génie d'être copifte. Où Virgile eft grand, c'eft lui-même ; mais dans ces petits endroits empruntez d'Homere, il eft le plus fouvent au-deffous de fon Original ; & c'eft une jufte punition, pour avoir captivé la liberté de fon génie, & l'avoir avili quelquefois par une froide imitation.

Quelques Critiques vont plus loin, & foûtiennent qu'il a copié fon fecond Livre d'après Pifandre, & fon quatriéme d'après Apollonius. Mais tout cela peut être hardiment nié ; le fecond & quatriéme livre de l'Eneïde font de trop grands chef-d'œuvres de l'Art pour être des copies. C'eft ainfi que quelques perfonnes difent que Milton a pris fon Poëme dans un Auteur Comique d'Italie, nommé Andreino. Après tout, que fert une recherche fi frivole ? Ce n'eft pas la perfonne de Virgile, mais l'Eneïde que nous admirons. Que le deuxiéme ou le quatriéme livre appartiennent à Pifandre, à Apol-

POESIE EPIQUE.

lonius, à Virgile, ou à quelqu'autre, le nom de l'Auteur n'augmente ni ne diminuë les beautez de l'Ouvrage. Que Macrobe & d'autres Critiques s'amufent à déclamer contre les Lettres qui compofent le nom de Virgile, fes ouvrages ne feront pas moins les délices de tous les fiécles & le modèle de tous les Poëtes.

On lui objecte encore, qu'on ne trouve pas dans fon Poëme tant de Héros que dans celui d'Homere, où Ajax, Diomede, Idomenée font des caracteres brillans : au lieu que le fidele Achate, le fort Gias, & le magnanime Cloanthe font des perfonnages oififs & fteriles, qui ne fervent qu'à remplir de leurs noms la mefure de quelques vers.

Je ne fuis pas éloigné de croire qu'une pareille objection eft avantageufe à l'Eneïde. Virgile chante les actions d'Enée, & Homere l'oifiveté d'Achille. Le Poëte Grec eft dans la néceffité de fuppléer à l'abfence de fon prémier Heros ; & d'en amener fur la Scene plufieurs autres ; mais ce qui eft judicieux dans l'*Iliade* eût été déplacé dans l'*Eneïde*. Virgile connoiffoit trop fon Art, pour affoiblir le principal caractere de fon Poëme, & perdre fon premier Heros dans la foule de plufieurs autres indifferens à l'action principale. Il a trouvé le fecret de fixer notre attention & notre fenfibilité à la feule perfonne d'Enée. Il nous intéreffe pour lui, en l'offrant fans ceffe à nos regards, & en ne nous le faifant jamais perdre de vûë. Homere, au contraire, nous préfentant differens caracteres éclatans, ne nous intereffe pour aucun.

M. de S. Evremond dit qu'Enée eft plus propre

à être le fondateur d'un Ordre de Moines que le fondateur d'un Empire. Il est vrai qu'Enée a le malheur de passer generalement plûtôt pour un dévot que pour un guerrier : mais ce préjugé vient de la fausse idée que la plûpart des hommes ont du courage ; leurs yeux sont ébloüis par la fureur brutale d'un homme violent & féroce. Si Virgile avoit été moins Philosophe ; si le courage d'Enée avoit été une férocité sauvage, au lieu d'une valeur tranquille & mesurée, peut être auroit-il plû davantage ; mais il auroit assûrément moins mérité de plaire.

C'est une remarque juste, de dire que la derniere partie de l'Eneïde est beaucoup moins vive & animée que la premiere ; non que les six derniers Livres soient languissans & médiocres, mais parce qu'ils sont effacez par l'éclat des autres : ce qui vient de la disposition du Poëme & de la nature du sujet. Le dessein d'un mariage entre Enée & Lavinie, inconnus & indifferens l'un à l'autre, & une guerre causée par un Cerf blessé, doivent bien moins intéresser que l'incendie de Troye ou l'amour de Didon.

En vérité, c'est une grande méprise de s'imaginer qu'un Auteur peut s'élever, quand son sujet lui manque. Tout l'Art qu'il met en usage ne sert qu'à prouver qu'il a cultivé avec soin & avec peine un terrain ingrat. Si dans l'Eneïde l'enchaînement naturel des faits, avoit pû donner lieu à son Auteur de s'élever par degrez à un certain point de grandeur, dans ses idées & dans ses sentimens, le Poëme auroit été aussi parfait que les bornes de l'esprit humain le peuvent permettre. La faute de Virgile est d'avoir atteint le but au milieu de sa course.

POESIE EPIQUE.

LUCAIN.

Après avoir élevé nos yeux vers Homere & Virgile, il faut que nous les jettions sur les autres Auteurs Romains qui ont bronché dans la même carriere. Nous ne parlerons point de leurs foibles & monstreux imitateurs, Stace, & Silius Italicus. Mais nous ne confondrons pas avec eux Lucain, qui a pris une route entierement nouvelle, & dont le génie libre n'a emprunté ni les beautez ni les deffauts d'Homere & de Virgile.

Lucain étoit d'une ancienne famille de Chevaliers, il nâquit à Cordoüe en Espagne, sous l'Empereur Caligula. Il fut amené à Rome n'ayant encore que huit mois, & il y fut élevé sous les yeux de Seneque son oncle, avec des soins dignes de sa naissance, des richesses qu'il pouvoit esperer, & du grand génie qu'il promettoit. Ce qui doit faire taire ces Critiques, qui ont révoqué en doute la pureté de son langage, comme si Lucain avoit été un Espagnol, qui se fut avisé de faire des vers Latins. Trompez par ce préjugé, ils ont crû trouver dans son stile des Barbarismes qui n'y sont point, ou qui du moins ne peuvent être apperçus par aucun Moderne; il fut d'abord favori de Neron, jusqu'à ce qu'enfin il eut la noble imprudence de disputer avec lui le prix de la Poësie & le funeste honneur de le remporter.

Tandis que Neron faisoit les délices des Romains, Lucain crut pouvoir lui donner des éloges dans sa Pharsale; mais lorsque d'Empereur il fut devenu Tyran, Lucain conspira contre lui. Tout le monde sait qu'il fut condamné à la mort, & que le genre de sa mort ayant été laissé à son choix, il se fit ouvrir les veines dans un bain chaud. Il mourut avec une tranquillité, qui dans ces derniers momens marque la vraïe grandeur d'ame.

Il ne fut pas le premier qui choisit une histoire recente pour le sujet d'un Poëme Epique. Varius avant lui avoit executé avec succès cette dangereuse entreprise. La proximité des tems, & la notoriété des faits, étoient certainement un grand obstacle à l'invention Poëtique; d'ailleurs plus le sujet est grand, plus les difficultez sont considerables. Cesar & Pompée étoient sans doute des hommes d'une autre importance qu'Achille & qu'Enée. Les combats devant les murs de Troye, & dans les champs de Lavinie, n'étoient que des jeux puérils en comparaison des guerres civiles des Romains, & de la Bataille de Pharsale, où les deux hommes les plus puissans & les plus grands de la terre combattirent pour la Monarchie universelle.

Lucain pouvoit à peine laisser prendre l'essort à son imagination sur un sujet si connu, & avec une extrême difficulté atteindre à sa vraïe grandeur. Aussi son Poëme est-il sec & ennuïeux, parce qu'il n'ose s'écarter de l'histoire. Il se perd dans la nuë, lorsqu'il s'efforce de s'élever & de conformer son stile à la grandeur des actions de ses Heros.

Ainsi Enée & Achille, qui par eux-mêmes étoient des personnages peu importans, paroissent toûjours grands dans Homere & dans Virgile, pendant que Cesar & Pompée paroissent comme abîmez dans l'en-

POESIE EPIQUE.

flure de Lucain. Faut-il que les portraits de ces Heros étant peints avec des traits si fiers & si hardis, leurs actions nous touchent si peu ? Rien n'est plus beau que les caracteres de Cefar, de Pompée & de Caton ; mais rien n'est plus languissant que les rolles qu'ils joüent ; le Poëte, malgré toute la force de son pinceau, malgré la grandeur de son génie, la délicatesse de son esprit & la finesse de ses idées politiques, n'est pourtant qu'un Gazetier déclamateur : sublime quelquefois, toûjours deffectueux.

Il est digne d'éloge pour avoir écarté les Divinitez, comme Homere & Virgile méritent des loüanges pour en avoir fait usage. Les Fables convenoient aux tems fabuleux, dans lesquels Priam & Latinus ont vécu. Mais elles n'étoient en aucune façon de mise dans les guerres de Rome. Ce qui rend le caractere d'Enée brillant & répand de la Majesté sur les foibles commencemens de Rome, auroit dégradé le caractere de Cefar, & y auroit même jetté du ridicule. Quelle pauvre figure le vainqueur auroit-il fait dans les champs de Pharsale, si on avoit amené à son secours Iris ou Mercure. Cela fait voir évidemment que l'intervention des Dieux n'est point absolument nécessaire dans un Poëme Epique : Elle y est même si peu nécessaire, que le plus bel endroit de Lucain, & peut-être qui soit dans aucun Poëte, est la Harangue de Caton dans le neuviéme Livre, où il refuse de consulter Jupiter ; ce n'est donc pas parce qu'il n'a point employé les Dieux, mais parce qu'il a ignoré l'Art de conduire les actions des hommes, qu'il est inférieur à Virgile.

L'idée generale qu'on a de cet Auteur est fort juste. On le regarde comme un génie élevé, mais non comme un bon Poëte. Les précieux diamans de sa Pharsale, quoique mal montez, brillent à nos yeux. Corneille avoit coutume de dire qu'il devoit plus à Lucain qu'à Virgile : non qu'il fût assez peu équitable ou assez peu sensé pour préferer la Pharsale à l'Eneïde. Mais un Auteur qui met des Heros réels sur la scene n'a pas besoin de fixions Epiques, & trouve mieux son compte dans les pensées mâles & énergiques de la Pharsale, que dans l'élégante narration, & dans la conduite judicieuse de l'Eneïde. M. Addison a emprunté de Lucain quelques couleurs pour peindre son Caton. Cet ancien Poëte ne pouvoit recevoir plus d'honneur que d'être imité par Corneille, & par M. Addison, deux hommes si superieurs à lui de toutes manieres.

TRISSINO.

Après la décadence de l'Empire Romain en Occident, plusieurs Royaumes s'éleverent sur ses ruines, & plusieurs Langues se formerent des débris de sa Langue. Les Conquerans du Nord porterent partout leur barbarie & leur ignorance. Leur langage formé d'abord d'un Latin corrompu & d'un Gothique irrégulier, étoit aussi sauvage que leurs mœurs, & aussi sterile que leur esprit ; mais dans le cours de mille ans, ils polirent également leurs manieres & leur langage.

Plusieurs personnes se plaignent aujourd'hui que le Latin n'est plus en usage que dans les Ecoles &

dans les Eglises Catholiques : ils déplorent l'insuffisance des Langues modernes, & disent que leur propre idiome indigent ou rebelle, est souvent en défaut avec leur imagination. Mais ils auroient bien plus lieu de se plaindre, si suivant leur desir la Langue Latine étoit aujourd'hui celle de toute l'Europe. Car dans ce cas que feroient-ils ? Une foule d'anciens Auteurs plus generalement lus & mieux entendus que les Modernes, étoufferoient leur ambition. Imiter fidelement Virgile & Ciceron, seroit se rendre plagiaire : s'en éloigner hardiment, seroit une affectation ou une grossiéreté ; le monde rempli d'excellens modèles anciens, auroit déconcerté toutes les nouvelles entreprises, & les plus grands genies auroient été découragez & glacez.

Celui au contraire qui écrit dans une Langue moderne a les Anciens moins pour rivaux que pour guides ; quand il les imite, il enrichit son propre païs. Le genie particulier de sa Langue naturelle réveille son imagination, lui fournit de nouveaux tours & donne à tout ce qu'il pense un air neuf & piquant.

La Langue Italienne fut portée vers la fin du quinziéme siecle, à la perfection où elle est aujourd'hui, & où elle sera aussi long-tems que le Tasse pour les vers, & Machiavel pour la prose, y seront les modèles du stile.

Le Tasse étoit encore au berceau, lorsque le Trissin Auteur de la premiere Tragedie écrite en Langue vulgaire, osa entreprendre un Poëme Epique. Il prit pour sujet l'*Italie* délivrée de Gots par Bellissaire, sous l'Empire de Justinien. Le sujet étoit grand : l'exécution quoique très-médiocre eut un grand succès ; & cette foible lueur brilla dans un tems d'obscurité, jusqu'à ce qu'enfin elle elle fut entierement effacée par l'éclatante lumiere du Tasse.

Le Trissin avoit un grand talent & une capacité très-étenduë : il fut employé par Leon X. dans plusieurs affaires importantes, & eut beaucoup de succès dans son Ambassade auprès de Charles-Quint. Mais à la fin, il sacrifia son ambition & toutes les affaires à son amour pour les Lettres, qui alors attiroient de la considération, parce qu'elles venoient de renaître en Europe & qu'elles étoient comme dans la gloire de leur primeur.

Il étoit avec raison charmé de la beauté des ouvrages d'Homere, & cependant sa grande faute est de l'avoir imité ; car l'imitation demande plus de génie & plus d'art qu'on ne croit communément : les fleurs des Anciens semblent fanées lorsqu'elles sont cueillies & rassemblées par des mains mal habiles ; cependant rien n'est plus ordinaire que de voir des Auteurs mettre en pieces dans leurs écrits Homere & Virgile, & se couvrir de ses grands noms, sans considerer que les mêmes choses qui sont admirables dans les Anciens, sont ridicules dans leurs ouvrages.

Par exemple le Trissin s'efforce d'imiter ce bel endroit d'Homere, où Junon ayant rappellé tous ses charmes, s'étant parée de la ceinture de Venus, dérobe à son époux par cet artifice des caresses qu'il n'avoit pas coûtume de lui faire.

La femme de Justinien a les mêmes vûës sur son époux. Elle commence par se baigner dans sa belle chambre ; elle met ensuite une chemise blanche &

après la longue description de tous les affiquets de sa toillette, elle lui fait une menterie; elle l'agace ensuite par quelques minauderies, & à la fin l'Empereur;

> Le diede un bacio
> Suave, e le gettò le braccia all collo,
> E ella stette, e sorridendo disse:
> Signor mio dolce hor che volete fare?
> Che se venisse alguno in guesto luogo,
> E ci vedesse, havrei tanta vergogna,
> Che più non ardirei levar la fronte.
> Entriamo nelle nostre usate stanze,
> Chiudamo li usci, e sopra il vostro letto
> Ponianci, e fate poi quel che vi piace.
> L'Imperador rispose; alma mia vita,
> Non dubitate de la vista altrui:
> Che qui non può venir persona humana,
> Se non per la mia stanza: E io la chiusi,
> Come qui venni, e ho la chiave a canto,
> E penso che ancor vi chiudeste l'uscio
> Che vien in esso de le stanze vostre.
> Perche giamai non lo lasciaste aperto,
> E detto questo, subito abbracciolla.
> Poi se colcar ne la minuta herbetta,
> La quale allegra li fioriva d'intorno, &c.

Ainsi ce qui est beau & noble entre Jupiter & Junon, devient aussi bas & aussi fade entre le vieux Justinien & Theodora qu'il l'est parmi nous, quand un mari & une femme se donnent devant le monde des marques de tendresse.

Le Triffin a tâché d'imiter Homere, principalement dans ses descriptions. Mais tandis qu'il prend soin de peindre tout ce qui apartient aux Domestiques & à la maison de ses Heros, & qu'il n'omet pas un bouton ni une jarretiere dans la description de leur habillement, il ne dit pas un mot de leurs caracteres.

Je ne fais pas mention de lui précisément pour remarquer ses fautes ; mais pour le loüer en mêmetems, d'avoir été le premier Moderne en Europe qui ait tenté le Poëme Epique dans une Langue vulgaire & en vers non rimez, de n'avoir pas laissé échapper un seul jeu de mots dans ses Ecrits, quoiqu'il fut Italien, & d'avoir employé moins d'Enchanteurs & de Heros enchantez, qu'aucun Ecrivain de sa Nation.

CAMOENS.

Tandis que le Triffin étoit en Italie, occupé à applanir la route des Sciences & des Arts & à la débarrasser de tous les obstacles que la barbarie & l'ignorance y avoient rassemblez dans le cours de dix siécles, Camoens en Portugal ouvrit une nouvelle carriere, & acquit une réputation qu'il conserve encore parmi ses Compatriotes, qui ont autant de respect pour sa mémoire que les Anglois pour celle de Milton.

Il fut un exemple éclatant de cet invincible penchant & de cette impulsion irrésistible de la nature, qui détermine un vrai génie à se livrer à ses talens, en dépit de tous les obstacles. Son enfance perduë au milieu de l'oisiveté & de l'ignorance de
la

POÉSIE EPIQUE. 225

la Cour de Lisbonne, sa jeunesse employée à faire l'amour ou la guerre contre les Maures, ses longs voyages sur mer dans un âge plus mûr, ses malheurs à la Cour de Portugal, les révolutions de ce Royaume : rien de tout cela ne pût éteindre ou ralentir son génie.

Emmanuel II. Roi de Portugal ayant envie d'ouvrir par l'Ocean une nouvelle route vers les Indes Occidentales, envoya l'an 1497. Verasco de Gama, avec une Flotte pour executer ce dessein, qui étant nouveau, parut téméraire; mais qui ayant réüssi acquit beaucoup de gloire à son Auteur.

Camoens suivit Verasco dans ce périlleux voyage, par amitié pour lui, & par une noble curiosité, qui est ordinairement le caractere de ceux qui sont nez avec une belle imagination.

Il choisit son voyage pour le sujet de son Poëme. Il eut le plaisir délicieux, que personne avant lui n'avoit encore connu, de célébrer son ami & les actions dont il avoit été témoin. Il écrivit son Poëme en partie sur la mer Atlantique, & en partie sur les rivages Indiens. Dans un naufrage qu'il fit sur les côtes de Malabar, il se sauva à la nage & gagna le rivage, nageant d'une main & tenant son Poëme de l'autre.

Un sujet aussi nouveau, conduit par un génie supérieur, ne pouvoit pas manquer de produire une espece de Poësie Epique inconnuë jusqu'alors. On n'y trouve point de combats sanglants, ni de Heros blessez en cent manieres & en cent parties differentes; point de femmes enlevées, point de renversement de Villes, point d'Empire fondé, ni rien de

P

ce qui avoit été regardé jufqu'alors comme la matiere effentielle de l'Epopée.

Le Poëte méne la Flotte Portugaife à l'embouchure du Gange ; il fait le tour des côtes de l'Afrique ; il peint les differentes Nations qui peuplent le rivage Africain. Il y entremêle avec art l'hiftoire du Portugal. La fimplicité de fon fujet, eft rehauffée par quelques fixions de different genre, dont je vais donner un exemple.

Lorfque la Flotte eft à la voile, à la vûë du Cap de Bonne Efperance, appellé alors le Cap des Tempêtes, on apperçoit tout à coup un formidable objet : c'eft un perfonnage qui s'éleve du fond de la mer. Sa tête touche aux nuës : les tempêtes, les vents, les tonnerres, les éclairs, font autour de lui. Ses grands bras s'étendent au loin fur la furface des eaux. Ce monftre où ce Dieu eft le gardien de ces mers, dont aucun vaiffeau n'avoit encore fendu les fuperbes flots. Il fe plaint alors de la deftinée qui le foûmet à l'audacieufe entreprife des Portugais, & il prédit toutes les difgraces qu'ils doivent effuïer dans les Indes. Je fuis perfuadé que cette fiction paffera pour belle & fublime dans tous les fiécles, & chez toutes les Nations.

On en trouve dans le Poëme de Camoens un autre qui plairoit fans doute aux Italiens, ainfi qu'aux Portugais, & non à aucune autre Nation. C'eft une Ifle enchantée appellée l'Ifle du Bonheur, que les Portugais rencontrent, lorfqu'elle ne fait que de s'élever du fond de la mer, pour leur confolation & pour leur récompenfe. Camoens décrit ce lieu, comme le Taffe quelques années après décrivit l'Ifle d'Armide. Là une Divinité produit toutes les beautez & offre tous les plaifirs que la nature peut accorder, & que le cœur peut defirer; une Déeffe amoureufe de Verafco le conduit au fommet d'une haute montagne, d'où elle lui montre tous les Royaumes de la terre & lui découvre les deftins du Portugal.

Camoens ayant ainfi lâché la bride à fon imagination dans la peinture lafcive des plaifirs que Verafco & fa troupe goûtent dans l'Ifle, il s'avife d'avertir le Lecteur que cette fiction ne fait que peindre la fatisfaction que reffentent les gens de bien dans la pratique de la vertu, & la glore qu'ils en retirent. Ce qui excufe plus folidement une fi étrange allégorie, eft la maniere charmante dont elle eft écrite, s'il en faut croire les Portugais. Car la beauté de l'élocution déguife fouvent les fautes du Poëme, comme le coloris de Rubens fait excufer quelques défauts qui font dans le deffein de fes figures.

On trouve dans tout le cours du Poëme une autre forte de merveilleux, qu'il eft impoffible de juftifier. C'eft un mélange déraifonnable des Dieux du Paganifme, avec les objets de la Religion Chrétienne. Verafco dans une tempête adreffe fes vœux à J. C. c'eft cependant Vénus qui vient à fon fecours. Les Heros font Chrétiens, & le Poëte eft Payen. Le principal deffein qu'on prête aux Portugais, (quoique fubordonné à celui d'étendre leur commerce) eft de répandre le Chriftianifme. Cependant Jupiter, Bachus & Vénus préfident à toute la conduite du voyage, & à l'entreprife de

Verasco. Un merveilleux si mal assorti défigure tout le Poëme. Il faut bien, malgré cela que les beautez y dominent, puisque les Portugais le goûtent. A la vérité Camoens a beaucoup de ce qu'on apelle le vrai esprit ; mais il a aussi en même-tems de ce qu'on apelle faux esprit ; il le possede dans un degré qui n'est pas médiocre : ce qui le précipite souvent dans les plus énormes absurditez.

Je me souviens qu'après que Verasco de Gama a conté ses avantures au Roi de Melinde, il lui dit : ô Roi, juge si Enée & Ulysse ont voyagé aussi loin que moi & ont essuyé tant de périls ; comme si ce Sauvage Africain avoit quelque connoissance des Heros d'Homere & de Virgile. Je trouve en général son Poëme plein de choses excellentes & de bévûës pitoyables, placées sans intervalles les unes auprès des autres. Presque à chaque page, il y a du beau & du ridicule : parmi ses plus heureuses pensées, j'en raporterai deux, à cause de la ressemblance qu'elles ont avec les deux plus célébres endroits de Waller & de Denham.

Waller dit dans son Epître à Zelinde.

Thi machleff form will credit bring,
To all the wonders i can fing.

Les merveilles de ta beauté feront croire celles que je chante.

Camoens dit aussi, en parlant du voyage des Argonautes & d'Ulysse, que l'entreprise des Portugais donnera du crédit à toutes ces fictions en les surpassant.

M. Jean Denham, dans son Poëme *sur la montagne des Coopers*, dit à la Tamise.

O Could i flow litle thee, and make thy stream,
  Mi great exemple, as it is my Theme.
Tho'deep, yet clear : tho'gentle, yet not, dull,
Strong without rage ; without o'erflowing full.

„ Pussai-je couler comme toi, & puisse ton
„ cours me servir de modéle, comme il me sert
„ de sujet. Clair, quoique profond, agréable quoi-
„ que paisible, ayant de la force sans fureur, &
„ toûjours plein sans déborder.

Camoens s'adresse pareillement aux Nymphes du Tage.

„ O Nymphes, si jamais je vous ai chanté,
„ inspirez-moi présentement des chants forts &
„ nouveaux ; que mon stile coule, comme votre
„ onde ; qu'il soit profond & clair comme elle.

On ne peut pas conclure de-là que Waller & M. Denham ayent imité le Camoens. Nous devons plûtôt juger que le vrai esprit est de tout païs.

C'est pourtant une injustice ordinaire, d'apeller copie ce qui n'est que ressemblance.

DON ALONZO D'ERCILLA Y CUNIGA.

Sur la fin du seiziéme siecle, l'Espagne produisit un Poëme Epique, célébre par quelques beautez particulieres qui y brillent, aussi-bien que par la singularité du sujet, mais encore plus remarquable par le caractere de l'Auteur.

D. Alonzo d'Ercilla y Cuniga, Gentilhomme de

la Chambre de l'Empereur Maximilien, fut élevé dans la maison de Philippe II. & combattit sous ses ordres à la bataille de S. Quentin, où les François furent défaits.

Après un tel succès, Philippe moins jaloux d'augmenter sa gloire au dehors, que d'établir ses affaires au-dedans, retourna en Espagne. Le jeune Alonzo, entraîné par une insatiable avidité du vrai savoir, c'est-à-dire, de connoître les hommes & voir le monde, voyagea par toute la France, parcourut l'Italie & l'Allemagne, & séjourna long-tems en Angleterre. Tandis qu'il étoit à Londres, il entendit dire que quelques Provinces du Perou & du Chilly avoient pris les armes contre les Espagnols leurs conquérans & leurs tyrans. Je dirai en passant, que cette tentative des Africains pour leur liberté, est traitée de rebellion par les Auteurs Espagnols. La passion qu'il avoit pour la gloire, & le desir de voir & d'entreprendre des choses singuliéres, l'entraînerent sans hésiter dans ces païs du nouveau monde ; il alla au Chilly à la tête de quelques troupes, & il y resta pendant tout le temps de la guerre.

Sur les frontieres du Chilly, du côté du Sud, est une petite contrée montagneuse nommée *Araucana*, habitée par une race d'hommes plus robustes & plus féroces que tous les autres Peuples de l'Amérique. Ils combattirent pour la défense de leur liberté, avec plus de courage & plus long-tems que les autres Américains, & ils furent les derniers que les Espagnols soumirent.

Alonzo soutint contr'eux une pénible & longue

guerre ; il courut des dangers extrêmes, il vit & fit les actions les plus étonnantes, dont la feule récompenfe fut l'honneur de conquérir des rochers & de réduire quelques contrées incultes fous l'obéïffance du Roi d'Efpagne.

Pendant le cours de cette guerre, Alonzo conçut le deffein d'immortalifer fes ennemis, en s'immortalifant lui-même. Il fut en même-tems le Conquérant & le Poëte ; il employa les intervalles de loifir que la guerre lui laiffoit, à en chanter les évenemens, & faute de papier, il écrivit la premiere partie de fon Poëme fur des petits morceaux de cuir ; qu'il eut enfuite bien de la peine à arranger. Le Poëme s'appelle *Araucana* du nom de la Contrée.

Il commence par une defcription Geographique du Chilly, & par la peinture des mœurs & des coutumes des Habitans. Ce commencement qui feroit infuportable dans tout autre Poëme, eft ici néceffaire, & ne déplaît pas dans un fujet où la fcéne eft fous l'autre Tropique, & où les Heros font des Sauvages, qui nous auroient été toûjours inconnus, s'il ne les avoit pas conquis & célébrez.

Le fujet qui étoit neuf a fait naître des penfées neuves. J'en prefenterai une au Lecteur pour échantillon, & comme une étincelle du beau feu qui animoit quelquefois l'Auteur.

Les Aracauniens, dit-il, furent bien étonnez de voir des créatures pareilles à des hommes, portant du feu dans leurs mains, & montez fur des monftres qui combattoient fous eux ; ils les prirent d'abord pour des Dieux defcendus du Ciel, armez du tonnerre & suivis de la destruction : & alors ils se soumirent, quoi-qu'avec peine. Mais dans la suite s'étant familiarisez avec leurs Conquérans, ils connurent leurs passions & leurs vices, & jugérent que c'étoient des hommes. Alors honteux d'avoir succombé sous des mortels semblables à eux, ils jurérent de laver leur erreur dans le sang de ceux qui l'avoient produite, & d'exercer sur eux une vengeance exemplaire, terrible & mémorable.

Il est à propos de faire connoître ici un endroit du deuxiéme Chant, dont le sujet ressemble beaucoup au commencement de l'*Iliade*, & qui ayant été traité d'une maniére differente, mérite d'être mis sous les yeux des Lecteurs qui jugent sans partialité. La premiere action de l'*Araucana*, est une querelle qui naît entre les Chefs des Barbares, comme dans Homere entre Achille & Agamemnon. La dispute n'arrive pas au sujet d'une captive, mais par rapport au commandement de l'Armée. Chacun de ces Généraux Sauvages vante son mérite & ses exploits ; enfin la dispute s'échauffe tellement, qu'ils sont prêts d'en venir aux mains. Alors un des Caciques, nommé Colocolo, aussi vieux que Nestor, mais moins favorablement prévenu en sa faveur que le Heros Grec, fait la harangue suivante.

„ Caciques, illustres défenseurs de la patrie, le
„ desir ambitieux de commander, n'est point ce
„ qui m'engage à vous parler. Je ne me plains pas
„ que vous disputiez avec tant de chaleur, pour
„ un honneur, qui peut-être seroit dû à ma vieil-
„ lesse, & qui orneroit mon déclin. C'est ma ten-

POESIE EPIQUE.

„ dreſſe pour vous, c'eſt l'amour que je dois à
„ ma patrie, qui me ſollicite à vous demander
„ quelque attention pour ma foible voix. Hélas!
„ comment pouvons-nous avoir aſſez bonne opinion
„ de nous-mêmes, pour prétendre à quelque gran-
„ deur, & pour ambitionner des titres faſtueux,
„ nous qui avons été les malheureux ſujets & les
„ eſclaves des Eſpagnols? Votre colere, Caciques,
„ votre fureur ne dévroient-elles pas s'exer-
„ cer plûtôt contre nos tyrans? Pourquoi tour-
„ nez-vous contre vous-mêmes ces armes qui pou-
„ roient exterminer vos ennemis & vanger notre
„ partie? Ah! ſi vous voulez périr, cherchez une
„ mort qui vous procure de la gloire. D'une main,
„ briſez le joug honteux, & de l'autre, attaquez
„ les Eſpagnols, & ne répandez pas dans une
„ querelle ſtérile les précieux reſtes d'un ſang que
„ les Dieux vous ont laiſſé pour vous vanger. J'a-
„ plaudis, je l'avouë, à la fiere émulation de vos
„ courages. Ce même orgueil que je condamne,
„ augmente l'eſpoir que je conçois. Mais que vo-
„ tre valeur aveugle ne combatte pas contre elle-
„ même, & ne ſe ſerve pas de ſes propres for-
„ ces pour détruire le Païs qu'elle doit deffendre.
„ Si vous êtes réſolus de ne point ceſſer vos que-
„ relles, trempez vos glaives dans mon ſang gla-
„ cé; J'ai vécu trop long-tems: heureux qui meurt
„ ſans voir ſes compatriotes malheureux, & mal-
„ heureux par leur faute. Ecoutez donc ce que j'o-
„ ſe vous propoſer: Votre valeur, ô Caciques,
„ eſt égale; vous êtes tous également illuſtres par
„ votre naiſſance, par votre pouvoir, par vos ri-

„ cheſſes, par vos exploits : vos ames ſont éga-
„ lement nobles, également dignes de comman-
„ der, également capables de ſubjuguer l'Univers.
„ Ce ſont ces preſens céleſtes qui cauſent vos
„ querelles. Vous manquez de Chef, & chacun
„ de vous mérite de l'être ; ainſi puiſqu'il n'y a
„ aucune difference entre vos courages, que la
„ force du corps décide ce que l'égalité de vos
„ vertus n'auroit jamais décidé, &c.

Le Vieillard propoſe alors un exercice digne d'une nation barbare, qui étoit de porter une groſſe poutre, afin que celui qui en ſoutiendroit le poids plus long-tems, fut revêtu du commandement.

Comme la meilleure maniere de perfectionner notre goût, eſt de comparer enſemble des choſes de même nature, opoſez le diſcours de Neſtor à celui de Colocolo, & renonçant à cette adoration que nos eſprits juſtement préocupez rendent au grand nom d'Homere, peſez les deux harangues dans la balance de l'équité & de la raiſon.

Après qu'Achille inſtruit & inſpiré par Minerve, Déeſſe de la Sageſſe, a donné à Agamemnon les noms d'*yvrongne* & de *chien*, le ſage Neſtor ſe leve, pour adoucir les eſprits irritez de ces deux Heros, & parle ainſi : „ Quelle ſatisfa-
„ ction ſera-ce aux Troyens, lorſqu'ils entendront
„ parler de vos diſcordes ? Votre jeuneſſe doit reſ-
„ pecter mes années & ſe ſoumettre à mes con-
„ ſeils. J'ai vû autrefois des Heros ſupérieurs à
„ vous. Non, mes yeux ne verront jamais des hom-
„ mes ſemblables à l'invincible Pirithoüs, au bra-
„ ve Ceneus, au divin Theſée, &c.... J'ai été

,, à la guerre avec eux, & quoique je fusse jeu-
,, ne, mon éloquence persuasive avoit du pouvoir
,, sur leurs esprits ; ils écoutoient Nestor. Jeunes
,, Guerriers, écoutez donc les avis que vous don-
,, ne ma vieillesse. Atride, vous ne devez pas
,, garder l'esclave d'Achille, fils de Thetis, vous ne
,, devez pas traiter avec hauteur le Chef de l'Armée.
,, Achille est le plus courageux des Guerriers : Aga-
,, memnon est le plus grand des Rois, &c. Sa
harangue fut infructueuse. Agamemnon loüa son
éloquence & méprisa son conseil.

Considérez d'un côté l'adresse avec laquelle le barbare Colocolo s'insinuë dans l'esprit des Caciques, la douceur respectable avec laquelle il calme leur animosité, la tendresse majestueuse de ces paroles ; combien l'amour du païs l'anime, combien les sentimens de la vraïe gloire pénètre dans son cœur, avec quelle prudence il loüe leur courage, en réprimant leur fureur, avec quel art il ne donne la supériorité à aucun. C'est en même-tems un Censeur poli & un noble Panégyriste. Aussi tous se soumettent à ses raisons, confessant la force de son éloquence, non par de fades loüanges, mais par une prompte obéïssance. Qu'on juge d'un autre côté si Nestor est si sage de parler tant de sa sagesse ; si c'est un moyen sûr de s'attirer l'attention des Princes Grecs, que de les rabaisser & de les mettre au-dessous de leurs ayeux, si toute l'assemblée peut entendre dire avec plaisir à Agamemnon, qu'Achille est le plus courageux des Chefs, qui sont-là presens. Après avoir comparé le babil présomptueux & impoli de Nestor avec le discours modeste & mesuré de Colocolo, l'odieuse comparaison, entre le rang d'Agamemnon & le mérite d'Achille, avec cette portion égale de grandeur & de courage attribuée avec art à tous les Caciques ; que le Lecteur prononce. S'il y a un Général dans le monde qui souffre volontiers qu'on lui préfére son inférieur pour le courage ; s'il y a une assemblée qui puisse suporter sans s'émouvoir un Harangueur pédant, qui leur parle avec mépris & vante leurs prédécesseurs à leurs dépens, alors Homere pourra être préféré à Alonzo dans ce cas particulier.

Il est vrai que si Alonzo est dans un endroit supérieur à Homere, il est dans tout le reste au-dessous du moindre des Poëtes. On est étonné de le voir tomber si bas après avoir pris un vol si haut. Il y a sans doute beaucoup de feu dans ses batailles, mais nulle invention, nul plan, point de variété dans les descriptions, point d'unité dans le dessein. Ce Poëme est plus sauvage que les Nations qui en font le sujet. Vers la fin de l'ouvrage, l'Auteur qui est un des premiers Heros du Poëme, fait pendant la nuit une longue & ennuyeuse marche, suivie de quelques Soldats, & pour passer le tems, il naît entr'eux une dispute au sujet de Virgile, & principalement sur l'épisode de Didon. Alonzo saisit cette occasion pour entretenir ses Soldats de la mort de Didon, telle qu'elle est raportée par les anciens Historiens, & afin de mieux donner le démenti à Virgile, & de restituer à la Reine de Carthage sa réputation, il s'amuse à en discourir pendant deux Chants entiers.

POÉSIE ÉPIQUE.

Ce n'est pas d'ailleurs un défaut médiocre de son Poëme, d'être composé de 36 Chants très-longs. On peut supposer avec raison, qu'un Auteur qui ne sait ou qui ne peut s'arrêter, n'est pas propre à fournir une telle carriere.

Un si grand nombre de défauts n'a pas empêché le célébre Michel Cervantes de dire, que l'*Araucana* peut être comparé avec les meilleurs Poëmes d'Italie. L'amour aveugle de la Patrie a sans doute dicté ce faux jugement à l'Auteur Espagnol: cependant le véritable & solide amour de la Patrie consiste à lui faire du bien & à contribuer à sa liberté autant qu'il nous est possible. Mais disputer seulement sur les Auteurs de notre Nation, nous vanter d'avoir parmi nous de meilleurs Poëtes que nos voisins, c'est plûtôt sot amour de nous-même qu'amour de notre Païs.

LE TASSE.

Torquato Tasso commença de travailler à sa *Jerusalem*, quand Camoens finit sa *Lusiade*. Il disoit que Camoens étoit le seul rival qu'il craignît dans l'Europe. Si sa crainte étoit sincére, elle étoit frivole: car il surpassoit autant le Poëte Portugais, que celui-ci étoit supérieur à tous les Poëtes de son Païs.

Personne n'apporta en naissant plus de génie & plus de talent pour le genre Epique: mais son génie qui fit sa grande réputation fit aussi tous ses malheurs. Sa vie ne fut qu'une suite fâcheuse de disgraces & de traverses: banni de son Païs, il se vit réduit à la triste nécessité d'avoir un maître. Il souffrit la disette, l'exil, la prison; & ce qui est encore plus insupportable, la calomnie l'ataqua & l'opprima.

On alla même jusqu'à lui vouloir ravir sa gloire poëtique, consolation imaginaire dans des miseres réelles. Le nombre de ses ennemis éclipsa long-tems sa réputation; & enfin lorsque son mérite eut surmonté l'envie, & qu'il eut été jugé digne de recevoir l'honneur du triomphe à Rome, tel que Petrarque l'avoit autrefois reçu, avec moins de mérite (ce qui étoit alors aussi honorable qu'il seroit aujourd'hui ridicule) il mourut la veille du jour destiné à cette singuliere cérémonie.

Rien ne donne une plus haute idée du Tasse, que l'inscription de son tombeau. Le Pape, après lui avoir fait faire de magnifiques funérailles (comme si ce frivole honneur eût pû réparer les malheurs qui l'avoient accablé pendant sa vie) proposa un prix pour celui qui feroit la meilleure épitaphe à sa gloire. On en presenta plusieurs, toutes remplies des justes loüanges du Poëte. Les Juges nommez pour le choix de l'épitaphe étoient partagez sur la préférence lorsqu'un jeune homme ofrit cette inscription.

LES OS DU TASSE.

Les Juges ne balancérent point à lui ajuger le prix, persuadez que le nom du Tasse étoit son plus digne éloge.

Le tems qui détruit la réputation passagere des Auteurs médiocres, n'a pû donner atteinte au caractére immortel des ouvrages du Tasse. Son Poëme est aujourd'hui chanté en plusieurs endroits de l'Ita-

POESIE EPIQUE.

lie, comme autrefois les vers d'Homere l'étoient dans la Grece. Si les Poëtes ses successeurs ont dégénéré, si l'Italie est tombée dans de faux brillans, dans de pitoyables jeux de mots, dans des pointes misérables, on peut dire néanmoins que la Nation en general conserve encore une espece de bon goût que le Tasse lui a inspiré. Cependant tandis qu'il est admiré par les Lecteurs Italiens, il n'est pas imité par les Ecrivains. Ainsi en France Corneille, Racine, Moliere, Despréaux, la Fontaine, s'attirent toûjours l'admiration publique, en dépit d'une secte d'Ecrivains, venus après eux, qui ont introduit une nouvelle maniere de penser & d'écrire, cherie & cultivée constamment parmi eux & leurs pareils, mais rejettée par toute la Nation.

La *Jerusalem délivrée* est en plusieurs endroits d'après *l'Iliade*. Le sujet que le Tasse a choisi est plus noble qne celui d'Homere; toute l'Europe armée pour recouver un Païs celebre, consacré par la naissance & par le sang d'un Dieu, frape l'esprit d'une idée bien plus respectable que la Grece combatant pour une femme. A l'égard de l'exécution d'un si grand ouvrage, le Lecteur impartial & éclairé peut juger si le Tasse est au-dessus ou au-dessous de son Maître, dans les endroits où il l'imite.

Godefroi joüe, ce me semble, le même rôle qu'Agamemnon, mais avec plus de dignité & de sagesse, & avec moins d'orgüeil. L'Hermite Pierre ressemble à Calchas, & si j'ose dire mon sentiment, je ne trouve rien de fort brillant ni de fort défectueux dans l'un ni dans l'autre.

Renaud est au milieu des Heros Chrétiens ce

qu'Achille est parmi les Heros Grecs. Son courage est aussi impétueux, mais son caractere est plus aimable. La chute de Jerusalem est reservée à son épée, comme celle de Troïe aux armes d'Achille. L'absence de l'un est empruntée de l'inaction de l'autre. Mais Renaud employe son loisir plus à la satisfaction du Lecteur, que l'oisif Heros de l'*Iliade*.

Aladine ne ressemble à Priam qu'en ce qu'il est le Roi de la Ville assiegée, & Argante n'est semblable à Hector qu'en ce qu'il est le plus brave défenseur de Jerusalem.

Certainement le caractere d'Hector est au-dessus de celui d'Argante. La grandeur de Priam est plus majestueuse que celle d'Aladin, & ses disgraces sont plus touchantes. Je ne déciderai point, sr Homere a eu tort ou raison de porter notre affection vers Hector, & d'exciter notre pitié en faveur de Priam; mais il est certain que si le Tasse n'avoit pas representé Aladin & Argante féroces & intraitables, & s'il ne les avoit pas rendus haïssables au Lecteur, il se seroit formellement éloigné de son but; puisqu'alors au lieu de prendre intérêt dans la cause des Princes Chrétiens, nous les regarderions comme des Corsaires liguez, pour envahir un païs étranger, & pour massacrer de sang froid un vieux & venerable Monarque Oriental, avec tous ses innocents Sujets.

Le Tasse a appris d'Homere à donner différentes nuances aux mêmes couleurs. A distinguer par exemple le vaillant d'avec le vaillant, & le prudent d'avec le prudent, &c. Godefroi est sage & modéré, Aladin est politique & inquiet : la
généreuse

généreuse valeur de Tancrede ne ressemble point à la brutale impétuosité d'Argante. L'amour dans Armide est une coquetterie étrange, au lieu que dans Herminie c'est une douce & agréable tendresse. Chacun de ces Héros peut être reconnu par quelque trait singulier comme dans Homere : Mais chacun d'eux y joüe toûjours un rôle convenable, ce qui ne se trouve pas toûjours dans l'Iliade ; & de ce côté, il me paroît que le Tasse a perfectionné l'Art qu'Homere lui a apris. Mais un Art qu'il n'a appris de personne, est cette façon charmante de nous intéresser pour ses Heros, ce talent qu'il a d'amener adroitement les differentes avantures de son Poëme, de nous faire passer des allarmes de la guerre aux délices de l'amour, & de nous ramener de l'amour à la guerre, d'exciter notre sensibilité par degrez, & de la faire toûjours croître.

Le stile du Tasse est clair & élégant dans tout son Poëme : lorsqu'il entre dans des descriptions qui demandent de l'énergie & de la dignité, on est étonné de voir comment la molesse naturelle de la Langue Italienne se change tout-d'un-coup en sublimité & en force, & prend entre ses mains un nouveau caractere. On trouve, il est vrai, dans le Tasse environ cent vers, où il se livre à de pitoyables antitheses. Mais je regarde ces sotises comme une espece de tribut, que son grand génie a bien voulu payer au goût qui commençoit à s'introdure dans sa Nation.

Si l'exécution de ce Poëme s'attire l'admiration universelle, on y trouve aussi des fautes de jugement, qui, je crois, font blâmables dans tous les païs. Par exemple, l'Episode d'Olinde & de Sophronie dans le commencement de l'action, me paroît mauvais de toute maniere.

Le Poëte met sur la Scéne un Magicien Mahométan nommé Ismeno, qui contre les loix étroites & inviolables du Mahométisme, porte une image de la Vierge Marie dans la principale Mosquée, pour la rendre par la force de ses enchantemens le gage de la sûreté de la Ville, comme autrefois le destin de Troye dépendoit du *Palladium*. Il arrive une nuit que l'Image est enlevée. Les Chrétiens de Jérusalem étant accusez du vol, le Sultan irrité les condamne tous à la mort, pour être sûr de la punition du coupable, au milieu d'un massacre général. Cependant Sophronie Vierge Chrétienne se presente devant le Sultan & cherche à sauver tous les Chrétiens de la Ville, en déclarant par un généreux mensonge, que c'est elle qui a enlevé l'Image. Aladin l'ayant condamnée au feu, Olinde son amant entreprend de lui sauver la vie par un autre mensonge héroïque. Il déclare qu'il est lui-même le coupable, & court au bucher préparé pour sa maîtresse. Ils sont condamnés l'un & l'autre, & on les attache au même poteau. Alors Clorinde arrive de Perse : elle est touchée de compassion à la vûë de ces deux malheureuses victimes, & traitant avec mépris les sortiléges d'Ismeno, elle demande & obtient leur pardon. Les deux amans vont du bucher à l'Eglise, on les y marie, & il n'en est plus question dans le reste du Poëme.

POESIE EPIQUE.

Le Tasse a orné cet Episode de toutes la pompe & de toutes les fleurs de la Poësie, & il n'y a pas épargné les jeux de mots Italiens. Il s'arrête avec tant de complaisance à peindre Sophronie, il parle de l'amour d'Olinde avec tant de chaleur, il excite tant de pitié pour l'un & pour l'autre, que le Lecteur ne peut s'empêcher de croire qu'ils sont les deux principaux personnages du Poëme. Il est étonné & fâché ensuite de les voir aussi inutiles aux affaires des Chrétiens, que l'image de la Vierge Marie l'est aux Mahometans. Tous les embellissemens que le Tasse a prodiguez en cet endroit, ne servent qu'à rendre la bévüe plus remarquable.

Tout le monde convient avec les Italiens, que rien n'est peint avec tant d'art que la coquetterie d'Armide, que rien n'est si tendre que son amour, si animé & si touchant que ses plaintes. L'Anglois & le François, quoique leur goût soit fort éloigné de toutes choses surnaturelles fondées sur l'enchantement, doivent loüer celui d'Armide, puisqu'il est la source de tant de beautez. D'ailleurs Armide est Mahometane, & la Religion Chrétienne nous permet de croire que les Infidéles sont sous l'influence immédiate du diable.

Mais il n'y a en vérité qu'un Italien qui puisse supporter l'excès bizare auquel le Tasse a porté ce merveilleux. Dix Princes Chrétiens métamorphosez en poissons, dans les bassins d'Armide, & un Perroquet chantant des chansons galantes de sa propre composition, sont des choses bien étranges aux yeux d'un Lecteur sensé, quoique nous soyons prévenus par l'hiſtoire de Circé dans l'Odiſſée, & quoique nous voyons tous les jours les Perroquets imiter la voix humaine.

Nous devons néanmoins pardonner ces extravagances Poëtiques, en faveur des beautez qui les accompagnent. Que les Diables, puiſqu'ils ſont admis, ayent une liberté entiere pour joüer tous leurs tours, ſurtout en Italie, où la ſuperſtition du peuple donne du crédit à des contes qui ne ſont pas moins étranges. Mais on ne comprend pas comment des perſonnes de bon ſens peuvent approuver un Magicien Chrétien qui tire Renaud des mains des ſorciers Mahometans. On voit avec ſurpriſe dans le Taſſe, la Meſſe, la Confeſſion, les Litanies des Saints & des morceaux de Sorcellerie : le tout confondu enſemble.

Quelle fantaiſie étrange ! d'envoyer Ubalde & ſon compagnon à un vieux & ſaint Conjurateur, qui les conduit juſqu'au centre de la terre ! Les deux Chevaliers ſe promenent-là ſur le bord d'un ruiſſeau rempli de pierres précieuſes de tout genre. De ce lieu on les envoye à Aſcalon, vers une vieille femme qui les tranſporte auſſi-tôt dans un petit bâteau aux Iſles Canaries ; ils y arrivent ſous la protection de Dieu, tenant dans leurs mains une baguette magique : ils s'aquittent de leur Ambaſſade & ramenent au camp des Chrétiens, le brave Renaud, dont toute l'armée avoit grand beſoin.

Mais quel étoit ce grand exploit qui étoit réſervé à Renaud ? Conduit par l'enchantement depuis le Pic de Tenerif juſqu'à Jeruſalem, la Providen-

POESIE EPIQUE.

ce l'avoit destiné pour abattre quelques vieux arbres dans une forêt infectée de Lutins. Cette forêt est le grand merveilleux du Poëme.

Dans les premiers chants, Dieu ordonne à l'Archange Michel de précipiter dans l'enfer les Diables répandus dans l'air, qui excitoient des tempêtes & qui tournoient son tonnerre contre les Chrétiens, en faveur des Mahometans. Michel leur deffend absolument de se mêler désormais des affaires des Chrétiens. Ils obéïssent aussi-tôt, & se plongent dans l'abîme. Mais bien-tôt après, le Magicien Ismeno les en fait sortir. Ils trouvent alors les moyens d'éluder les ordres de Dieu, & sous le prétexte de quelques distinctions sophistiques, ils prennent possession de la forêt, où les Chrétiens se préparoient à couper le bois nécessaire pour la charpente d'une tour. Les Diables prennent une infinité de différentes formes, pour épouventer ceux qui coupe les arbres. Tancrede y trouve sa Clorinde enfermée dans un Pin, & blessée du coup qu'il a donné au tronc de cet arbre. Armide regarde de dedans un myrthe, tandis qu'elle est à plusieurs milles de-là, dans l'armée d'Egipte, sans qu'on voye qu'elle puisse avoir la faculté d'être dans deux lieux differens à la fois, bien qu'elle soit la plus belle Magicienne du monde. Enfin les prieres de l'Hermite Pierre, & le mérite de la contrition de Renaud, rompent l'enchantement

Je crois qu'il est à propos de faire voir, comment Lucain a traité differemment dans sa Pharsale un sujet presque semblable. César ordonne à ses troupes de couper quelques arbres dans la forêt sacrée de Marseille, pour en faire des instrumens & des machines de guerre. Le passage mérite d'être rapporté.

Lucus erat longo nunquam violatus ab ævo,
Obscurum cingens connexis aëra ramis,
Et gelidas alte summotis solibus umbras.
Tunc non ruricolæ Panes, nemorumque potentes,
Sylvani, Nymphæque tenent; sed barbara ritu
Sacra Deûm, structæ diris altaribus aræ
Omnis & humanis lustrata cruoribus arbos.
Si quâ fidem meruit superos mirata vetustas,
Illis & volucres metuunt insistere ramis,
Et lustris recubare feræ: nec ventus in illas
Incubuit sylvas, excussaque nubibus atris
Fulgura; non ullis frondem præbentibus auris,
Arboribus suus horror inest. Tum plurima nigris
Fontibus unda cadit, simulacraque mœsta Deorum
Arte carent, cæcisquæ extant informia truncis.
Ipse situs, putrique facit jam robore pallor
Attonitos: non vulgatis sacrata figuris,
Numina sic metuunt; tantum terroribus addit,
Quos timeant, non nosse Deos. Jam fama ferebat
Sæpe cavas motu terræ mugire cavernas,
Et procumbentes iterum consurgere taxos,
Et non ardentis fulgere incendia sylvæ,
Roboraque amplexos circumfulsisse dracones.
Non illum cultu populi propiore frequentant,
Sed cessere deis. Medio cum Phœbus in axe est,
Aut cœlum nox atra tenet, pavet ipse sacerdos

Accessus, dominumque timet deprendere luci.
Hanc jubet immisso sylvam procumbere ferro :
Nam vicina operi, belloque intacta priori
Inter nudatos stabat densissima montes.
Sed fortes tremuere manus; motique verenda
Majestate loci, si robora sacra ferirent,
In sua credebant redituras membra secures ;
Implicitas magno Cæsar terrore cohortes
Ut vidit, primus raptam vibrare bipennem,
Ausus, & aëriam ferro proscindere quercum,
Effatur merso violata in robora ferro :
Jam ne quis vestrum dubitet subvertere sylvam,
Credite me fecisse nefas. Tunc paruit omnis,
Imperiis non sublato secura pavore
Turba; sed expensâ Superorum & Cæsaris ira
Procumbunt orni, nodosa impellitur illex,
Sylvaque Dodones, & fluctibus aptior alnus,
Et non plebeios luctus testata cupressus.
Tunc primum posuere comas, & fronde carentes
Admisere diem : propulsaque robore denso.
Sustinuit se sylva cadens. Gemuere videntes
Gallorum populi : muris sed clausa juventus
Exultat. Quis enim læsos impune putaret
Esse Deos?

Voici comme * *Brebeuf* a traduit ces Vers.

On voit auprès du camp une forêt sacrée,
Formidable aux humains, & des tems reverée,

* *Il y a dans l'original une traduction de cet endroit de Lucain en vers Anglois.*

Dont le feuillage sombre & les rameaux épais
Du Dieu de la clarté font mourir tous les traits ;
Sous la noire épaisseur des Ormes & des Hêtres,
Les Faunes, les Sylvains, & les Nymphes champêtres.
Ne vont point accorder aux accens de la voix
Le son des Chalumeaux ou celui des Haut-bois :
Cette ombre destinée à de plus noirs offices,
Cache aux yeux du Soleil ses cruels sacrifices,
Et les vœux criminels qui s'offrent en ces lieux
Offensent la nature en reverant les Dieux.
Là du sang des humains on voit suer les marbres,
On voit fumer la terre, on voit rougir les arbres ;
Tout y parle d'horreur, & même les Oiseaux
Ne se perchent jamais sur ces tristes rameaux.
Les Sangliers, les Lions, les bêtes les plus fieres
N'osent pas y chercher leur bauge, ou leurs tanieres ;
La foudre accoutumée à punir leurs forfaits,
Craint ce lieu si coupable & n'y tombe jamais.
Là de cent Dieux divers les grossieres images,
Impriment l'épouvente & forcent les hommages,
La mousse & la pâleur de leurs membres hideux
Semblent mieux attirer les respects & les vœux :
Sous un air plus connu, la Divinité peinte
Trouveroit moins d'encens & feroit moins de crainte ;
Tant aux foibles mortels, il est bon d'ignorer
Les Dieux qu'il leur faut craindre & qu'il faut adorer.
Là d'une obscure source, il coule une onde obscure,
Qui semble du Cocyte emprunter la teinture ;
Souvent un bruit confus trouble ce noir séjour,
Et l'on entend mugir les roches d'alentour ;

Souvent du triste éclat d'une flame enfoufrée
La forêt est couverte, & n'est pas devorée,
Et l'on a vû cent fois les troncs entortillez
De Cerastes hideux & de Dragons aîlez.
Les Voisins de ce bois si sauvage & si sombre
Laissent à ses Démons son horreur & son ombre,
Et le Druide craint en abordant ces lieux,
D'y voir ce qu'il adore, & d'y trouver ses Dieux.
Il n'est rien de sacré pour des mains sacrileges,
Les Dieux, même les Dieux, n'ont point de Privileges.
Cesar veut qu'à l'instant leurs droits soient violez,
Les Arbres abbatus, les Autels dépouillez :
Et de tous les Soldats les ames étonnées,
Craignant de voir contre eux retourner leur coignées,
Il querelle leur crainte, il frémit de courroux,
Et le fer à la main porte les premiers coups.
Quittez, quittez, dit-il, l'effroi qui vous maîtrise,
Si ces bois sont sacrez, c'est moi qui les méprise;
Seul j'offense aujourd'hui le respect de ces lieux,
Et seul je prends sur moi tout le courroux des Dieux.
A ces mots, tous les siens cédant à leur contrainte,
Dépouillent le respect sans dépouiller la crainte :
Les Dieux parlent encore à ces cœurs agitez;
Mais quand Jules commande ils sont mal écoutez :
Alors on voit tomber sous un fer téméraire,
Des Chênes & des Ifs aussi vieux que leur Mere,
Des Pins & des Cyprès dont les feuillages verds
Conservent le Printems au milieu des Hyvers.
A ces forfaits nouveaux tous les peuples frémissent
A ce fier attentat tous les Prêtres gémissen

Marseille seulement qui le voit de ses tours
Du crime des Latins fait son plus grand secours.
Elle croit que les Dieux d'un éclat de tonnerre
Vont foudroyer Cesar & terminer la guerre.

J'avouë que toute la *Pharsale* n'est pas comparable à la *Jerusalem delivrée* ; mais au moins cet endroit particulier fait voir combien la vraie grandeur d'un Heros réel est au-dessus de celle d'un Heros imaginaire, & combien les pensées fortes & solides surpassent ces inventions qu'on appelle des beautez poëtiques, & que les personnes de bon sens regardent comme des contes insipides, propres à amuser les enfans.

On a disputé long-tems en Italie, & on dispute encore sur la prééminence de l'Arioste & du Tasse; mais dans tous les autres Païs les personnes sensées accusent le Tasse de ressembler en trop de choses à l'Arioste. Il semble avoir reconnu lui-même sa faute, & il n'a pû s'empêcher de sentir que ces contes ridicules & bizarres, si fort à la mode alors, non-seulement en Italie, mais encore dans toute l'Europe, étoient absolument incompatibles avec la gravité de la Poësie Epique. Pour se justifier il publia une Préface, dans laquelle il avança que tout son Poëme étoit allégorique.

L'armée des Princes Chrétiens, dit-il, represente le corps & l'ame. Jerusalem est la figure du vrai bonheur qu'on acquiert par le travail, & avec beaucoup de difficulté. Godefroy est l'ame, Tancrede, Renaud, &c. en sont les facultez. Le commun des Soldats sont les membres du corps. Les Diables

POESIE EPIQUE.

font à la fois figures & figurez, *figura e figurato*. Armide & Ifmeno font les tentations qui affiegent nos ames ; les charmes, les illufions de la forêt enchantée, repréfentent les faux raifonnemens, *falfi fillogifmi*, dans lefquels nos paffions nous entraînent.

Telle eft la clef que le Taffe s'avife de nous donner de fon Poëme. Il en ufe en quelque forte avec lui-même, comme les Commentateurs ont fait avec Homère & avec Virgile. On fait que Meffieurs les Scholiaftes reffemblent à ces politiques fpéculatifs, qui donnent aux Grands Hommes les vûës les plus fublimes, & les deffeins les plus importans dans les actions même les plus indifferentes. Le Taffe en cela reffemble au Maréchal de Rantzau qui toutes les fois qu'il étoit yvre, difoit que c'étoit pour le fervice de Sa Majefté.

Si le Diable joue dans fon Poëme le rôle infipide d'un miferable Charlatan, d'un autre côté tout ce qui regarde la Religion y eft expofé avec majefté, & fi j'ofe le dire, dans l'efprit même de la Religion. Les Proceffions, les Litanies, & quelques autres pratiques de la Religion Romaine, font repréfentées dans la *Jerufalem délivrée* fous une forme refpectable. Telle eft la force de la Poëfie, qui fait annoblir tout, & étendre la fphere des moindres chofes.

Le Taffe eft blâmable d'avoir donné aux mauvais Efprits les noms de Pluton, & d'Alecton, & d'avoir confondu les idées Payennes avec les idées Chrétiennes. Il eft étrange que la plûpart des Poëtes modernes foient tombez dans cette faute. On diroit que nos Diables & notre Enfer Chrétien auroient quelque chose de bas & d'impertinent, qui demanderoit d'être annobile par l'idée de l'Enfer Païen, quoique cet Enfer n'ait pas plus de dignité, si ce n'est qu'il a un air plus ancien. Il est à croire qu'il n'est pas si propre à la Poësie que celui d'Homere & de Virgile ; les noms de Pluton & de Tisiphone plaisent davantage à l'oreille que ceux de Lucifer & de Belzébut ; il est néanmoins ridicule à un Poëte de joindre ensemble les noms de Michel & d'Alecton, comme il est ridicule à quelques Peintres d'Italie d'avoir représenté la Vierge Marie avec un Chapelet pendu à sa ceinture, d'avoir placé des Suisses à la porte de l'appartement de Pharaon, & d'avoir mis des Canons & des Carabines dans la Bataille de Josué.

MILTON.

Milton est le dernier qui ait écrit un Poëme Epique : car je ne parle point de tous ceux qui se sont vainement exercés en ce genre ; mon intention n'est que de parler du petit nombre de Poëtes qui y ont réüssi.

Milton voyageant en Italie dans sa jeunesse, vit à Milan une Comedie intitulée *Adam*, écrite par un certain Italien nommé Andreïno, & dédiée à Marie de Medicis Reine de France. Le sujet de cette Comedie étoit la chute de l'homme. Les Acteurs étoient Dieu ; les Diables, les Anges ; Adam, Eve, le Serpent ; la Mort & les sept Pechez mortels. Ce sujet si peu propre pour le dramatique, mais très-propre au genie absurde du Théatre Italien de ce

POESIE EPIQUE.

tems-là, étoit traité d'une maniere convenable à l'extravagance du deſſein. La Scéne s'ouvre par un Chœur d'Anges, & un d'eux parle ainſi pour les autres.

„ Que l'Arc-en-Ciel ſoit l'archet du Firmament;
„ que les ſept Planettes ſoient les ſept notes de no-
„ tre Muſique ; que le Tems batte exactement la
„ meſure, que les Vents faſſent les bécares, &c.

C'eſt ainſi que cette Comedie commence, & chaque Scene produit une nouvelle profuſion d'extravagance.

Milton perça au travers de l'abſurdité de l'exécution juſqu'à la majeſté cachée du ſujet, qui étant abſurde pour le Théatre, pouvoit être néanmoins le fondement d'un Poëme Epique, pour le génie de Milton & pour ſon génie excluſivement.

Il tira donc de ce ſujet étrange la premiere idée du plus ſingulier ouvrage de Poëſie, que jamais l'imagination humaine ait entrepris, & il l'exécuta heureuſement ving ans après qu'il en eut formé le deſſein. C'eſt ainſi que Pythagore dût l'invention de la Muſique au bruit des marteaux d'une forge, & que de nos jours M. Iſaac Newton, en ſe promenant dans ſon jardin, conçut la premiere idée de ſon ſyſtême de la gravitation, en voyant tomber une pomme du haut d'un arbre.

Si la difference de génie qui eſt entre deux Nations a jamais paru dans ſon étenduë, c'eſt par rapport au *Paradis perdu* de Milton. Le François ſourit dédaigneuſement, lorſqu'on lui dit, que les Anglois ont un Poëme Epique, dont le ſujet eſt le Diable combattant contre Dieu ; & Adam & Eve mangeant une pomme, à la follicitation d'un ferpent. Comme ce fujet n'a jamais produit parmi eux que quelques couplets de chanfon, ou quelques petits vers enjouez, en quoi cette Nation eft fi célébre, ils ne peuvent comprendre qu'il foit poffible de conftruire un Poëme de ce qui fait le fujet de leurs Vaudevilles ; & on peut dire qu'en cela leur erreur eft excufable. Car fi nous confiderons avec quelle liberté la partie des hommes la plus polie, foit Catholiques, foit Proteftans, malgré le profond refpect qu'ils ont d'ailleurs pour la Religion Chrétienne, tourne quelquefois en ridicule dans leurs converfations, ce morceau de l'hiftoire facrée & plaifante fur le Diable, fur le Serpent, fur la fragilité de nos premiers parens, fur la côte d'Adam, & autre chofes femblables, nous devons regarder comme une entreprife bien hardie pour un Poëte, de traiter de pareils fujets, & de vouloir s'attirer un refpect, que les Ecrivains facrez ont bien de la peine à obtenir de nous.

Ce que Milton a entrepris fi hardiment, il l'a exécuté avec une force furprenante de jugement & avec une imagination fertile en beautez, aufquelles on n'avoit point penfé avant lui. Le défectueux femble perdu dans l'immenfité de l'invention Poëtique. N'eft-ce pas quelque chofe au-deffus de l'efprit humain, que d'avoir entrepris de parler de la Création fans donner dans l'emphafe, d'avoir peint fans baffeffe la gloutonnerie & la curiofité de la femme ? d'avoir porté le vrai-femblable & le raifonnable fur des chofes qui font auffi éloignées de notre connoiffance que de notre vûë ; en un mot, d'avoir forcé le Lecteur à dire : fi Dieu, fi les Anges, fi Satan parloient, je crois qu'ils parleroient comme Milton les fait parler ? Pour moi j'ai fouvent admiré combien ce fujet paroît fterile, & combien il eft fertile entre fes mains.

Le Paradis perdu eft le feul Poëme, où l'on puiffe trouver dans un parfait degré cette uniformité qui fatisfait l'efprit, & cette varieté qui réjouït l'imagination. Tous les Epifodes de ce Poëme font comme des rayons qui tendent au centre d'un cercle parfait. Quelle eft la Nation à qui l'entrevûë d'Adam & de l'Ange ne plairoit pas ? Comment n'être pas charmé des traits hardis avec lefquels eft reprefenté le caractere rufé, intrépide & impitoyable de Satan ? Qui n'admireroit pas fur tout cette fublimité & cette fageffe avec laquelle Milton peint l'Etre fuprême & la majefté avec laquelle il le fait parler. Il femble faire un portrait fidele & parfait de la Toute-Puiffance Divine, autant qu'il eft poffible à la foibleffe humaine de s'élever jufqu'à elle, au travers de cette pouffiere, qui comme un nuage nous environne de toutes parts. Les Payens, les Juifs, & quelques-uns de nos Prêtres reprefentent Dieu comme un Tyran cruel. Le Dieu de Milton eft un Createur & un Juge ; mais fa Juftice ne détruit point fa bonté. Son pouvoir fuprême ne nuit point à la liberté de l'homme. Ce font des peintures vives qui enlevent l'ame du Lecteur. Milton en ce point & en plufieurs autres eft autant au-deffus des Anciens Poëtes que notre Religion eft au-deffus des fables Payennes.

Mais il a furtout un droit inconteftable fur l'admitation universelle des hommes, lorsque de ce haut point où il s'est élevé, il descend à la description naturelle des choses humaines. Il est à remarquer que dans tous les autres Poëmes l'amour est representé comme un vice. Milton seul sait le representer comme une vertu. Les peintures qu'il en fait sont nuës, comme les personnages qu'il met sur la Scène, & sont aussi respectables. Il leve d'une main chaste le voile délicat qui dérobe les plaisirs de cette passion : il y met de la tendresse, de la douceur & du feu, sans indécence. Le Poëte nous transporte avec lui dans le Jardin des Délices, & nous fait goûter cet état du bonheur innocent, où Adam & Eve resterent si peu. Il ne s'éleve pas au-dessus de la nature humaine, mais au-dessus de la nature humaine corrompuë ; & comme il n'y a point d'exemple d'un pareil amour, il n'y en a point d'une pareille Poësie.

Je ne saurois concilier avec le tempéramment & le génie de la Nation Angloise, comment le *Paradis perdu* a pû être si long-temps négligé, & même presque inconnu en Angleterre : ce furent Mylords Sommers & l'ingénieux Atterbury, depuis Evêque de Rochester, qui apprirent en quelque façon aux Anglois à l'admirer.

Le Duc de Buckingham dans son Art Poëtique donne la préference à Spencer ; il est raporté dans la Vie de Mylord Rochester qu'il ne connoissoit point de meilleur Poëte que Cowley.

Le jugement de M. Dryden sur Milton est encore plus incomprehensible. Il a fait quelque vers à son sujet où il l'égale, & même le préfere à Homere & à Virgile.

The force of nature could not further go
To make a third she join'd the former two.

La force de la nature n'a pû aller plus loin, que de joindre les deux premiers pour former le troisiéme.

Le même M. Dryden dans sa Préface de la Traduction de l'Enéïde, place Milton au rang de Chapelain & de le Moine, les deux plus impertinens Poëtes qui ayent jamais barboüillé du papier. Cette variation qui lui fait si fort élever Milton dans ses vers, & le mettre si bas dans sa prose, est un énigme que je ne comprends point, étant étranger.

En un mot, on peut dire que la réputation de Milton n'a jamais été bien établie, que depuis que M. Addison, le meilleur Critique aussi-bien que le meilleur Ecrivain de son siécle, a exposé au jour les beautez cachées du *Paradis perdu*, & a mis le sceau de l'immortalité à cet ouvrage.

C'est une chose aisée & agréable que d'étudier les beautez de Milton, que j'appelle universelles ; mais c'est une entreprise difficile & délicate que d'observer ce qui passeroit pour une faute dans tout autre païs.

Je suis fort éloigné de penser qu'une Nation doive proposer aux autres Nations ses ouvrages pour modèles. Je ne crois pas aussi que la France qui n'a point de Poëme Epique ait aucun droit de prescrire des loix pour cette espece de Poësie ; mais je m'imagine que plusieurs Anglois qui savent la Langue Françoise ne seront pas fâchés de connoître le goût de ce païs.

R

S'ils font trop éclairés pour s'y foumettre aveuglément, ils font auffi trop raifonnables pour le méprifer, parce qu'il leur eft étranger.

Si chaque Nation faifoit un peu plus d'attention au goût & aux manieres de fes voifins, peut-être que dans toute l'Europe un bon goût général naîtroit de ce commerce de favoir & de cet utile échange d'obfervations. On ne verroit plus fur le Théatre Anglois ces gibets & ces têtes de morts, & le ftile des Auteurs tragiques de ce Païs pourroit paffer de fon enflure métaphorique à une judicieufe imitation de la nature. Le François pourroit apprendre de l'Anglois à mettre plus d'action dans fes Tragedies, & refferreroit quelquefois fes longues Harangues pour y mettre des fentimens plus vifs. Les Efpagnols placeroient dans leurs Piéces plus de portraits de la vie humaine, plus de mœurs, plus de caracteres, & ne fe perdroient pas toûjours dans un cahos d'avantures confufes, plus romanefques que naturelles. L'Italien par rapport à la Tragedie, imiteroit les Anglois dans la vivacité de l'intrigue, & prendroit fur tout le refte les François pour modéles. Par rapport à la Comedie, il apprendroit de M. Congréve & de plufieurs autres Auteurs, à préférer la bonne plaifanterie à la boufonnerie infipide.

C'eft dans cette vûë que j'ofe dire qu'aucun Critique François ne pourroit pardonner à Milton les courfes qu'il fait quelquefois au-delà des bornes de fon fujet. C'eft une régle parmi eux, qu'un Auteur ne doit jamais faire perfonnage dans fon Poëme, & que fes propres penfées & fes propres fentimens

POESIE EPIQUE. 259

doivent être dans la bouche des Acteurs qu'il met sur la Scène. Plusieurs personnes sensées en Angleterre sont de ce sentiment, & entr'autres M. Addison; je demande la permission de risquer ici une réflexion, que je soumets en même-temps au jugement du public.

Milton rompt le fil de sa narration en deux manieres : la premiere consiste en deux ou trois especes de Prologues, qu'il place au commencement de quelques-uns de ses Chants. Dans l'un il s'étend sur son aveuglement; dans un autre, il compare & préfere son sujet à celui de l'Iliade, & à tous les autres sujets qui avant lui avoient été regardez comme les sujets propres de l'Epopée : puis il ajoûte, qu'il espére prendre un essor aussi sublime qu'aucun de ses prédécesseurs, à moins que le froid climat de l'Angleterre n'arrête la rapidité de son vol.

L'autre maniere dont il interrompt sa narration, est en faisant des observations & en les répendant çà & là, par rapport à quelques grands incidens, ou quelques circonstances intéressantes. De ce genre est la digression sur l'amour dans le quatriéme Livre.

Whatever hypocrites austerely talk,
Defaming as impure, what God declares
Pure and commands to some, leaves free to all;
Our maker bids increase, who bids abstain;
But our destroyer foe to God and men?
Hail wedded love, &c.

Quant au premier de ses deux articles, je ne saurois m'empêcher de reconnoître qu'un Auteur est en general coupable d'un amour-propre ridicule, quand il abandonne son sujet pour parler de lui-même ; mais cette fragilité humaine est pardonnable dans Milton & même elle me fait grand plaisir; il satisfait la curiosité que j'ai sur sa personne ; en admirant l'Auteur, je desire de savoir quelque chose de lui ; & celui que tous les Lecteurs seroient ravis de connoître paroît excusable de parler de lui-même. Mais il est vrai que c'est un très-dangereux exemple pour un genie d'un ordre inférieur, & que le succès seul peut justifier.

A l'égard du second chef; c'est-à-dire, des traits de Morale répandus dans le Poëme, je suis si loin de les croire un défaut, que je les regarde comme une très-grande beauté, si la morale est le but de la Poësie, je ne puis comprendre pourquoi l'on défendroit aux Poëtes de mêler dans leurs descriptions des Sentences morales, & des réflexions utiles, pourvû qu'ils les répandent sans profusion, & qu'ils les mettent dans leur place, surtout lorsqu'il leur manque des personnages propres à exprimer leurs pensées, ou lorsque le caractere des Acteurs vicieux ne leur permet pas de parler en faveur de la vertu.

Il est étonnant que les Critiques loüent Homere, pour la comparaison d'Ajax, avec un Asne poursuivi à coups de pierres par des enfans d'Ulysse, à un Boudin, des Conseillers de Priam à des Sauterelles; il est étonnant, dis je, qu'ils deffendent avec tant de chaleur ces comparaisons, si peu justes & si éloignées, & qu'ils condamnent les reflexions naturelles & les nobles disgressions de Milton, qui sont cependant liées avec son sujet.

Je n'insisterai point ici sur certains petits défauts de

POESIE EPIQUE.

Milton qui se présentent à chaque Lecteur. J'entends quelques legeres contradictions, & ses fréquentes allusions à la Theologie Payenne: fautes d'autant plus inéxcusables en lui, qu'il avoit dit dans son premier Chant, que ces Divinitez n'étoient que des Démons adorez sous des noms differens ; ce qui auroit dû l'empêcher de rappeller le rapt de Proserpine, le mariage de Junon & de Jupiter, &c. comme des histoires réelles. Je passe également sous silence, ses plaisanteries puériles & hors d'œuvre, ses pointes, ses expressions trop familiéres, si éloignées de l'elevation de son génie & de son sujet.

Pour toucher des points plus essentiels & plus dignes d'examen, j'ose assurer que l'invention du *Pandæmonium* (c'est-à-dire, le Conseil des Diables) seroit entierement desapprouvé par des Critiques, tels que Boileau, Racine, &c.

Le lieu bâti pour le Parlement des Diables semble tout-à-fait inutile, puisque Satan les a convoquez & assemblez & qu'il vient de les haranguer dans une vaste campagne : le Conseil étoit nécessaire, mais le lieu étoit fort indifferent. Le Poëte semble prendre plaisir à bâtir son *Pandæmonium*, dans l'ordre Dorique, avec des figures & des corniches, & un faîte d'or. Une semblable invention sent plus l'imagination folle de notre Pere le Moine, que l'esprit sérieux de Milton ; mais lorsqu'ensuite les Diables deviennent nains, pour pouvoir être tous placez dans la maison (comme s'il avoit été impossible de bâtir un lieu assez spacieux pour les contenir tous dans leurs tailles naturelles c'est une fiction pitoyable qui égale les contes les plus extravagans: Pour surcroît d'impertinence, Satan

& ses principaux Ministres conservent leur forme monstrueuse, pendant que le petit peuple des Diables deviennent autant de Pygmées; ce qui met le comble au ridicule de toute cette invention. Il me paroît que la véritable regle pour discerner ce qui est réellement ridicule dans un Poëme Epique, est d'examiner si la même fiction ne formeroit pas un burlesque héroïque. Or j'ose dire que rien n'est plus propre à ce méprisable genre d'écrire, que la métamorphose des Diables en nains.

La fiction de la mort & du peché, me paroît avoir en elle de grandes beautez & plusieurs défauts. Pour examiner cette matiere avec ordre, il faut d'abord convenir que des phantômes, comme la mort, le peché & le cahos, sont insuportables quand ils ne sont pas allégoriques; car la fiction n'est autre chose que la vérité déguisée : il faut supposer aussi qu'une allégorie doit être courte, décente & noble; une allégorie trop étendue est semblable à une belle femme qui porte toûjours un masque : l'allégorie est une longue métaphore; or parler trop long-temps en figure produit de l'ennui, parce que cela n'est pas conforme à la nature. Il faut dire aussi qu'en général ces fictions, & ces êtres imaginaires sont plus convenables au Poëme de Milton qu'à aucun autre, parce qu'il n'a que deux personnages naturels, je veux dire Adam & Eve : une grande partie de l'action se passe dans un Monde imaginaire, ainsi il a dû tirer les Etres de son imagination.

Le peché sortant de la tête de Satan semble une belle allégorie, par rapport à l'orgueil, regardé comme la premiere offense commise contre Dieu. Mais je doute si Satan faisant un enfant à sa fille est une invention qui doive être approuvée ; je crains que cette fixion ne soit un pur jeu de mots ; car si le peché étoit du genre masculin en Anglois, comme il l'est dans plusieurs autres Langues, Satan n'auroit point engendré, & la fiction s'évanouïroit. Mais supposé que nous ne soyons pas si délicats, & que nous passions à Satan de faire l'amour au péché (parce que le mot qui l'exprime en Anglois peut être supposé féminin, * comme celui qui exprime la Mort peut être supposé masculin) quelle idée affreuse & obscène cette fiction ne presente-t-elle pas à l'esprit ? Le peché engendre la Mort, & ce Monstre furieux & impur couche avec sa mere, comme elle avoit fait avec son pere. De ce nouveau commerce il sort un essain de serpens qui se glissent dans le sein de leur mere, & qui infectent & déchirent les entrailles d'où ils sont sortis.

Quelque bien peint que soit ce tableau, quelque juste & quelque claire que soit l'allégorie, elle blessera toûjours à cause de sa saleté. Cette complication d'horreurs, ce mélange d'incestes, cette foule de monstres, ces objets dégoûtans & abominables, ne peuvent que révolter un Lecteur délicat : mais ce qui déplaît absolument ce sont les traits de cette fiction qui ne renferment aucune allégorie. Il n'y a aucun sens dans le commerce du péché avec la Mort : cela est dégoûtant à pure perte, ou s'il y a quelque allégorie cachée, l'horreur de l'image frappe plus que le dessein de l'allégorie.

* On dit *de Death she*, & *de sin, he* ou *ie*.

Je vois avec admiration le peché, portier de l'Enfer, ouvrant les portes de l'abîme, mais incapable de les fermer enſuite ; ce qui eſt réellement beau, parce que cela eſt vrai ; mais que ſignifie Satan & la Mort ſe querellant, faiſant des grimaces horribles, & tout prêts à ſe battre ?

La fiction du Cahos de la Nuit & de la Diſcorde, eſt plûtôt une peinture qu'une allégorie, & je crois qu'elle mérite d'être approuvée, parce qu'elle inſpire du reſpect ſans horreur. Je ne doute pas que le pont bâti par le peché & par la Mort ne fut ſiflé en France. Les Critiques de ce Païs-là trouveroient cette fiction trop commune & tout-à-fait inutile ; car les ames des hommes ſéparées du corps * n'ont pas beſoin d'un chemim bien pavé pour aller en Enfer.

Ils riroient auſſi en voyant le Paradis des foux, en voyant les Moines, les Chapelets, les Indulgences, les Capuchons, les Bulles, les Reliques ſe promenant ſur les aîles de vents, & Saint Pierre poſté avec ſes clefs au guichet du Ciel. Il eſt certain que les plus vifs admirateurs de Milton ne ſauroient juſtifier ces folles & comiques imaginations, dignes de l'Arioſte.

Examinons à preſent la plus ſublime de toutes les fictions, je veux parler de la guerre dans le Ciel ; le Comte de Roſcoumon & M. Addiſon, dont les ſentimens ſe traînent & juſtifient ceux de leurs compatriotes, admirent principalement cette partie du Poëme ; ils employent toute la fineſſe de la Critique, & toute la vigueur de l'Eloquence à faire valoir cet endroit ; je puis aſſûrer que les choſes qu'ils admirent ſe-

* *Le Dante les fait aller en Enfer à Cheval.*

POESIE EPIQUE. 265

roient infuportables à des Critiques François : le Lecteur verra peut-être avec plus de fatisfaction en quoi confifte une fi grande difference de goût, & quelle en eft la véritable caufe.

Premierement, ces Critiques diroient que la guerre du Ciel étant une chofe imaginaire & au-deffus de notre nature, elle auroit dû plûtôt être renfermée en deux ou trois pages, qu'étenduë en deux Chants, parce que nous fommes naturellement portez à éloigner de nous les objets qui ne tombent point fous nos fens.

Sur ce principe, ils foutiendroient que c'eft une peine fuperfluë & vaine, que de prefenter au Lecteur tous les caracteres des Chefs de cette guerre, & de peindre Raphaël, Michel, Abdiel, Moloch, & Nifroth, comme Homere peint Ajax, Diomede & Hector.

Car à quoi bon tracer les portraits de ces Etres fi parfaitement étrangers au Lecteur, qu'il ne peut en aucune façon s'intereffer pour eux ? Par la même raifon les Harangues prolixes de ces Heros imaginaires, ou avant la bataille, ou au milieu de l'action, leurs infultes réciproques femblent une imitation peu fenfée d'Homere.

Ces mêmes Critiques defaprouveroient les Anges, qui enlevent les montagnes, les bois, & les rochers, les jettent à la tête de leurs ennemis. Plus une pareille invention, diroient-ils, tend au fublime, plus elle eft baffe & puérile ; les Anges armez de montagnes dans le Ciel, reffemblent trop aux Dipfodes de Rabelais, qui étoient couverts d'une armure de pierre de fix pieds d'épaiffeur. L'artillerie eft du même goût, & encore plus abſurde, parce qu'elle eſt plus inutile.

Pourquoi ces machines de guerre ſont-elles-là, puiſqu'elles ne peuvent bleſſer les ennemis, mais les pouſſer ſeulement hors de leur place & les faire tomber par terre? En vérité, s'il m'eſt permis de m'exprimer ainſi, c'eſt-là joüer aux quilles; & les choſes qui ſont ſi terribles & ſi grandes ſur la terre, deviennent bien petites & bien mépriſables dans le Ciel.

Je ne puis obmettre ici la contradiction qui regne dans un Epiſode. Dieu envoye ſes fidèles Anges combattre, réduire & punir les rebelles; Allez, dit-il à Michel & à Gabriel,

And to the brow of heaven
Purſuing, drive them out from God and bliſſ
Into their place of punishment, the Gulph
Of Tartarus, wich ready opens wide
His fiery chaos to receive their fall.

Et les pourſuivant juſqu'aux extrémitez du Ciel, précipitez-les loin de Dieu & du bonheur, dans le lieu de leur ſupplice, dans l'abime du Tartare, qui déja entr'ouvre ſon affreux cahos pour les engloutir.

Comment ſe peut-il donc faire, après un ordre ſi précis, que la bataille reſte douteuſe, & pourquoi Dieu le Pere commande-t-il à Gabriel & à Raphaël de faire ce qu'il exécute enſuite par le miniſtere de ſon Fils.

Je laiſſe au Lecteur à prononcer ſi ces obſervations ſont ſolides ou mal fondées, & ſi je les ai portées trop loin. Mais ſuppoſé que mes idées ſoient juſtes, les

Critiques les plus févéres doivent cependant avoüer qu'il reste assez de perfections à Milton pour expier tous ses défauts : On me permettra de conclure cet article par deux autres observations.

Adam, son Heros & son principal personnage, est malheureux : ce qui démontre contre tous les Critiques, qu'un fort bon Poëme peut avoir une catastrophe funeste, malgré toutes leurs prétenduës règles.

Secondement, le *Paradis perdu*, a une fin complette, la fable y est conduite jusqu'à l'entiere conclusion. Milton & le Tasse ont eu soin d'instruire le Lecteur de la fin de l'avanture. L'un suit Adam & Eve jusqu'au moment qu'ils sont chassez du Paradis; l'autre ne finit son Poëme qu'à la prise de Jerusalem: Homere & Virgile ont suivi une route differente : l'Iliade finit à la mort d'Hector, & l'Enéïde à la mort de Turnus.

Le peuple des Commentateurs a établi pour loi, qu'une maison ne devoit point être finie, parce qu'Homere & Virgile n'avoient point fini la leur. Mais si Homere avoit pris Troye, & si Virgile avoit marié Lavinie à Enée, les Critiques n'auroient pas manqué d'établir alors une loi directement contraire.

Si j'étois touché du plaisir vulgaire de vanter mon païs aux Etrangers, j'essayerois de donner ici place à quelques-uns de nos Poëmes Epiques, & de les mettre dans un jour avantageux ; mais il faut que j'avoüe sincérement, que parmi plus de 50. que j'ai lûs, il n'y en a pas un qui soit supportable : ainsi au lieu de critiquer vainement quelques miserables Poëmes François, je suis réduit à rechercher pourquoi nous n'en avons pas un seul que nous puiffions avoüer. Car il femble un peu étrange qu'une Nation qui fe glorifie d'avoir réuffi dans tous les autres genres de Poëfie, reffemble fi peu à elle même dans cette efpèce particuliere.

J'ai entendu accufer ici la Langue Françoife d'infuffifance, comme n'étant ni affez énergique ni affez majeftueufe, pour atteindre à la fublimité de la Poëfie Epique: mais je fuis perfuadé que chaque Langue a fon génie particulier, formé principalement par le génie de la Nation qui la parle, & afforti à fon caractere; d'un côté plus ou moins de liberté dans le gouvernement & dans la Religion, un commerce plus ou moins libre entre les deux fexes, l'exemple & l'influence des premiers Auteurs qui ont écrit avec fuccès, & dont le ftile eft devenu le modèle général: tous ces motifs concourent à déterminer la nature d'une Langue, & à la rendre étenduë, ou refferrée, forte ou foible, fublime ou baffe.

D'un autre côté la rudeffe d'un grand nombre de confonnes, la douceur des voielles qui dominent, la longueur ou la brieveté des mots, & d'autres chofes pareilles, donnent le pli à un idiôme, & le rendent plus ou moins propre à une certaine façon particuliere d'écrire.

Confidérons la moleffe effeminée de la Langue Italienne, énervée par fes voielles & par l'oifiveté des Italiens, occupez toute leur vie de la recherche de ces Arts qui amoliffent ou diffipent l'efprit, nous cefferons de nous étonner que ce langage femble être celui de l'amour.

La liberté de la Societé en France & le tour clair

POESIE EPIQUE.

& naturel avec lequel on s'y exprime, rend la Langue Françoise fort propre à la conversation; l'ancienne dureté de la Langue Angloise changée à présent en force & en énergie, sa richesse & les differentes inversions qu'elle a admises, la rendent capable de tout entreprendre; d'ailleurs la force de cet idiôme s'est considérablement acruë par la nature du gouvernement, qui permet aux Anglois de parler en public, & par la liberté de conscience, qui leur rend familiere l'Ecriture, & le langage des Prophêtes. Aussi leur Poësie approche-t-elle beaucoup de ce sublime Oriental, qui paroît presque surnaturel. Il y a soixante ou quatre-vingt ans que toutes les Harangues dans le Parlement étoient pleines d'expressions tirées des Ecrivains Hebreux. Mais les qualitez dominantes d'une Langue, n'entraînent point avec elles l'exclusion des autres qualitez. Il y a eu des ouvrages sublimes en Italien : quelques Poëtes Anglois ont écrit gracieusement sur l'amour, & la France ne doit pas desesperer d'avoir un Poëme Epique.

La Langue Françoise est forte & majestueuse dans les Tragedies de Corneille, de tems en tems même elle s'y éleve au-dessus de la vraie mesure du sublime, loin de manquer d'énergie & de grandeur. J'ose assurer qu'elle a un défaut contraire, & c'est le secret que je révéle ici, dûssent les Anglois en prendre avantage contre nous : nous pouvons à peine exprimer heureusement les choses communes dans notre Poësie Heroïque ; le génie de la Nation & par conséquent le tour du langage ne nous permettent pas de faire la description des harnois d'un Cheval, des roües d'un Chariot, & d'autres choses pareilles. Nous pouvons bien loüer la vie de la campagne en général, mais non pas en détailler toutes les petites circonstances. Cela est évité généralement par tous nos bons Ecrivains, qui ont connu le génie de la Langue à cet égard : enfin nous avons ce desavantage, que nous n'osons nommer une infinité de choses, ni même les rendre par une périphase : M. Pope dans sa Traduction d'Homere peut sans rien craindre blesser un Heros dans l'endroit où les os & la vessie s'éloignent, ou le percer au travers de son épaule droite ; il peut dire après son original :

The dart pierced a vital part
Full in his face it entered, and betwixt
The nose, and the eye ball, the proud lician fixt,
Craft'd all his jaws, and cleft the tongue within,
Till the bright point look'd, out beneath the Chin.

Une pareille description seroit régardée en France comme platte & burlesque. La nature ouvre aux Anglois un champ spacieux, dans lequel ils peuvent courir à leur gré, tandis que nous sommes bornez à un espace étroit, dans lequel nous ne pouvons marcher que d'un pas timide & avec une extrême circonspection.

C'est à cette heureuse liberté dont joüit la Nation Angloise, que sont dûës plusieurs excellentes Traductions en vers des anciens Poëtes, au lieu que les François n'ont pû que traduire en prose Virgile, Homere, Lucrece, Ovide, &c.

M. de la Motte de l'Academie Françoise est

POESIE EPIQUE.

le seul homme de mérite & de réputation, qui ait essayé de mettre l'Iliade en vers. Mais il a été obligé de réduire les 24. Livres d'Homere à 12. où même il n'y a pas plus de vers que dans quatre du Poëme Grec. Son Iliade n'est qu'un abregé de l'original : encore l'a-t-on trouvée trop longue.

Après tout, si l'esclavage & la timidité de la Langue Françoise la rendent inhabile à la Traduction d'Homere & de Virgile, je ne comprends pas pourquoi cela empêcheroit la Nation de tirer de son propre fond un Poëme Epique.

Je crois qu'un Poëme peut fort bien se passer des descriptions méchaniques, ou anatomiques. Nous voulons qu'un Auteur remuë nos passions, qu'il dévelope les replis de l'ame, qu'il décrive les usages divers des peuples, qu'il exprime les differentes maximes que la difference des gouvernemens produit dans le caractere des hommes : en un mot, qu'il parle la langue du monde poli & spirituel. Nous le dispensons volontiers de faire le Chirurgien, le Menuisier, le Charpentier, quand même il s'exprimeroit élégamment par rapport à tous ces Arts.

Le Cardinal de Rets & le Comte de Clarendon dans leurs Mémoires remontent à la source des guerres civiles, & font des portraits finis de ceux dont l'ambition fut fatale à la France & à l'Angleterre. Mais ces deux grands Ecrivains ne s'amusent point à décrire exactement, comment un tel Officier fut blessé au travers de la vessie, & un autre dans le rognon : ils ne perdent point leur tems à décrire élegamment de quel bois étoient conſtruits les Bancs de la Chambre du Parlement.

Pourquoi donc un Poëte Epique feroit-il dans la néceſſité de s'occuper de minuties, dont un noble Hiſtorien auroit honte?

Quelques-uns attribuent la diſette où nous ſommes des Poëmes Epiques, à la gêne de la rime. Ils ſoutiennent que ces ſens périodiques & reglez, placez conſtamment avec la même meſure & les mêmes pauſes, ſans aucune varieté, fatiguent l'oreille, & produiſent une uniformité inſupportable. Ils diſent encore que cette tirannie de la rime abat le génie, & qu'un Poëte au lieu d'employer la rime comme un ornement utile au ſens, aſſervit ſes propres penſées au joug de la rime, & ne penſe que par elle & pour elle.

Ils ajoutent que la rime eſt un invention gothique & barbare, née de la peſante imagination des Moines, & ils prétendent que de ſi mauvais matériaux ne peuvent ſervir à la conſtruction d'un bel édifice.

J'avoüe que nous ſommes eſclaves de la rime en France, & que c'eſt un eſclavage dont nous ne pouvons nous affranchir. Nos Tragedies doivent abſolument être rimées. Si nous n'avions point de rime, notre Poëſie aſſujettie à des régles ſévéres, qui ne permettent ni inverſion ni enjambement, n'auroit que la pompe du ſtile pour ſe diſtinguer de la proſe. Notre Langue n'a pas les mêmes reſſources que les autres Langues ont dans leurs vers nonrimez. Pour nous, il faut néceſſairement que nous rimions, & quiconque entreprendra de ſe délivrer d'un fardeau que Corneille, Racine & Boileau ont ſoutenu avec tant de gloire, ſera regardé comme un Auteur foible & ftérile, & fera certainement mal reçû du public.

Qu'on life les bons Ecrivains de quelque Païs que ce foit, on ne fentira point cette prétenduë uniformité ennuyeufe reprochée aux vers rimez. Le Taffe eft lû avec plaifir, quoique tous fes vers, même prefque toutes fes fyllabes, fe terminent en *a*, en *e*, en *i*, en *o*. Au refte, c'eft une erreur de croire que la rime foit une invention des Moines du feptiéme fiécle. Toutes les Nations dont les Langues nous font connuës, excepté les Grecs & les Romains, ont des vers rimez.

Le retour des mêmes tons eft une efpéce de mufique naturelle, plus analogue à la nature de l'ouïe & plus aifée à réduire en art, que la valeur arbitraire & la mefure génante des fyllabes. Il eft vrai que les longues & les bréves fourniffoient aux Romains & aux Grecs une varieté harmonieufe de fons, qui par leur rapidité, ou leur gravité fervoient à exprimer les mouvemens impétueux ou tranquilles de l'ame. Mais parce que ces avantages nous manquent, devons-nous négliger le feul que nous poffedons, & que nous ne pouvons remplacer? Faudra-t'il que nous abandonnions notre propre terrain, parce que celui des autres eft plus fertile?

J'ajoûterai à cette petite digreffion fur notre langage & fur notre verfification, qu'un Poëme Epique eft une entreprife plus perilleufe en France que dans quelqu'autre Païs que ce foit: non-feulement parce que nous fommes affervis à la rime, mais parce que nôtre rime & toutes les autres parties de notre verfification, font fujettes aux régles les plus fatiguantes &

S

les plus difficiles. Notre Langue ne manque point de majesté, mais de liberté.

L'esclavage est toujours un obstacle à l'abondance ; il faut avouer aussi que notre Langue n'est pas aujourd'hui aussi riche qu'elle pourroit l'être : nous nous sommes défaits d'une multitude d'anciennes expressions fort énergiques, & cette perte a beaucoup affoibli la Langue Françoise ; les Anglois au contraire ont naturalisé plusieurs de nos anciens mots, comme ils ont naturalisé plusieurs de nos compatriotes, & ils ont ainsi augmenté à nos dépens & leur Langue & leur Nation.

Mais ce qui s'oppose le plus à la Poësie *Epique* en France, est le genie de la Nation : il ne nous est presque pas possible de hazarder aucune machine ; les anciens Dieux sont bannis du monde, & la Religion presente ne peut les remplacer parmi nous : les Cherubins & les Seraphins qui jouent un si beau rôle dans Milton, auroient de la peine à se soutenir dans un Poëme François ; les noms de Gabriël, de Raphaël, de Michel, risqueroient d'être tournez en ridicule. Nos Saints qui font une si noble figure dans nos Églises, en feroient une toute differente dans nos Poëmes Epiques. Sainte Geneviéve, S. Denis, S. Roch & S. Christophe, ne doivent point être célébrez ailleurs que dans notre Legende : ouvrage qui contient plus de merveilles que le Poëte le plus fécond n'en peut imaginer.

Enfin la meilleure raison que je puisse rendre du mauvais succès de notre Poësie Epique, est l'incapacité & la foiblesse de tous ceux qui ont voulu courir cette carriere. Je n'ajouterai rien à cet aveu.

PIÈCES FUGITIVES

DE

M. DE VOLTAIRE;

Ecrites à l'âge de dix-sept ou dix-huit ans.

PIECES FUGITIVES.

LETTRE ECRITE A MONSIEUR L'ABBE' DE CHAULIEU.

De Sulli, le 15. Juillet 1716.

Vous l'Anacréon du Temple,
A vous le Sage si vanté,
Qui nous prêchez la volupté
Par vos vers & par votre exemple,
Vous dont le Chant délicieux,
Quand la goute au lit vous condamne,
Rend des sons aussi gracieux
Que quand vous chantez la Torane,
Assis à la table des Dieux.

Je vous écris de Sulli le sejour du monde le plus aimable & dans lequel il ne me manque pour être parfaitement heureux que la liberté d'en sortir. C'est ici que Chapelle a demeuré deux ans de suite, mais il n'y étoit pas par ordre du Roi.

Je voudrois bien qu'il eut laissé dans ce Château un peu de son génie; cela accommoderoit fort ceux qui veulent vous écrire; mais comme on prétend qu'il vous l'a laissé tout entier, j'ai été obligé d'avoir recours à la magie dont vous m'avez tant parlé :

  Et dans une Tour assez sombre
  Du Château qu'habita jadis
  Le plus badin des beaux esprits,
Un beau soir j'évoquai son ombre.
Aux Deitez des sombres lieux.
Je ne fis point de sacrifice,
Comme ces fripons qui des Dieux
Chantoient autrefois le service;
Où la sorcière Pythonisse,
Dont la grimace & l'artifice
Avoient fait dresser les Cheveux,
A ce sot Prince des Hébreux,
Qui crut bonnement que le diable,
D'un Coquin de Prêtre ennuyeux
Lui montroit le spectre effroïable.
Il n'y faut point tant de façon,
Pour une ombre aimable & legere
C'est bien assez d'une chanson,
Et c'est tout ce que je puis faire
  En impromptu je lui dis donc,

Eh! de grace, Monsieur Chapelle
Quittez le manoir de Pluton,
Pour cet enfant qui vous appelle.
Mais non, sur la voute éternelle
Les Dieux vous ont reçu, dit-on,
Et vous ont mis entre Appollon
Et le fils jouflu de Semele.
Du haut de ce divin Canton
Descendez, aimable Chapelle.

Cette familiere oraison
Dans la demeure fortunée
Reçut quelque approbation ;
Car enfin, quoi que mal tournée,
Elle étoit faite en votre nom.
Chapelle en ce moment-là donc
M'apparu par la cheminée.
Je fus bien-tôt, à son approche,
Saisi d'un mouvement divin,
Car il avoit la lire en main
Et son Gassendi dans sa poche.
Il s'appuioit sur Bachaumont
Qui lui servit de Compagnon
Dans le recit de ce voyage,
Qui du plus charmant Badinage
Fut la plus charmante leçon.

Je lui demandai comme il s'y prenoit autrefois dans le Monde,
Pour chanter toujours sur sa Lire,

Ces vers aisez, ces vers coulants,
De la nature heureux enfans,
Où l'art ne trouve rien à dire.
L'Amour, me dit-il, & le Vin
Autrefois me firent connoître
Les graces de cet Art divin :
Puis à Chaulieu l'Epicurien
Je servis quelque temps de maître,
Il faut que Chaulieu soit le tien.

LETTRE
A MONSIEUR
LE DUC DE SULLI.

A Paris le 18. Août 1720.

'IRAI Chez vous, Duc adorable,
Vous dont le goût, la vérité,
L'esprit, la candeur, la bonté,
Et la douceur inaltérable,
Font respecter la volupté,
Et rendent la sagesse aimable.
Que dans votre charmant séjour,
Je me fais un plaisir extrême,
De parler sur la fin du jour,
De vers, de musique, d'amour;
Et par un sot mot de Système!*
Peut-être les larmes aux yeux
Je vous aprendrai pour nouvelle,
Le trépas de ce vieux gouteux,
Qu'anima l'esprit de Chapelle,

---

* Le système de Mr. Law, qui Boulversa la France en 1720.

L'éternel Abbé de Chaulieu,
Paroîtra bien-tôt devant Dieu,
Et si d'une muse féconde,
Les vers aimables & polis,
Sauvent une ame en l'autre monde,
Il ira droit en Paradis.
L'autre jour à son agonie,
Son Curé vint de grand matin
Lui donner en ceremonie,
Avec son huile & son Latin,
Un passeport pour l'autre vie.
Il vit tous ses péchez lavez
D'un petit mot de penitence,
Et reçut ce que vous savez,
Avec beaucoup de bienséance.
Il fit même un très-beau Sermon,
Qui satisfit tout l'auditoire;
Tout haut il demanda pardon
D'avoir eu trop de vaine gloire;
C'étoit là, dit-il, le péché,
Dont il fut le plus entiché,
Car on sait qu'il étoit Poëte
Et que sur ce point tout Auteur,
Ainsi que tout Prédicateur,
N'a jamais eu l'ame bien nette.
Il sera pourtant regretté,
Comme s'il eut été modeste.
Sa perte au Parnasse est funeste,
Presque seul il étoit resté,
D'un siécle plein de politesse.

Helas ! aujourd'hui la jeunesse,
A fait à la délicatesse
Succeder la grossiereté,
La débauche à la volupté,
Et la vaine & lâche paresse
A cette sage oisiveté,
Que l'étude occupoit sans cesse.
Pour notre petit Genonville,
Si digne du siécle passé,
Et des faiseurs de Vaudeville,
Il me paroît très-empressé
D'abandonner pour vous la ville :
Le Systême n'a point gâté
Son esprit aimable & facile ;
Il a toujours le même stile,
Et toujours la même gaité.
Je sai que par déloïauté
Le fripon n'aguere a tâté
De la maîtresse tant jolie
Dont j'étoits si fort entêté.
Un autre eût pu s'en courroucer :
Mais je sai qu'il faut se passer
Des bagatelles dans la vie.

A MONSIEUR
DE GENONVILLE

Ne me soupçonne point de cette vanité,
Qu'a notre ami Chaulieu de parler de lui-même;
Et laisse-moi jouïr de la douceur extrême
De t'ouvrir avec liberté
Un cœur qui te plaît & qui t'aime.
De ma Muse en mes premiers ans
Tu vis les tendres fruits imprudemment * éclore,
Tu vis la Calomnie avec ses noirs serpens,
Des plus beaux jours de mon Printemps
Obscurcir la naissante Aurore.
D'une † injuste prison je subis la rigueur,
Mais au moins de mon malheur
Je sus tirer quelque avantage;
J'apris à m'endurcir contre l'adversité;
Et je me vis un courage
Que je n'attendois pas de la legereté
Et des erreurs de mon jeune âge.
Dieux ! que n'ai-je eû depuis la même fermeté !
Mais à de moindres allarmes
Mon cœur n'a point résisté.
Tu sais combien l'Amour m'a fait verser de larmes,

---

* Mr. de la Faluere de Genonville étoit l'ami intime de Mr. de Voltaire, ils avoient été élevez ensemble.

† L'Auteur avoit été mis à la Bastille à l'âge de dix-neuf ans, sur le faut rapport d'un Espion.

Fripon, tu le sais trop bien,
Toi dont l'amoureuse adresse
M'ôta mon unique bien ;
Toi dont la délicatesse,
Par un sentiment fort humain,
Aima mieux ravir ma maîtresse,
Que de la tenir de ma main.
Mais je t'aimai toujours tout ingrat & vaurien,
Je te pardonnai tout avec un cœur chrétien
Et ma facilité fit grace à ta foiblesse.
Helas ! pourquoi parler encor de mes amours ?
Quelquefois ils ont fait le charme de ma vie,
Aujourd'hui la maladie
En éteint le flambeau peut-être pour toujours.
De mes ans passagers la trame est racourcie,
Mes organes lassés sont morts pour les plaisirs ;
Mon cœur est étonné de se voir sans desirs
Dans cet état il ne me reste
Qu'un assemblage vain de sentimens confus,
Un present douloureux , un avenir funeste,
Et l'affreux souvenir d'un bonheur qui n'est plus.
Pour comble de malheur je sens de ma pensée
Se déranger les ressorts ;
Mon esprit m'abandonne ; & mon ame éclipsée
Perd en moi de son être, & meurt avant mon corps.
Est-ce-là ce rayon de l'essence suprême
Qu'on nous peint si lumineux ?
Est-ce-là cet Esprit survivant à nous-même ?
Il naît avec nos Sens, croît, s'affoiblit comme eux.
Helas ! périroit-il de même ?

LETTRE
A Mr DE FONTENELLE.
De Villars, le 1. Septembre 1720.

Les Dames qui sont à Villars, Monsieur, se sont gâtées par la lecture de vos Mondes. Il vaudroit mieux que ce fut par vos Eglogues, & nous les verrions plus volontiers ici Bergeres, que Philosophes. Elles mettent à observer les Astres un tems qu'elles pourroient beaucoup mieux employer ; & comme leurs goûts décident des nôtres, nous nous sommes tous faits Physiciens pour l'amour d'elles.

>Le soir sur des lits de verdure,
>Lits que de ses mains la Nature,
>Dans ces jardins délicieux,
>Forma pour une autre avanture,
>Nous brouillons tout l'ordre des Cieux ;
>Nous prenons Venus pour Mercure,
>Car vous saurez qu'ici, l'on n'a
>Pour examiner les Planettes,
>Au lieu de vos longues Lunettes,
>Que de Lorgnettes d'Opera.

Comme nous passons la nuit à observer les Etoilles, nous négligeons fort le Soleil à qui nous ne rendons visite que lorsqu'il a fait près des deux tiers de son tour. Nous venons d'apprendre tout à l'heure qu'il a paru de couleur de sang tout le matin, qu'enfuite, fans que l'air fût obfcurci d'aucun nuage il a perdu fenfiblement de fa lumière & de fa grandeur. Nous n'avons fu cette nouvelle que fur les cinq heures du foir, nous avons mis la tête à la fenêtre, & nous avons pris le Soleil pour la Lune, tant il étoit petit & pâle. Nous ne doutons point que vous n'ayez vû la même chofe à Paris.

C'eſt à vous que nous nous adreſſons, Monfieur, comme à notre Maître & à celui de tous les Savans. Vous favez rendre aimables les chofes que les autres Philofophes rendent à peine intelligibles. Et la Nature devoit à la France & à l'Europe un homme comme vous pour corriger les Savans, & pour donner aux plus ignorans le goût des Sciences.

>Or dites-nous donc, FONTENELLES,
Vous qui par un vol imprévu
De Dédale prenant les aîles,
Dans les Cieux avez parcouru
Tant de carrieres immortelles,
Où St. Paul avant vous a vu
Force Beautez furnaturelles
Dont très-prudemment il s'eſt tu.
Du Soleil par vous fi connu,
Ne favez-vous point de nouvelles?
Pourquoi fur un char tout fanglant
A-t-il commencé fa carriere?
Pourquoi perd-il, pâle & tremblant,
Et fa grandeur & fa lumiere?
Que dira le Boulainvilliers *
Sur ce terrible phénoméne?

Va-t-il à des peuples entiers,
Annoncer leur perte prochaine ?
Verrons-nous des incurfions,
Des Edits, des guerres fanglantes,
Quelques nouvelles actions,
Ou le retranchement des rentes ?
Jadis, quand vous étiez Pafteur,
On vous eût vu fur la fougere
A ce changement de couleur
Du Dieu brillant qui nous éclaire,
Annoncer à votre Bergere
Quelque changement dans fon cœur.
Mais depuis que votre Apollon
Voulut quitter la Bergerie
Pour Euclide & pour Varignon,
Et les Rubans de Celadon
Pour l'Aftrolabe d'Uranie,
Vous nous parlerez le jargon
De Calculs & de Réfraction.
Mais daignez un peu, je vous prie,
Si vous voulez parler Raifon,
Nous l'habiller en Poëfie ;
Car fachez que dans ce Canton
Un trait d'imagination
Vaut cent pages d'Aftronomie.

RE'-

* Le Comte de Boulainvilliers, homme d'une grande érudition, mais qui avoit la foibleffe de croire à l'Aftrologie.

RÉPONSE
DE
MONSIEUR
DE FONTENELLE
A MONSIEUR
DE VOLTAIRE.

E n'est pourtant pas que je doute
Qu'un beau jour qui sera bien noir
Le pauvre Soleil ne s'encroute,
En nous disant, Messieurs, bon soir,
Cherchez dans la céleste voute
Quelque autre qui vous fasse voir.
Pour moi j'en ai fait mon devoir,
Et moi-même ne vois plus goute,
Encore un coup, Messieurs, bon soir,
Et peut-être en son desespoir,
Osera-t-il rimer en oute,
Si quelque Déesse n'écoute.
Mais sur notre triste manoir,
Combien de maux fera pleuvoir
Cette céleste Banqueroute ?
On allumera maint Bougeoir,

Mais qui n'aura pas grand pouvoir:
Tout sera pêle-mêle, & toute
Société sera diſſoute,
Sans qu'on diſe juſqu'au revoir.
Chacun de l'éternel dortoir
Enfilera bien-tôt la route
Sans teſter & ſans laiſſer d'hoir,
Et ce que plus je redoute
Chacun demandera la broute.
Et ne croira plus rien valoir.

A MADAME DE * * * *

Certain enfant qu'avec crainte on careſſe,
Et qu'on connoît à ſon malin ſouris,
Court en tous lieux précédé par les Ris,
Mais trop ſouvent ſuivi de la Triſteſſe.
Dans le cœur des humains il entre avec ſoupleſſe,
Habite avec fierté, s'envole avec mépris.
Il eſt un autre Amour fils craintif de l'eſtime,
Soumis dans ſes chagrins, conſtant dans ſes deſirs,
Que la Vertu ſoutient, que la candeur anime,
Qui réſiſte aux rigueurs & croit par les plaiſirs.

LETTRE
A MONSIEUR
DE LA FAYE.

La Faye, ami de tout le monde,
Qui savez le secret charmant
De réjouïr également
Le Philosophe, l'ignorant,
Le Galant à perruque blonde;
Vous qui rimez si joliment
Des Madrigaux, des Epigrammes,
Qui chantez d'amoureuses flâmes,
Sur votre luth tendre & galant,
Et qui même assez hardiment
Osâtes prendre votre place
Auprès de Malherbe & d'Horace,
Quand vous allez sur le Parnasse
Par le Caffé de la Laurent.

Je voudrois bien aller aussi au Parnasse moi qui vous parle, j'aime les vers à la fureur ; mais j'ai un petit malheur, c'est que j'en fais de détestables, & j'ai le plaisir de jetter tous les soirs au feu, tout ce que j'ai barbouillé dans la journée, par fois je lis une belle Strophe de vôtre ami M. de la Motte, & puis je me dis tout bas, *petit miserable, quand feras-tu quelque chose d'aussi-bien* ? Le moment d'après, c'est une Strophe peu harmonieuse, & un peu obscure, & je me dis *garde-toi bien d'en faire autant*. Je tombe sur un Pseaume, ou sur une Epigramme ordurière de Rousseau : cela éveille mon odorat, je veux lire ses autres ouvrages, mais le Livre me tombe des mains : je vois des Comedies à la glace, des Opera fort au-dessous de ceux de l'Abbé Pic ; une Epître au Comte d'Ayen qui est à faire vomir ; un petit voyage de Roüen fort insipide, une Ode à M. Duché au-dessous de tout cela ; mais ce qui me révolte & qui m'indigne, c'est le mauvais cœur & le mal-honnête homme qui perce à chaque ligne. J'ai lû son Epître à Marot, où il y a de très-beaux morceaux ; mais je crois y voir plûtôt un enragé qu'un Poëte, il n'est pas inspiré, il est possedé : il reprohe à l'un sa prison, à l'autre sa vieillesse, il appelle celui-ci Athée, celui-là maroufle ; où est donc le mérite de dire en vers de cinq pieds des injures si grossieres ? Ce n'étoit point ainsi qu'en usoit M. Despreaux quand il se joüoit aux dépens des mauvais Auteurs ; aussi son stile étoit doux & coulant ; mais celui de Rousseau me paroît inégal, recherché, plus violent que vif, & teint, si j'ose m'exprimer ainsi, de la bile qui le devore. Peut-on souffrir qu'en parlant de M. de Crebillon, il dise qu'il *vient de sa griffe Apollon molester.*

Quels vers que ceux-ci....

Ce rimeur si sucré

Devient amer, quand le cerveau lui tinte,
Plus qu'aloès ni jus de coloquinte.

De plus toute cette Epître roule sur un raisonnement faux, il veut prouver que tout homme d'esprit est honnête homme, & que tout sot est fripon, mais ne seroit-il pas la preuve trop évidente du contraire ? Si pourtant c'est véritablement de l'esprit que le seul talent de la versification, je m'en rapporte à vous & à tout Paris. Le Sr. Rousseau ne passe point pour avoir d'autre mérite, il écrit si mal en prose que son Factum est une des piéces qui ont servi à le faire condamner; au contraire le Factum de M. Saurin est un Chef-d'œuvre, & *quid facundia posset, tum paruit.* Enfin voulez-vous que je vous dise franchement mon petit sentiment sur MM. de la Motte & Rousseau ? M. la Motte pense beaucoup, & ne travaille pas assez ses vers; Rousseau ne pense guéres, mais il travaille ses vers beaucoup mieux : le point seroit de trouver un Poëte qui pensât comme la Motte & qui écrivit comme Rousseau (quand Rousseau écrit bien, s'entend). Mais

Pauci quos æquus amavit
Juppiter, aut ardens evexit ad æthera virtus,
Dis geniti potuere.

J'ai bien envie de revenir bien-tôt souper avec vous & raisonner de Belles Lettres ; je commence à m'ennuyer beaucoup ici ; or il faut que je vous dise ce que c'est que l'Ennui.

Car vous qui toujours le chassez
Vous pourriez l'ignorer peut-être :

Trop heureux si ces vers à la hâte tracez
Ne vous l'ont déja fait connoître !
C'est un gros Dieu lourd & pesant,
D'un entretient froid & glaçant,
Qui ne rit jamais, toujours bâille,
Et qui depuis cinq ou six ans
Dans la foule des Courtisans
Se trouvoit toujours à Versaille.
Mais on dit que tout de nouveau
Vous l'allez revoir au parterre
Au *Capricieux* * de Rousseau;
C'est-là sa demeure ordinaire.

Au reste, je suis charmé que vous ne partiez pas sitôt pour Génes †, votre Ambassade m'a la mine d'être pour vous un Bénéfice simple. Faites-vous payer de votre Voyage, & ne le faites point, ne ressemblez point à ces politiques errans qu'on envoye de Parme à Florence & de Florence à Holstein, & qui reviennent enfin ruinez à Paris pour avoir eû le plaisir de dire *le Roi mon Maître*. Il me semble que je vois des Comédiens de Campagne qui meurent de faim après avoir joüé le Rôle de Céfar & de Pompée

Non, cette brillante folie
N'a point enchanté vos esprits,

* Mauvaise Piéce de Rousseau qu'on vouloit mettre au Théâtre, mais qu'on fut obligé d'abandonner aux répétitions.

† M. de la Faye étoit nommé Envoyé Extraordinaire à Génes.

Vous connoiffez trop bien le prix
Des douceurs de l'aimable vie
Qu'on vous voit mener à Paris
En affez bonne Compagnie ;
Et vous pouvez fort bien vous paffer
D'aller loin de nous profeffer
La Politique en Italie.

LETTRE
A M. LE CARDINAL
DU BOIS.

UNE beauté qu'on nomme Rupelmonde,
Avec qui les Amours & moi
Nous courons depuis peu le monde,
Et qui nous donne à tous la Loi,
Veut qu'à l'inftant je vous écrive.
Ma Mufe comme à vous à lui plaire attentive
Accepte avec tranfport un fi charmant emploi.

Nous arrivons, Monfeigneur, dans votre Métropole, où je croi que tous les Ambaffadeurs & tous les Cuifiniers de l'Europe fe font donné rendez-vous. Il femble que les Miniftres d'Allemagne ne foient à Cambray que pour faire boire la fanté de l'Empereur. Pour Meffieurs les Ambaffadeurs d'Efpagne, l'un entend deux Meffes par jour, l'autre dirige la troupe des Comediens ; les Miniſtres Anglois envoyent beaucoup de couriers en Champagne & peu à Londres. Au reſte, perſonne n'attend ici Votre Eminence, on ne penſe pas que vous quittiez le Palais Royal pour venir viſiter vos oüailles. Vous ſeriez trop fâché & nous auſſi, s'il vous falloit quitter le Miniſtere pour l'Apoſtolat.

 Puiſſent Meſſieurs du Congrès
  En buvant dans cet azile ,
  De l'Europe aſſurer la Paix !
  Puiſſiez - vous aimer votre Ville ,
  Seigneur & n'y venir jamais !
Je ſai que vous pouvez faire des homelies ,
  Marcher avec un Porte - Croix ,
  Entonner la Meſſe par fois ,
  Et marmoter des Litanies.
Donnez , donnez plûtôt des exemples aux Rois ,
Uniſſez à jamais l'eſprit à la prudence,
Qu'on publie en tous lieux vos grandes actions :
 Faites - vous benir de la France
Sans donner à Cambray des Bénédictions.

 Souvenez-vous quelquefois , Monſeigneur , de Voltaire, qui n'a en vérité d'autre regret que de ne pouvoir pas entretenir Votre Eminence auſſi ſouvent qu'il le voudroit , & qui de toutes les graces que vous pouvez lui faire, regarde l'honneur de votre converſation comme la plus flatteuſe.

LA MORT
DE
MADEMOISELLE
LE COUVREUR
A Mlle. SALLE'.

Ue vois-je, quel objet ? quoi ! ces lévres charmantes,
Quoi ! ces yeux d'où partoient ces flammes éloquentes,
Eprouvent du trépas les livides horreurs ?
Muses, Graces, Amours, dont elle fut l'image,
O mes Dieux, mes seuls Dieux, secourez votre ouvrage.
Que vois je ? C'en est fait, je t'embrasse, & tu meurs.
Tu meurs, on sait déja cette triste nouvelle :
Tous les cœurs sont émus de ma douleur nouvelle.
J'entends de tous côtez les beaux Arts éperdus
S'écrier en pleurant, Melpomene n'est plus !
  Que direz-vous, race future,
Lorsque vous apprendrez la flétrissante injure
Qu'à ces Arts désolez font des Prêtres cruels ?
  Un objet digne des Autels

Eſt privé de la Sepulture !
Et dans un champ profane on jette à l'avanture
De ce corps ſi chéri les reſtes immortels.
Non, ces bords deſormais ne ſeront plus prophanes,
Ils contiennent ta cendre ; & ce triſte tombeau
Honoré par nos chants, conſacrez par tes Mânes,
  Eſt pour nous un Temple nouveau.
Voilà mon St. Denis ; oüi, c'eſt-là que j'adore
Ton eſprit, tes talens, tes graces, tes appas ;
Je les aimai vivans, je les enſence encore,
  Malgré l'Enfer, & le trépas,
  Malgré l'erreur, & les ingrats
Que ſeuls de ce tombeau l'opprobre deshonore.
Ah ! verrai-je toujours ma ſotte Nation,
Incertaine en ſes vœux flétrir ce qu'elle admire ?
Nos mœurs avec nos Loix toujours ſe contredire,
Et le foible François s'endormir ſous l'Empire
  De la Superſtition ?
 Quoi ! n'eſt-ce donc qu'en Angleterre
  Que les Mortels oſent penſer ?
Exemple de l'Europe, ô Londres ! heureuſe terre,
Ainſi que vos Tyrans vous avez ſû chaſſer
Les préjugez honteux qui nous livrent la guerre.
C'eſt-là qu'on ſait tout dire, & tout récompenſer,
Nul Art n'eſt mépriſé, tout ſuccès a ſa gloire,
Le Vainqueur de Tallard, le fils de la Victoire,
Le ſublime Dryden, & le ſage Addiſſon
Et la charmante Ophits, & l'immortel Newton,
Ont part également au Temple de mémoire

Et le Couvreur à Londres, auroit eû des tombeaux
Parmi les Beaux Esprits, les Rois & les Heros;
Quiconque a des Talens, à Londres est un grand homme.
Le génie étonnant de la Grece & de Rome,
Enfant de l'abondance, & de la liberté,
Semble après deux mil ans chez eux ressuscité.
O toi jeune Salle', fille de Terpsicore,
Qu'on insulte à Paris ; mais que tout Londres honore,
Dans tes nouveaux succés reçois avec mes vœux
Les applaudissemens d'un peuple respectable.
De ce Peuple puissant, fier, libre, généreux,
Aux malheureux propice, aux beaux Arts favorable,
Du laurier d'Appollon, dans nos stériles champs,
La feuille négligée est desormais flétrie.
Dieux ! pourquoi mon Païs n'est-il plus la Patrie
  Et de la Gloire & des Talens ?

AUX MANES
DE MONSIEUR
DE GENONVILLE,

Conseiller au Parlement, & intime ami de l'Auteur.

TOI que le Ciel jaloux ravit dans ton Printems,
Toi de qui je conserve un souvenir fidéle,
Vainqueur de la Mort & du Temps,
Toi dont la perte après dix ans
M'est encore affreuse & nouvelle.
Si tout n'est pas détruit, si sur les sombres bords
Ce soufle si caché, cette foible étincelle,
Cet Esprit, le moteur & l'esclave du Corps,
Ce je ne sai quel Sens, qu'on nomme Ame immortelle,
Reste inconnu de Nous, est vivant chez les morts;
S'il est vrai que tu sois, & si tu peux m'entendre,
O mon cher Genonville, avec plaisir reçoi
Ces vers & ses soupirs que je donne à ta cendre,
Monumens d'un amour immortel comme toi.
Il te souvient du temps, où l'aimable Egerie,
Dans les beaux jours de notre vie,
Ecoutoit nos chansons, partageoit nos ardeurs.
Nous nous aimions tous trois, la raison, la folie,
L'amour, l'enchantement des plus tendres erreurs,
Tout réunissoit nos trois cœurs.

Que nous étions heureux ! même cette indigence,
　Triste compagne des beaux jours,
Ne put de notre joye empoisonner le cours.
Jeunes, gais, satisfaits, sans soin, sans prévoyance,
Aux douceurs du présent bornant tous nos desirs,
Quel besoin avions-nous d'une vaine abondance ?
Nous possedions bien mieux, nous avions les plaisirs.
Ces plaisirs, ces beaux jours coulez dans la molesse,
　Ces ris, enfans de l'allegresse,
Sont passez avec toi dans la nuit du trépas.
Le Ciel en récompense accorde à ta maîtresse
　Des grandeurs & de la richesse,
Apuis de l'âge mûr, éclatant embarras,
Foible soulagement quand on perd sa jeunesse,
La fortune est chez elle, où fut jadis l'amour.
Ce dernier à mon cœur auroit plû davantage,
Mais qui peut tout avoir ? les soirs le vieux Saurin
Qu'on ne peut définir, ce Critique, ce sage,
Qui des vains préjugez, foule aux pieds l'esclavage,
Qui m'apprend à penser, qui rit du genre humain,
Réchauffe entre nous deux les glaces de son âge,
De son esprit perçant la sublime vigueur
Se joint à nos chansons, aux graces du Permesse,
Des Nymphes d'Apollon le commerce enchanteur
Déride sur son front les traits de la Sagesse,
Nous chantons quelquefois & tes vers & les miens,
De ton aimable Esprit nous célébrons les charmes,
Ton nom se mêle encore à tous nos entretiens,
Nous lisons tes écrits ; nous les baignons de larmes.
Loin de nous à jamais ces mortels endurcis,

Indigne du beau nom, du sacré nom d'amis,
Ou toujours remplis d'eux, ou toujours hors d'eux-
 mêmes,
Au monde, à l'inconstance, ardens à se livrer,
Malheureux dont le cœur ne sait pas comme on aime
Et qui n'ont point connu la douceur de pleurer.

A MADAME
DE GONDRIN,
depuis
MADAME
DE TOULOUSE.

Avez-vous, Jentille Douairiere,
Ce que dans Sully l'on faisoit
Lorsqu'Eole vous conduisoit
D'une si terrible maniere.
Le malin *Perigny* rioit,
Et pour vous déja préparoit
Quelqu'Epitaphe familiere.
Du Palais ses grands yeux ouvroit,
Sully tendrement soupiroit,
En s'apuyant sur la *Valiere*.
Roussy comme un Diable juroit,
Et l'Abbé *Courtin* qui pleuroit
En voyant votre heure derniere,
Adressoit à Dieu sa priere
Et déja pour vous bégaïoit
Une Antienne de son Breviaire,
Dont à peine il se souvenoit

Et que même il n'entendoit guére,
Mais quel spectacle ! j'envisage
Les Amours qui de tous côtez
Viennent s'opposer à la rage
Des vents contre vous irritez,
Je les vois, ils font à la nâge,
Et plongez jusqu'au cou dans l'eau,
Ils conduisent votre bâteau,
Et vous voilà sur le rivage.
GONDRIN, songez à faire usage
Des jours qu'Amour a conservez,
C'est pour lui qui les a sauvez,
Il a des droits sur son ouvrage.

A M. LE MARE'CHAL DE VILLARS.

Je me flâtois de l'espérance
D'aller goûter quelque repos
Dans votre maison de plaisance.
Mais Vinache a ma confiance ;
Et j'ai donné la préférence,
Sur le plus grand de nos Heros,
Au plus grand Charlatan de France.
Ce discours vous déplaira fort,

Et

Et je confesse que j'ai tort
De parler du soin de ma vie
A celui qui n'eût d'autre envie
Que de chercher par tout la mort
Mais souffrez, que je vous réponde,
Sans m'attirer votre couroux,
Que j'ai plus de raison que vous
De vouloir rester dans ce monde.
Car si quelque coup de Canon
Dans vos beaux jours brillants de gloire
Vous eût envoyé chez Pluton,
Voyez la consolation
Que vous auriez dans la nuit noire,
Lorsque vous sauriez la façon
Dont vous auroit traité l'Histoire.

Paris vous eût premierement
Fait un service fort célébre
En presence du Parlement,
Et quelque Prélat ignorant
Auroit prononcé hardiment
Une longue Oraison funebre
Qu'il n'eût pas faite assurément.
Puis en vertueux Capitaine
On vous auroit proprement mis
Dans l'Eglise de St. Denis
Entre du Guesclin, & Turenne.
Mais si quelque jour moi chétif
Je passois sous le noir esquif,
Je n'aurois qu'une vile biére,

V

Deux Prêtres s'en iroient gayement
Porter ma figure legere,
Et la loger mesquinement
Dans un recoin de Cimetiere.
Mes nieces au lieu de priere,
Et mon Janséniste de frére,
Riroient à mon enterrement,
Et j'aurois l'honneur seulement
Que quelque Muse médisante
M'affubleroit pour monument
D'une Epitaphe impertinente.

Vous voyez donc très-clairement
Qu'il est bon que je me conserve
Pour être encore témoin long-tems
De tous les exploits éclatans
Que le Seigneur Dieu vous réserve.

LE CADENAT.

E une Beauté qui ne savez que plaire,
A vos genoux comme bien vous savez,
En qualité de Prêtre de Cythere,
J'ai débité non morale sévére,
Mais bien Sermons par Venus approuvez,
Gentils propos, & toutes les sornettes,
Dont Rochebrune orne ses Chansonnettes.
De ces Sermons votre cœur fut touché,
Jurâtes lors de quitter le péché,

Que parmi nous on nomme indifférence :
Plus un baiser m'en donna l'assûrance ;
Mais votre Epoux, ma mie, a tout gâté.
Il craint l'Amour. Mari sexagenaire
Contre ce Dieu fut toujours en colère,
C'est bien raison. L'Amour de son côté,
Assez souvent ne les épargne guére.
Celui-ci donc tient de court vos appas.
Plus ne venez sur les bords de la Seine
Dans ces jardins où blondins à centaine,
En rendez-vous vont prendre leurs ébats,
Où tous les soirs Nymphes jeunes & blanches
Les *Courcillons*, *Polignacs*, *Ville-Franches*,
Près du Bassin devant plus d'un Paris
De la beauté vont disputer le prix ;
Plus ne venez au Palais des Francines,
Dans ce païs où tout est fiction,
Où l'Amour seul fait mouvoir cent machines,
Plaindre Thesée & siffler Arion.
Trop bien hélas ! à votre époux soumise,
On ne vous voit tout au plus qu'à l'Eglise.
Le scélérat a de plus attenté
Par cas nouveau sur votre liberté.
Pour éclaircir pleinement ce myſtére,
D'un peu plus haut reprenons notre affaire.
Vous connoissez la Déesse Cérès :
Or en son tems Cérès eut une fille,
Semblable à vous à vos scrupules près,
Belle & sensible honneur de sa famille,

Brune surtout, partant pleine d'attraits,
Ainsi que vous par le Dieu d'Hymenée
La pauvre enfant fut assez mal menée.
Le Roi des Morts fut son barbare Epoux,
Il étoit louche, avare, hargneux, jaloux ;
Il fut Cocu, c'étoit bien la justice.
Pirithoüs son fortuné rival,
Beau, jeune, adroit, complaisant, liberal,
Au Dieu Pluton donna le bénéfice
De Cocuage ; or ne demandez pas,
Comment un homme avant sa derniere heure,
Put pénétrer en la sombre demeure.
Cet homme aimoit ; l'Amour guida ses pas.
 Mais aux Enfers comme aux lieux où vous êtes,
Voyez qu'il est peu d'intrigues secrettes.
De sa chaudiere un damné d'Espion
Vit ce grand cas, & dit tout à Pluton.
Le Dieu donna sa femme à tous les Diables.
Premiers transports sont un peu pardonnables.
Bien-tôt après devant son Tribunal,
Il convoqua le Sénat infernal,
A son conseil viennent les noires ames,
De ces maris dévolus aux enfers,
Qui dès long-tems en cocuage experts,
Pendant leur vie ont tourmenté leurs femmes.
Un d'eux lui dit, mon confrere & Seigneur,
Pour détourner la maligne influence,
Dont Votre Altesse a fait l'expérience,
Occir sa femme est toujours le meilleur ;

Mais las ! Seigneur, la votre est immortelle.
Je voudrois donc pour votre sûreté,
Qu'un Cadenat de structure nouvelle
Fût le garand de sa fidelité.
A la vertu par la force asservie,
Lors vos plaisirs bornerons son envie,
Plus ne sera d'Amant favorisé,
Et plût aux Dieux, que quand j'étois en vie
D'un tel secret je me fusse avisé !
A ce discours les Diables applaudirent,
Et sur l'airain les Cocus l'écrivirent.
En un moment fers, enclumes, fourneaux,
Sont préparez aux gouffres infernaux.
Tisiphoné de ses lieux serrurière,
Au Cadenat met la main la première :
Elle l'acheve : & des mains de Pluton,
Proserpine reçoit le triste don.
On m'a conté, qu'essayant son ouvrage,
Le cruel Dieu fut émû de pitié,
Qu'avec tendresse il dit à sa moitié,
Que je vous plains ! vous allez être sage.
 Or ce secret aux enfers inventé
Chez les humains tôt après fut porté,
Et depuis ce, dans Venise & dans Rome,
Il n'est Pédant, Bourgeois ni Gentilhomme,
Qui pour garder l'honneur de sa maison,
De Cadenats n'ait sa provision.
Là tout jaloux, sans crainte qu'on le blâme,
Met sous la clef la vertu de sa femme,
Or votre Epoux dans Rome a fréquenté,

Chez les méchans on se gâte sans peine,
Et le galant vit fort à la Romaine ;
Mais ne craignés pour votre liberté,
Tous ses efforts seront pures vétilles.
De par Venus vous reprendrez vos droits,
Et mon amour est plus fort mille fois,
Que Cadenats, verroux, portes ni grilles.

A MADEMOISELLE DU CLOS.

Du Théâtre aimable souveraine,
Belle Duclos, fille de Melpomene,
Puissent ces vers de vous être goûtez,
Amour le veut, Amour les a dictez.
Ce petit Dieu de son aîle legere,
Un arc en main parcouroit l'autre jour
Tous les recoins de votre sanctuaire,
Loges, foyers, théâtre tour à tour,
Un chacun sait que ce joli séjour
Fut de tout tems du ressort de Cythere ;
Hélas ! Amour, que tu fus consterné
Lorsque tu vis ce Temple profané,
Et ton Rival de son culte hérétique,
Etablissant l'usage frénétique,
Accompagné de ces mignons chéris,

Fouler aux pieds les mirthes de Cypris.
 Cet ennemi jadis eut dans Gomore,
Plus d'un Autel, & les auroit encore
Si par le feu son païs consumé,
En lac un jour n'eût été transformé.
Ce conte n'est de la Métamorphose :
Mais gens de bien m'ont expliqué la chose,
Très-doctement & partant ne veux pas
Examiner la vérité du cas
Qu'ainsi ne soit, chassé de son azile,
Ce pauvre Dieu courut de Ville en Ville.
Il vint en Grece, il y donna leçon
Plus d'une fois à Socrate & Platon,
Et puis après il fit sa résidence,
Tantôt à Rome & tantôt à Florence ;
Cherchant toujours, si bien vous l'observez,
Peuples polis & par art cultivez.
Maintenant donc, le voici dans Lutece,
Séjour fameux des effrénez desirs,
Et qui vaut bien l'Italie & la Grece,
Quoiqu'on en dise, au moins pour les plaisirs.
Là pour tenter notre foible nature,
Ce Dieu paroit sous humaine figure,
Et si, n'a pris Bourdon de Pélerin,
Comme autrefois l'a pratiqué Jupin,
Quand voyageant au païs où nous sommes,
Quittoit les Cieux pour éprouver les hommes
Trop bien il s'est en Marquis déguisé,
Leste équipage & chere de Satrape,
Chez vos Blondins l'ont impatronisé ;

Comus, Silene, Adonis & Priape,
Sont à sa table où Messire Apollon
Vient quelquefois joüer du Violon.
Au demeurant il est haut de corsage,
Bien fait & beau ; l'Amour dès son jeune âge,
Pour compagnon l'auroit pris autrefois,
Si de l'Amour il n'eut bravé les loix.
Dans ses yeux brille & luxure & malice,
Il est joyeux & de doux entretien,
Faites état qu'il ne défaut de rien,
Fors qu'on m'a dit qu'il lui manque une cuisse. *
Finalement on voit de toutes parts,
Jeunes Ménins suivre ses étendarts,
Dont glorieux il paroît à tout heure
Sur ce Théâtre aux Muses destiné,
Où par Racine en triomphe amené,
Le tendre Amour a choisi sa demeure.
Que dis-je, hélas ! l'Amour n'habite plus
Dans ce réduit ; désespéré, confus
Des fiers succès du Dieu qu'on lui préfere,
L'enfant aîlé s'est enfui chez sa mere,
D'où rarement il descend ici bas.
Belle Duclos, ce n'est que sur vos pas
Qu'il vient encore, Duclos, pour vous entendre;
Du haut des Cieux j'ai vû ce Dieu descendre,
Sur le Théatre, il vole parmi nous,
Quand sous le nom de Phedre ou de Monime,

* L'homme dont il est question avoit eu une cuisse emportée à Ramilly.

Vous partagez entre Racine & vous,
De notre encens le tribut légitime.
Que si voulez que cet Enfant jaloux
De ces beaux lieux desormais ne s'envole,
Convertissons ceux qui devant l'Idole
De son rival ont fléchi les genoux.
N'êtes pour rien la Prêtresse du Temple.
A l'Hérétique il faut prêcher d'exemple.
Or venez donc avec moi quelque jour
Sacrifier au véritable amour.

LE COCUAGE.

ADIS Jupin de sa femme jaloux,
Par cas plaisant fait pere de famille,
De son cerveau fit sortir une fille,
Et dit, du moins celle-ci vient de nous.
Le bon Vulcain que la Cour étherée,
Fit pour ses maux époux de Cytherée,
Vouloit avoir aussi quelque poupon,
Dont il fût sûr, & dont seul il fut pére
Car de penser que le beau Cupidon,
Que les Amours ornemens de Cythere,
Qui quoiqu'enfans enseignoient l'art de plaire,
Fussent les fils d'un simple Forgeron,
Pas ne croyoit avoir fait telle affaire.
De son vacarme il remplit la maison,
Soins & soucis son esprit tenaillerent,
Soupçons jaloux son cerveau martellerent,
A sa moitié vingt fois il reprocha
Son trop d'appas, dangereux avantage.
Le pauvre Dieu fit tant qu'il accoucha
Par le cerveau; de quoi? du Cocuage,
C'est-là ce Dieu révéré dans Paris,

Dieu mal faifant, le fleau des maris,
Dès qu'il fut né, fur le chef de fon pere,
Il effaya fa naiffante colére.
Sa main novice imprima fur fon front,
Les premiers traits d'un éternel affront
A peine encor eut-il plume nouvelle,
Qu'au bon hymen il fit guerre immortelle ;
Vous l'euffiez vû l'obfedant en tous lieux,
Et de fon bien s'emparant à fes yeux,
Se promener de ménage en ménage,
Tantôt portant la flâme & le ravage,
Et de brandons allumez dans les mains,
Aux yeux de tous éclairoit fes larcins ;
Tantôt rampant dans l'ombre & le filence,
Le front couvert d'un voile d'innocence,
Chez un époux le matois introduit,
Faifoit fon coup fans fcandale & fans bruit.
La Jaloufie au teint pâle & livide,
Et la Malice à l'œil faux & perfide,
Guide fes pas où l'Amour le conduit,
Nonchalamment la Volupté le fuit.
Pour mettre à bout les Maris & les Belles,
De traits divers fes carquois font remplis ;
Fléches y font pour les cœurs des Cruelles,
Cornes y font pour le front des Maris.
 Or ce Dieu-là malfaifant ou propice
Mérite bien qu'on chante fon office,
Et par befoin ou par précaution,
On doit avoir à lui dévotion,

Et lui donner encens & luminaire ;
Soit qu'on époufe ou qu'on n'époufe pas,
Soit qu'on le faffe ou qu'on craigne le cas,
De fa faveur on a toujours affaire.
O vous Iris que j'aimerai toujours,
Quand de vos vœux vous étiez la Maîtreffe,
Et qu'un contract trafiquant la tendreffe,
N'avoit encor afservi vos beaux jours,
Je n'invoquois que le Dieu des Amours :
Mais à prefent pere de la trifteffe,
L'Hymen, hélas ! vous a mis fous fa loi.
A Cocuage il faut que je m'adreffe,
C'eft le Dieu feul en qui j'ai de la foi.

A M. L'ABBÉ DE SERVIEN,

Pendant sa Prison de Vincennes.

IMABLE Abbé dans Paris autrefois,
La Volupté de toi reçut des loix ;
Les Ris badins, les Graces enjouées,
A te servir dès long-tems dévouées,
Et dès long-tems fuyant les yeux du Roi,
Marchoient souvent entre Philippe & toi,
Te prodiguoient leurs faveurs liberales,
Et de leurs mains marquoient dans leurs annales,
En lettres d'or, mots & contes joyeux,
De ton esprit, enfans capricieux.
Hélas ! j'ai vû les Graces éplorées,
Le sein meurtri, pâles, desesperées ;
J'ai vû les Ris tristes & consternez,
Jetter les fleurs dont ils étoient ornez,
Les yeux en pleurs & soûpirant leurs peines,
Ils suivoient tous le chemin de Vincennes,
Et regardant ce château malheureux,
Aux beaux esprits, hélas si dangereux !
Redemandoient aux Destins en colere,
Défunt Abbé qui leur servoit de pere.

N'imite point leur cruel defefpoir,
Et puis qu'enfin tu ne peux plus revoir
L'aimable Prince à qui tu plais, qui t'aime,
Ofe aujourd'hui te fuffire à toi-même.
On ne peut vivre au donjon comme ici;
Le deftin change, il faut changer auffi.
Au fel attique, au riant badinage,
Il faut mêler la force & le courage,
A fon état mefurant fes defirs,
Selon les tems fe faire des plaifirs;
Et fuivre enfin, conduit par la nature,
Tantôt Socrate & tantôt Epicure.
Tel dans fon art un Pilote affuré,
Maître des flots dont il eft entouré,
Sous un Ciel pur où brillent les étoiles,
Au vent propice abandonne ces voiles,
Et quand Neptune a foulevé les flots,
Dans la tempête il trouve fon repos.
D'un ancre fûr il fend la molle aréne,
Trompe des vents l'impétueufe haleine,
Et du Trident bravant les rudes coups,
Tranquille & fier rit des Dieux en couroux.
Tu peux, Abbé, du fort jadis propice,
Par ta vertu corriger l'injuftice;
Tu peux changer ce donjon détefté
En un Palais par Minerve habité;
Le froid ennui, la fombre inquiétude,
Monftre affreux nez dans la folitude,
De ta prifon vont bien-tôt s'exiler.

Voi dans tes bras de toutes parts voler,
L'oubli des maux, le sommeil desirable,
L'indifférence au cœur inaltérable,
Qui dédaignant les outrages du sort,
Voit d'un même œil & la vie & la mort;
La Paix tranquille & la Constance altiere,
Au front d'airain, à la démarche fiere,
A qui jamais ni les Rois ni les Dieux,
La foudre en main n'ont fait baisser les yeux.
Divinitez des Sages adorées,
Que chez les Grands vous êtes ignorées !
Le fol Amour, l'Orgueil présomptueux,
Des vains Plaisirs l'essain tumultueux,
Troupe volage à l'Erreur consacrée,
De leurs Palais vous défendent l'entrée :
Mais la retraite a pour vous des apas,
Dans nos malheurs vous nous tendez les bras.
Des passions la troupe confonduë,
A votre aspect disparoît éperduë,
Par vous heureux au milieu des revers,
Le Philosophe est libre dans les fers.

A MONSIEUR DE GERVASI, MEDECIN.

TU revenois couvert d'une gloire éternelle,
Le Gevaudan * surpris t'avoit vû triompher
Des traits contagieux d'une Peste cruelle,
    Et ta main venoit d'étouffer
De cent poisons cachez la semence mortelle.
Dans Maisons cependant je voyois mes beaux jours.
Vers leurs derniers momens précipiter leur cours.
Déja prés de mon lit la Mort inexorable
Avoit levé sur moi sa faux épouventable.
Le vieux Nocher des Morts à sa voix accourut.
C'en étoit fait : sa main tranchoit ma destinée,
Mais tu lui dis, arrête.... & la Mort étonnée
Reconnut son vainqueur, fremit & disparut.
Hélas ! si comme moi l'aimable Genonville,
Avoit de ta presence eu le secours utile,
Il vivroit, & sa vie eût rempli nos souhaits;
De son cher entretien je goûterois les charmes,
Mes jours, que je dois, renaîtroient sans allarme,
                                          Et

---

* M. de Gervasi, célébre Medecin de Paris, avoit été envoyé dans le Gevaudan pour la Peste, & à son retour il est venu guérir l'Auteur de la petite vérole dans le Château de MAISONS, à six lieuës de Paris, en 1723.

Et mes yeux, qui fans toi fe fermoient pour jamais
Ne fe rouvriroient point pour répandre des larmes.
C'eft toi, du moins, c'eft toi, par qui dans ma douleur
  Je peux joüir de la douceur
  De plaire & d'être cher encore
Aux illuftres amis dont mon deftin m'honore,
Je reverrai Maifons, dont les foins bienfaifans
  Viennent d'adoucir ma fouffrance,
Maifons en qui l'efprit tient lieu d'expérience,
  Et dont j'admire la prudence
  Dans l'âge des égaremens.
Je me flatte en fecret qu'à mon dernier ouvrage
Le vertueux Sulli donnera fon fuffrage,
Que fon cœur généreux avec quelque plaifir
Au fortir du tombeau me reverra paroître,
  Et que * Mariamne peut-être
Pourra par fes malheurs enchanter fon loifir.
Beaux Jardins de Villars, ombrages toujours frais,
  C'eft fous vos feüillages épais
Que je retrouverai ce Héros plein de gloire
  Qui nous a ramené la Paix,
  Sur les aîles de la Victoire.
C'eft-là que Richelieu par fon air enchanteur,
Par fes vivacitez, fon efprit, & fes graces,
Dès qu'il reparoîtra, fçaura joindre mon cœur

---

* Tragédie de l'Auteur reprefentée une feule fois en 1724. & qu'il a retirée pour la corriger & la faire paroître l'année fuivante. L'Auteur l'a retouchée de nouveau dans cette Edition de fes Oeuvres.

A tant de cœurs soumis qui volent sur ses traces.
Et toi, cher Bullingbrook, Héros qui d'Apollon
    As reçû plus d'une couronne,
    Qui réunis en ta personne
    L'Eloquence de Cicéron,
L'esprit de Mécénas, l'agrément de Petrone,
Enfin donc je respire, & respire pour toi;
Je pourrai desormais te parler & t'entendre;
Mais Ciel ! quel souvenir vient ici me surprendre!
Cette aimable beauté qui m'a donné sa foi,
Qui m'a juré toujours une amitié si tendre,
Daignera-t-elle encore jetter les yeux sur moi ?
Hélas ! en descendant sur le sombre rivage
Dans mon cœur expirant je portois son image;
Son amour, ses vertus, ses graces, ses appas,
Les plaisirs que cent fois j'ai goûtez dans ses bras,
A ces derniers momens flattoient encore mon ame
Je brûlois en mourant d'une immortelle flâme.
Grands Dieux ! me faudroit-il regreter le trépas?
M'auroit-elle oublié ? seroit-elle volage?
Que dis-je, malheureux ! où vais-je m'engager;
    Quand on porte sur le visage,
D'un mal si redouté le fatal témoignage,
Est-ce à l'amour qu'il faut songer?

A MADEMOISELLE LE COUVREUR

L'Heureux talent dont vous charmez la France,
Avoit en vous brillé dès votre enfance;
Il fut dès-lors dangereux de vous voir,
Et vous plaisiez même sans le savoir,
Sur le Théâtre heureusement conduite
Parmi les vœux de cent cœurs empressez;
Vous recitiez par la nature instruite,
C'étoit beaucoup, ce n'étoit point assez;
Il vous fallut encore un plus grand maître.
Permettez-moi de faire ici connoître,
Quel est ce Dieu de qui l'art enchanteur
Vous a donné votre gloire suprême.
Le tendre Amour me l'a conté lui-même :
On me dira que l'Amour est menteur;
Hélas ! je sai qu'il faut qu'on s'en défie;
Qui mieux que moi connoît sa perfidie ?
Qui souffre plus de sa déloyauté ?
Je ne croirai cet enfant de ma vie,
Mais cette fois il a dit vérité.
Ce même Amour, Venus & Melpomene,
Loin de Paris faisoient voyage un jour;

Les Dieux charmans vinrent dans un séjour,
Où vos apas éclatoient sur la Scéne ;
Chacun des trois avec étonnement
Vit cette grace & simple & naturelle,
Qui faisoit lors votre unique ornement.
Ah ! dirent-ils, cette jeune mortelle
Mérite bien que sans retardement,
Nous répandions tous nos tresors sur elle.
Ce qu'un Dieu veut se fait dans le moment.
Tout aussi-tôt la tragique Déesse
Vous inspira le goût, le sentiment,
Le pathétique & la délicatesse.
Moi, dit Venus, je lui fais un present
Plus précieux, & c'est le don de plaire.
Elle accroîtra l'empire de Cythere,
A son aspect tout cœur sera troublé,
Tous les esprits viendront lui rendre hommage.
Moi, dit l'Amour, je ferai davantage,
Je veux qu'elle aime, à peine eût-il parlé
Que dans l'instant vous devîntes parfaite.
Sans aucuns soins, sans études, sans fard,
Des Passions vous fûtes l'interpréte.
O de l'Amour adorable sujette,
N'oubliez point le secret de votre Art.

ESSAI
SUR LES
GUERRES CIVILES
DE
FRANCE.

Tiré de plusieurs Manuscrits curieux.

Traduit de l'Anglois

DE M. DE VOLTAIRE.

ESSAI
SUR LES
GUERRES CIVILES
DE
FRANCE.

 ENRI le *Grand* nâquit en 1553. à *Pau*, petite ville, Capitale du *Béarn*. *Antoine* de *Bourbon*, Duc de *Vendome*, son pere, étoit du Sang Royal de *France*, & Chef de la Branche de *Bourbon* (ce qui autrefois signifioit *Bourbeux*) ainsi apellée d'un Fief de ce nom, qui tomba dans leur Maison, par un Mariage avec l'Héritiere de *Bourbon*.

La Maison de *Bourbon*, depuis *Louis IX*. jusqu'à *Henri IV*. avoit presque toujours été négligée & réduite à un tel dégré de pauvreté, que le fameux Prince de *Condé*, frere *d'Antoine* de *Navarre*, & Oncle *d'Henri le Grand*, n'avoit que que six cens livres de rente de son patrimoine.

La mére d'*Henri* étoit *Jeanne* d'*Albret*, fille d'*Henri d'Albret*, Roi de *Navarre*, Prince sans mérite, mais bon homme, plûtôt indolent que paisible, qui soutint avec trop de résignation la perte de son Royaume, enlevé à son pere par une Bulle du Pape, apuyée des armes de l'*Espagne*. *Jeanne*, fille d'un Prince si foible, eut encore un plus foible époux, auquel elle aporta en mariage la Principauté de *Bearn*, & le vain titre de Roi de *Navarre*.

Ce Prince, qui vivoit dans un tems de factions & de guerres civiles, où la fermeté d'esprit est si nécessaire, ne fit voir qu'incertitude & irrésolution dans sa conduite. Il ne sçut jamais de quel parti, ni de quelle Religion il étoit. Sans talent pour la Cour, & sans capacité pour l'emploi de Général d'armée, il passa toute sa vie à favoriser ses ennemis, & à ruiner ses serviteurs ; joüé par *Catherine* de *Médicis*, amusé & accablé par les *Guises*, & toujours dupe de lui-même. Il reçut une blessure mortelle au siége de *Roüen*, où il combatit pour la cause de ses ennemis contre l'intérêt de sa propre Maison. Il fit voir en mourant le même esprit inquiet & flotant, qui l'avoit agité pendant sa vie.

Jeanne d'Albret étoit d'un caractére tout oposé : pleine de courage & de résolution, redoutée de la Cour de *France*, chérie des *Protestans*, estimée des deux Partis. Elle avoit toutes les qualités qui font les grands Politiques, ignorant cependant les petits artifices de l'intrigue & de la cabale. Une chose remarquable est qu'elle se fit *Protestante*, dans le même tems que fon époux devint *Catholique*, & fut aufli conftamment attachée à la nouvelle Religion, qu'*Antoine* étoit chancelant de la fienne. Ce fut par-là qu'elle fe vit à la tête d'un Parti, tandis que fon époux étoit le joüet de l'autre.

Jaloufe de l'éducation de fon fils, elle voulut feule en prendre le foin. *Henri* aporta en naiffant toutes les excellentes qualités de fa mére, & il les porta dans la fuite à un plus haut dégré de perfection. Il n'avoit hérité de fon pere qu'une certaine facilité d'humeur, qui dans *Antoine* dégénéra en incertitude & en foibleffe, mais qui dans *Henri* fut bienveillance & bon naturel.

Il ne fut pas élevé, comme un Prince, dans cet orgueil lâche & effeminé, qui énerve le corps, affoiblit l'efprit, & endurcit le cœur. Sa nouriture étoit groffiere, & fes habits fimples & unis. Il alla toujours nuë tête. On l'envoyoit à l'école avec de jeunes gens de même âge ; il grimpoit avec eux fur des rochers, & fur le fommet des montagnes voifines, fuivant la coutume du pays & des tems.

Pendant qu'il étoit ainfi élevé au milieu de fes Sujets dans une forte d'égalité, fans laquelle il eft facile à un Prince d'oublier qu'il eft né homme, la Fortune ouvrit en *France* une fcéne fanglante, & au travers des débris d'un Royaume prefque détruit, & fur les cendres de plufieurs Princes enlevés par une mort prématurée, lui fraya le chemin d'un trône, qu'il ne put rétablir dans fon ancienne fplendeur qu'après en avoir fait la conquête.

Henri II. Roi de *France*, chef de la Branche des *Valois*, fut tué à *Paris* dans un tournois, qui fut en *Europe* le dernier de ces romanesques & périlleux divertissemens.

Il laissa quatre fils, *François II. Charles IX. Henri III.* & le Duc d'*Alençon*. Tous ces indignes descendans de *François I.* montérent successivement sur le trône, excepté le Duc d'*Alençon*, & moururent heureusement à la fleur de leur âge & sans postérité.

Le régne de *François II.* fut court, mais remarquable. Ce fut alors que percérent ces factions, & que commencérent ces calamités, qui pendant trente ans successivement ravagérent le Royaume de *France*.

Il épousa la célébre & malheureuse *Marie Stuart* Reine d'*Ecosse*, que sa beauté & sa foiblesse conduisirent à de grandes fautes, & à de plus grands malheurs, & enfin à une mort déplorable. Elle étoit maîtresse absoluë de son jeune époux, Prince de dix-huit ans, sans vices & sans vertus, né avec un corps délicat & un esprit foible.

Incapable de gouverner par elle-même, elle se livra sans réserve au Duc de *Guise*, frere de sa mere. Il influoit sur l'esprit du Roi par son moyen, & jettoit par-là les fondemens de la grandeur de sa propre Maison. Ce fut dans ce tems que *Catherine* de *Médicis*, veuve du feu Roi, & mere du Roi régnant, laissa échaper les premieres étincelles de son ambition, qu'elle avoit habilement étouffée pendant la vie d'*Henri II*. Mais se voyant incapable de l'emporter sur l'esprit de son fils, & sur une jeune Princesse qu'il aimoit passionnément, elle crut qu'il lui étoit plus avantageux d'être pendant quelque-tems leur instrument, & de se servir de leur pouvoir, pour établir son autorité, que de s'y opoſer inutilement. Ainſi les *Guiſes* gouvernoient le Roi & les deux Reines. Maîtres de la Cour, ils devinrent les maîtres de tout le Royaume : l'un en *France* eſt toujours une ſuite néceſſaire de l'autre.

La Maiſon de *Bourbon* gémiſſoit ſous l'opreſſion de la Maiſon de *Lorraine*; & *Antoine*, Roi de *Navarre*, ſouffrit tranquillement pluſieurs affronts d'une dangereuſe conſéquence. Le Prince de *Condé* ſon frére, encore plus indignement traité, tâcha de ſecouër le joug, & s'aſſocia pour ce grand deſſein à l'Amiral de *Coligni*, Chef de la Maiſon de *Chatillon*. La Cour n'avoit point d'ennemi plus redoutable. *Condé* étoit plus ambitieux, plus entreprenant, plus actif; *Coligni* étoit d'une humeur plus poſée, plus meſuré dans ſa conduite, plus capable d'être Chef d'un Parti; à la vérité auſſi malheureux à la guerre que *Condé*, mais réparant ſouvent par ſon habileté ce qui ſembloit irréparable; plus dangereux après une défaite que ſes ennemis après une victoire; orné d'ailleurs d'autant de vertus que des tems ſi orageux & l'eſprit de faction pouvoient le permettre.

Les *Proteſtans* commençoient alors à devenir nombreux : ils s'apperçurent bien-tôt de leurs forces.

La ſuperſtition, les ſecrettes fourberies des Moines de ce tems-là, le pouvoir immenſe de *Rome*, la paſſion des hommes pour la nouveauté, l'ambition de *Luther* & de *Calvin*, la Politique de pluſieurs Princes, ſervirent à l'accroiſſement de cette secte, libre à la vérité de superstition, mais tendant aussi impétueusement à l'Anarchie, que la Religion de *Rome* à la Tirannie.

Les *Protestans* avoient essuyé en *France* les persécutions les plus violentes, dont l'effet ordinaire est de multiplier les Proselites. Leur secte croissoit au milieu des échafauts & des tortures. *Condé*, *Coligni*, les deux freres de *Coligni*, leurs partisans, & tous ceux qui étoient tirannisez par les *Guises*, embrasserent en même-tems la Religion *Protestante*. Ils unirent avec tant de concert leurs plaintes, leurs vengeances & leurs intérêts, qu'il y eût en même-tems une révolution dans la Religion & dans l'Etat.

La premiére entreprise fut un complot pour arrêter les *Guises* à *Amboise*, & pour s'assurer de la personne du Roi. Quoique ce complot eût été tramé avec hardiesse, & conduit avec secret, il fut découvert au moment où il alloit être mis en exécution. Les *Guises* punirent les conspirateurs de la maniére la plus cruelle, pour intimider leurs ennemis, & les empêcher de former à l'avenir de pareils projets. Plus de sept cents *Protestans* furent exécutez ; *Condé* fut fait prisonnier & accusé de leze-Majesté. On lui fit son procès, & il fut condamné à mort.

Pendant le cours de son procès, *Antoine*, Roi de *Navarre*, son frere, leva en *Guienne*, à la sollicitation de sa femme & de *Coligni*, un nombre infini de Gentilshommes, tant *Protestans* que *Catholiques*, attachez à sa Maison. Il traversa la *Gascogne* avec son armée ; mais sur un simple message qu'il reçut de la Cour en chemin, il les congédia tous en pleurant. *Il faut que j'obéisse*, dit-il, *mais j'obtiendrai votre pardon du Roi. Allez, & demandez pardon pour vous-même*, lui répondit un vieux Capitaine, *notre sûreté est au bout de nos épées*. Là-dessus la Noblesse qui le suivoit s'en retourna avec mépris & indignation.

Antoine continua sa route, & arriva à la Cour. Il y sollicita pour la vie de son frere, n'étant pas sûr de la sienne. Il alloit tous les jours chez le Duc, & chez le Cardinal de *Guise*, qui le recevoient assis & couverts, pendant qu'il étoit debout & nuë tête.

Tout étoit prêt alors pour la mort du Prince de *Condé*, lorsque le Roi tomba tout d'un coup malade & mourut. Les circonstances & la promtitude de cet évenement, le penchant des hommes à croire que la mort précipitée des Princes n'est point naturelle, donnérent cours au bruit commun que *François II*. avoit été empoisonné.

Sa mort donna un nouveau tour aux affaires. Le Prince de *Condé* fut mis en liberté; son Parti commença à respirer; la Religion *Protestante* s'étendit de plus en plus; l'autorité des *Guises* baissa, sans cependant être abatuë; *Antoine* de *Navarre* recouvra une ombre d'autorité, dont il se contenta; *Marie Stuart* fut renvoyée en *Ecosse*, & *Catherine* de *Medicis*, qui commença alors à joüer le premier rôle sur le Théâtre, fut déclarée Régente du Royaume pendant la Minorité de *Charles IX*. son second fils.

Elle se trouva elle-même embarassée dans un labirinthe de difficultez infurmontables, & partagée entre deux Religions, & différentes factions, qui étoient aux prifes l'une avec l'autre, qui difputoient le pouvoir fouverain.

Cette Princeffe réfolut de les détruire par leurs propres armes, s'il étoit poffible. Elle nourrit la haine des *Condés* contre les *Guifes* ; elle jetta la femence des guerres civiles ; indifférente & impartiale entre *Rome* & *Genéve*, uniquement jaloufe de fa propre autorité.

Les *Guifes*, qui étoient zélez *Catholiques*, parce que *Condé* & *Coligni* étoient *Proteftans*, furent long-tems à la tête des Troupes. Il y eut plufieurs batailles livrées ; le Royaume fut ravagé en même tems par trois ou quatres armées.

Le Connétable *Anne* de *Montmorenci* fut tué à la journée de *Nanci*, dans la quatre-vingtiéme année de fon âge. *François*, Duc de *Guife*, fut affaffiné par *Poltrot* au fiége d'*Orleans*. *Henri III*. alors Duc d'*Anjou*, grand Prince dans fa jeuneffe, quoique Roi de peu de mérite dans la maturité de l'âge, gagna les batailles de *Jarnac* contre *Condé*, & de *Moncontour* contre *Coligni*.

La conduite de *Condé*, & fa mort funefte à la Bataille de *Jarnac*, font trop remarquables pour n'être pas détaillées. Il avoit été bleffé au bras deux jours auparavant. Sur le point de donner bataille à fon ennemi, il eut le malheur de recevoir un coup de pied d'un cheval fougueux, fur lequel étoit monté un de fes Officiers. Le Prince, fans marquer aucune fenfibilité, dit à ceux qui étoient autour de lui ; *Meffieurs*, *aprenez par* cet accident qu'un cheval fougueux eſt plus dangereux qu'utile dans un jour de bataille. *Allons*, pourſuivit-il, *le Prince de* Condé, *avec une jambe caſſée & le bras en écharpe, ne craint point de donner bataille, puiſque vous le ſuivez*. Le ſuccès ne répondit point à ſon courage : il perdit la bataille ; toute ſon armée fut miſe en déroute. Son cheval ayant été tué ſous lui, il ſe tint tout ſeul, le mieux qu'il put, apuyé contre un arbre, à demi évanoüi, à cauſe de la douleur que lui cauſoit ſon mal, mais toujours intrépide, & le viſage tourné du côté de l'ennemi. *Monteſquiou*, Capitaine des Gardes du Duc d'*Anjou*, paſſa parlà, quand ce Prince infortuné étoit en cet état, & demanda qui il étoit. Comme on lui dit que c'étoit le Prince de *Condé*, il le tua de ſang froid.

Après la mort de *Condé*, *Coligni* eut ſur les bras tout le fardeau du Parti. *Jeanne d'Albret*, alors veuve, confia ſon Fils à ſes ſoins. Le jeune *Henri*, alors âgé de quatorze ans, alla avec lui à l'armée, & partagea les fatigues de la guerre. Le travail & les adverſitez furent ſes guides & ſes maîtres.

Sa mere & l'Amiral n'avoient point d'autre vûë que de rendre en *France* leur religion indépendante de l'Egliſe de *Rome*, & d'aſſûrer leur propre autorité contre le pouvoir de *Catherine* de *Médicis*.

Catherine s'étoit déja débaraſſée de pluſieurs de ſes rivaux. *François*, Duc de *Guiſe*, qui étoit le plus dangereux & le plus nuiſible de tous, quoiqu'il fût de même Parti, avoit été aſſaſſiné devant *Orléans*. *Henri* de *Guise*, son fils, qui joüa depuis un si grand rôle dans le Monde, étoit fort jeune.

Le Prince de *Condé* étoit mort, *Charles IX*. son fils avoit pris le pli qu'elle vouloit, étant aveuglément soumis à ses volontés. Le Duc d'*Anjou*, qui fut depuis *Henri III*. étoit absolument dans ses intérêts ; elle ne craignoit d'autres ennemis que *Jeanne d'Albret*, *Coligni* & les *Protestans*. Elle crut qu'un seul coup pouvoit les détruire tous, & rendre son pouvoir immuable.

Elle pressentit le Roi & même le Duc d'*Anjou* sur son dessein. Tout fut concerté, & les piéges étant préparés, une paix avantageuse fut proposée aux *Protestans*. *Coligni*, fatigué de la guerre civile, l'accepta avec chaleur. *Charles*, pour ne laisser aucun sujet de soupçon, donna sa sœur en mariage au jeune *Henri* de *Navarre*. *Jeanne d'Albret*, trompée par des aparences si séduisantes, vint à la Cour avec son fils, *Coligni* & tous les Chefs des *Protestans*. Le mariage fut célébré avec pompe : toutes les manieres obligeantes, toutes les assûrances d'amitié, tous les sermens si sacrez parmi les hommes, furent prodiguez par *Catherine* & par le *Roi*. Le reste de la Cour n'étoit occupé que de fêtes, de jeux, & de mascarades. Enfin une nuit, qui fut la veille de la *St. Barthelemi* au mois d'Août 1572. le signal fut donné à minuit. Toutes les maisons des *Protestans* furent forcées & ouvertes en même-tems. L'Amiral de *Coligni*, allarmé du tumulte, sauta de son lit. Une troupe d'assassins

entra

GUERRES CIVILES.

entra dans fa chambre ; un certain *Befme*, *Lorrain*, qui avoit été élevé Domeftique dans la Maifon de *Guife*, étoit à leur tête ; il plongea fon épée dans le fein de l'Amiral, & lui donna un coup de revers fur le vifage.

Le jeune *Henry*, Duc de *Guife*, qui forma enfuite la ligue *Catholique*, & qui fut depuis affaffiné à *Blois*, étoit à la porte de la Maifon de *Coligni*, attendant la fin de l'affaffinat, & cria tout haut : *Befme, cela eft-il fait ?* Immédiatement après, les affaffins jetterent le corps par la fenêtre. *Coligni* tomba, & expira aux pieds de *Guife*, qui lui marcha fur le corps. Non qu'il fut enivré de ce zéle *Catholique* pour la perfécution, qui dans ce tems avoit infecté la moitié de la *France* ; mais il y fut pouffé par l'efprit de vengeance, qui bien qu'il ne foit point en général fi cruel que le faux zéle pour la religion, méne fouvent à de plus grandes baffeffes.

Cependant tous les amis de *Coligni* étoient attaquez dans *Paris* : hommes, femmes, enfans, tout étoit maffacré fans diftinction : toutes les ruës étoient jonchées de corps morts. Quelques Prêtres tenant un crucifix d'une main, & une épée de l'autre, couroient à la tête des meurtriers, & les encourageoient au nom de Dieu de n'épargner ni parens, ni amis.

Le Maréchal de *Tavanne*, foldat ignorant & fuperftitieux, qui joignoit la fureur de la religion à la rage du Parti, couroit à cheval dans *Paris*, criant aux foldats, *du fang, du fang : la faignée eft auffi falutaire dans le mois d'Août que dans le mois de Mai.*

Y

Le Palais du Roi fut un des principaux théâtres du carnage : car le Prince de *Navarre* logeoit au Louvre, & tous ses Domestiques étoient *Protestans*. Quelques-uns d'entr'eux furent tuez dans leur lit avec leurs femmes ; d'autres s'enfuyoient tout nuds, & étoient poursuivis par les soldats sur les escaliers de tous les apartemens du Palais, & même jusqu'à l'antichambre du Roi. La jeune femme d'*Henri* de *Navarre*, éveillée par cet affreux tumulte, craignant pour son époux & pour elle-même, saisie d'horreur & à demie morte, sauta brusquement de son lit, pour aller se jetter aux pieds du Roi, son frere. A peine eut-elle ouvert la porte de sa chambre, que quelques-uns de ses Domestiques *Protestans* coururent s'y réfugier. Les soldats entrerent après-eux, & les poursuivirent en presence de la Princesse. Un d'eux qui s'étoit caché sous son lit, y fut tué ; deux autres furent percez de coups de hallebardes à ses pieds, elle fût elle-même couverte de sang.

Il y avoit un jeune Gentilhomme, qui étoit fort avant dans la faveur du Roi, à cause de son air noble, de sa politesse, & d'un certain tour heureux qui régnoit dans sa conversation. C'étoit le Comte de *la Rochefoucault*, bisaïeul du Marquis de *Montendre*, qui est venu en *Angleterre*, pendant une persécution moins cruelle, mais aussi injuste. *La Rochefoucault* avoit passé la soirée avec le Roi dans une douce familiarité, où il avoit donné l'effort à son imagination. Le Roi sentit quelques remords, & fut touché d'une sorte de compassion pour lui. Il lui dit deux ou trois fois de ne point retourner chez lui, & de coucher dans sa chambre; mais *la Rochefoucault* répondit qu'il vouloit aller trouver sa femme. Le Roi ne l'en preſſa pas d'avantage, & dit *qu'on le laiſſe aller, je vois bien que Dieu a réſolu ſa mort*. Ce jeune homme fut maſſacré deux heures après.

Il y en eut fort peu qui échapérent de ce maſſacre général. Parmi ceux-ci, la délivrance du jeune *la Force* eſt un exemple illuſtre de ce que les hommes apellent deſtinée. C'étoit un enfant de dix ans. Son pere, ſon frere aîné & lui, furent arrêtez en même tems par les ſoldats du Duc d'*Anjou*. Ces meurtriers tomberent ſur tous les trois tumultuairement, & les fraperent au haſard. Le pere & les enfans couverts de ſang, tomberent à la renverſe, les uns ſur les autres. Le plus jeune qui n'avoit reçu aucun coup, contrefit le mort, & le jour ſuivant il fut délivré de tout danger. Une vie ſi miraculeuſement conſervée dura quatre-vingt-cinq ans. Ce fut le célébre Maréchal de *la Force*, oncle de la Ducheſſe de *la Force* qui eſt preſentement en *Angleterre*.

Cependant pluſieurs de ces infortunées victimes fuyoient du côté de la riviere. Quelques-uns la traverſoient à la nage, pour gagner le Fauxbourg S. *Germain*. Le Roi les aperçut de ſa fenêtre, qui avoit vuë ſur la riviere, &, ce qui eſt preſque incroyable, quoique cela ne ſoit que trop vrai, il tira ſur eux avec une carabine. *Catherine* de *Médicis*, ſans trouble & avec un air ſerain & tranquille, au milieu de cette boucherie, regardoit du haut d'un balcon qui avoit vuë ſur la Ville, enhardiſſoit les aſſaſſins, & rioit d'entendre les ſoupirs des mourans, & les cris de ceux qui étoient maſſacrez. Ses filles d'honneur vinrent dans la ruë, avec une curioſité effrontée, digne des abominations de ce ſiécle ; elles contemplerent le corps nud d'un Gentilhomme nommé *Soubiſe*, qui avoit été ſoupçonné d'impuiſſance, & qui venoit d'être aſſaſſiné ſous les fenêtres de la Reine.

La Cour qui fumoit encore du ſang de la Nation, eſſaya quelques jours après de couvrir un forfait ſi énorme par les formalitez des loix. Pour juſtifier ce maſſacre, ils imputérent calomnieuſement à l'Amiral une conſpiration qui ne fut cruë de perſonne. On ordonna au Parlement de procéder contre la mémoire de *Coligni*. Son corps fut pendu par les pieds, avec une chaîne de fer, au gibet de *Montfaucon*. Le Roi lui-même eut la cruauté d'aller joüir de ce ſpectacle horrible. Un de ſes Courtiſans l'avertiſſant de ſe retirer, parce que le corps ſentoit mauvais, le Roi répondit, *le corps d'un ennemi mort ſent toûjours bon.*

Il eſt impoſſible de ſavoir s'il eſt vrai que l'on envoya la tête de l'Amiral à *Rome*. Ce qu'il a y de bien certain, c'eſt qu'il y a à *Rome* dans le *Vatican* un Tableau où eſt repreſenté le maſſacre de la *St. Barthelemi*, avec ces paroles ; *le Pape aprouve la mort de Coligni.*

Le jeune *Henri* de *Navarre* fut épargné, plûtôt par politique que par compaſſion de la part *Catherine*, qui le retint priſonnier juſqu'à la mort du Roi, pour être ſa caution de la ſoumiſſion des *Proteſtans* qui voudroient ſe révolter.

Jeanne d'Albret étoit morte fubitement trois ou quatre jours auparavant. Quoique peut-être fa mort eût été naturelle, ce n'eft pas toutefois une opinion ridicule, de croire qu'elle avoit été empoifonnée.

Quoiqu'il en foit, l'exécution ne fut pas bornée à la ville de *Paris*. Les mêmes ordres de la Cour furent envoyés à tous les Gouverneurs des Provinces de *France*. Il n'y eut que deux ou trois Gouverneurs qui réfuferent d'obéir aux ordres du Roi. Un, entre autres, apellé *Montmorin*, Gouverneur d'*Auvergne*, écrivit à S. M. la Lettre fuivante, qui mérite d'être tranfmife à la poftérité.

SIRE,

J'ai reçu un ordre, fous le fceau de Votre Majefté, de faire mourir tous les Proteftans *qui font dans ma Province. Je refpecte trop Votre Majefté pour ne pas croire que ces Lettres font fupofées; & fi, ce qu'à Dieu ne plaife, l'ordre eft véritablement émané d'elle, je la refpecte auffi trop pour lui obéïr.*

Ces maffacres porterent au cœur des *Proteftans* la rage & l'épouvante. Leur haine irréconciliable fembla prendre de nouvelles forces; l'efprit de vengeance les rendit plus forts & plus redoutables.

Peu de tems après, le Roi fut attaqué d'une étrange maladie, qui l'emporta au bout de deux ans. Son fang couloit toujours, & perçoit au travers des pores de fa peau; maladie incompréhenfible, contre laquelle échoua l'art & l'habileté des médecins, & qui fut regardée comme un effet de la vengeance divine.

Durant la maladie de *Charles*, fon frere le Duc d'*Anjou* avoit été élu Roi de *Pologne*. Il devoit fon élévation à la réputation qu'il avoit acquife étant Général, & qu'il perdit en montant fur le trône.

Dès qu'il aprit la mort de fon frere, il s'enfuit de *Pologne*, & fe hâta de venir en *France* fe mettre en poffeffion du périlleux héritage d'un Royaume déchiré par des factions fatales à fes Souverains, & inondé du fang de fes habitans. Il ne trouva en arrivant que Partis & troubles qui augmenterent à l'infini.

Henri, alors Roi de *Navarre*, fe mit à la tête des *Proteftans*, & donna une nouvelle vie à ce Parti. D'un autre côté, le jeune Duc de *Guife* commençoit à fraper les yeux de tout le monde par fes grandes & dangereufes qualités. Il avoit un génie encore plus entreprenant que fon frere; il fembloit d'ailleurs avoir une heureufe occafion d'atteindre à ce faîte de grandeur, dont fon Pere lui avoit frayé le chemin.

Le Duc d'*Anjou*, alors *Henri III*. étoit regardé comme incapable d'avoir des enfans, à caufe des infirmités qui étoient les fuites des débauches de fa jeuneffe. *Henri* de *Navarre* étoit légitime heritier de la Couronne. *Guife* effaya de fe l'affurer à lui-même, du moins après la mort d'*Henri III*. & de l'enlever à la Maifon des *Capets*, comme les *Capets* l'avoient ufurpée fur la Maifon de *Charlemagne*, & comme le pere de *Charlemagne* l'avoit ravie à fon légitime Souverain.

Jamais fi hardi projet ne parut fi bien & fi heureufement concerté. *Henri* de *Navarre*, & toute la Maifon de *Bourbon* étoit *Proteftante*. *Guife* commença à fe concilier la bien-veillance de la Nation, en affectant un grand zèle pour la religion *Catholique*. Sa libéralité lui gagna le peuple; il avoit tout le Clergé à sa dévotion, des amis dans le Parlement, des espions à la Cour, des serviteurs par tout le Royaume. Sa premiere démarche politique fut une associaton sous le nom de *Sainte Ligue*, contre les *Protestans*, pour la sûreté de la religion *Catholique*.

La moitié du Royaume entra avec empressement dans cette nouvelle confédération. Le Pape *Sixte V.* donna sa bénédiction à la *Ligue*, & la protégea comme une nouvelle milice *Romaine*. *Philippe II*. Roi d'*Espagne*, selon la politique des Souverains, qui concourent toujours à la ruine de leurs voisins, encouragea la *Ligue* de toutes ses forces, dans la vûë de mettre la *France* en piéces, & de s'enrichir de ses dépoüilles.

Ainsi *Henri III*. toujours ennemi des *Protestans*, fut trahi lui-même par des *Catholiques*, assiégé d'ennemis secrets & déclarez, & inférieur en autorité à un Sujet, qui soumis en aparence, étoit réellement plus Roi que lui.

La seule ressource pour se tirer de cet embarras, étoit peut-être de se joindre avec *Henri* de *Navarre*, dont la fidélité, le courage & l'esprit infatigable étoient l'unique barriere qu'on pouvoit oposer à l'ambition de *Guise*, & qui pouvoit retenir dans le Parti du Roi tous les *Protestans* : ce qui eût mis un grand poids de plus dans sa balance.

Le Roi dominé par *Guise*, dont il se défioit, mais qu'il n'osoit offenser, intimidé par le Pape, trahi par son Conseil, & par sa mauvaise politique, prit un parti tout oposé. Il se mit lui-même à la tête de la *Sainte Ligue*. Dans l'espérance de s'en rendre le maître, il s'unit avec *Guise* son Sujet rebelle, contre son

Y 4

successeur & son beau-frere, que la nature & la bonne politique lui désignoient pour son allié.

Henri de *Navarre* commandoit alors en *Gascogne* une petite armée, tandis qu'un grand Corps de Troupes accouroit à son secours de la part des Princes *Protestans* d'*Allemagne* ; il étoit déja sur les frontiéres de *Lorraine*.

Le Roi s'imagina qu'il pourroit tout à la fois réduire le *Navarrois*, & se debarrasser de *Guise*. Dans ce dessein il envoya le *Lorrain* avec une très-petite & très-foible armée contre les *Allemands*, par lesquels il faillit à être mis en déroute.

Il fit marcher en même-tems *Joyeuse*, son favori, contre le *Navarrois*, avec la fleur de la Noblesse *Françoise*, & avec la plus puissante armée qu'on eût vûë depuis *François I*. Il échoua dans tous ces desseins. *Henri* de *Navarre* défit entierement à *Coutras* cette armée si redoutable, & *Guise* remporta la victoire sur les *Allemands*.

Le *Navarrois* ne se servit de sa victoire que pour offrir une paix sûre au Royaume, & son secours au Roi. Mais quoique vainqueur, il se vit refusé, le Roi craignant plus ses propres Sujets que ce Prince.

Guise retourna victorieux à *Paris*, & y fut reçu comme le sauveur de la Nation. Son Parti devint plus audacieux, & le Roi plus méprisé ; ensorte que *Guise* sembloit plûtôt avoir triomphé du Roi que des *Allemands*.

Le Roi sollicité de toutes parts, sortit, mais trop tard, de sa profonde létargie. Il essaya d'abatre la *Ligue* ; il voulut s'assurer de quelques Bourgeois les plus séditieux ; il osa défendre à *Guise* l'entrée de *Paris* ; mais il éprouva à ſes dépens ce que c'eſt que de commander ſans pouvoir. *Guiſe*, au mépris de ſes ordres, vint à *Paris* ; les Bourgeois prirent les armes, les Gardes du Roi furent arrêtez, & lui-même fut empriſonné dans ſon Palais.

Rarement les hommes ſont aſſez bons, ou aſſez méchans. Si *Guiſe* avoit entrepris dans ce jour ſur la liberté ou la vie du Roi, il auroit été le maître de la *France* ; mais il le laiſſa échaper, après l'avoir aſſiégé, & en fit ainſi trop ou trop peu.

Henri III. s'enfuit à *Blois*, où il convoqua les Etats Généraux du Royaume. Ces Etats reſſembloient au Parlement de la *Grande Bretagne*, quant à leur convocation ; mais leurs opérations étoient differentes. Comme ils étoient rarement aſſemblez, ils n'avoient point de régles pour ſe conduire. C'étoit en général une aſſemblée de gens incapables, faute d'expérience, de ſavoir prendre de juſtes meſures, ce qui formoit une véritable confuſion.

Guiſe, après avoir chaſſé ſon Souverain de ſa Capitale, oſa venir le braver à *Blois*, en preſence d'un Corps qui repreſentoit la Nation. *Henri* & lui ſe réconcilierent ſolemnellement ; ils allerent enſemble au même Autel : ils y communierent enſemble. L'un promit par ſerment d'oublier toutes les injures paſſées, l'autre d'être obéiſſant & fidéle à l'avenir ; mais dans le même-tems le Roi projettoit de faire mourir *Guiſe*, & *Guiſe* de faire détroner le Roi.

Guiſe avoit été ſuffiſamment averti de ſe défier d'*Henri* ; mais il le mépriſoit trop pour le croire aſſez hardi d'entreprendre un aſſaſſinat. Il fut la dupe de ſa ſécurité : le Roi avoit réſolu de ſe venger de lui, & de son frere le Cardinal de *Guise*, le compagnon de ses ambitieux desseins, & le plus hardi promoteur de la *Ligue*. Le Roi fit lui-même provision de poignards, qu'il distribua à quelques *Gascons*, qui s'étoient offerts d'être les ministres de sa vengeance. Ils tuërent *Guise* dans le cabinet du Roi ; mais ces mêmes hommes, qui avoient tué le Duc, ne voulurent point tremper leurs mains dans le sang de son frere, parce qu'il étoit Prêtre & Cardinal ; comme si la vie d'un homme qui porte une robe longue & un rabat, étoit plus sacrée que celle d'un homme qui porte un habit court & une épée.

Le Roi trouva quatre soldats, qui, au raport du *Jesuite Maimbourg*, n'étant pas si scrupuleux que les *Gascons*, tuërent le Cardinal pour cent écus chacun. Ce fut sous l'apartement de *Catherine de Médicis* que les deux freres furent tuez ; mais elle ignoroit parfaitement le dessein de son fils, n'aiant plus alors la confiance d'aucun Parti, & étant même abandonnée par le Roi.

Si une telle vengeance eût été revétuë des formalitez de la loi, qui sont les instrumens naturels de la justice des Rois, ou le voile naturel de leur iniquité, la *Ligue* en eût été épouventée : mais manquant de cette forme solemnelle, cette action fut regardée comme un affreux assassinat, & ne fit qu'irriter le Parti. Le sang des *Guises* fortifia la *Ligue*, comme la mort de *Coligni* avoit fortifié les *Protestans*. Plusieurs villes de *France* se révolterent ouvertement contre le Roi.

Il vint d'abord à *Paris* ; mais il en trouva les portes fermées & tous les habitans sous les armes.

GUERRES CIVILES. 347

Le fameux Duc de *Mayenne*, cadet du feu Duc de *Guife*, étoit alors dans *Paris*. Il avoit été éclipfé par la gloire de *Guife*, pendant fa vie ; mais après fa mort, le Roi le trouva auffi dangereux ennemi que fon frere. Il avoit toutes fes grandes qualitez, auxquelles il ne manqua que l'éclat & le luftre.

Le Parti des *Lorrains* étoit très-nombreux dans *Paris*. Le grand nom de *Guife*, leur magnificence, leur libéralité, leur zèle aparent pour la religion *Catholique*, les avoient rendus les délices de la ville. Prêtres, Bourgeois, femmes, Magiftrats, tout fe ligua fortement avec *Mayenne*, pour pourfuivre une vengeance qui leur paroiffoit légitime.

La veuve du Duc prefenta une Requête au Parlement contre *Henri*, comme contre un meurtrier. Le Procès commença fuivant le cours ordinaire de la juftice : deux Confeillers furent nommez pour marquer les chefs d'accufation contre le Roi. Mais le Parlement n'alla pas plus loin, les principaux étant fingulierement attachez aux interêts du Roi.

La *Sorbonne* ne fuivit point cette exemple de modération : foixante & dix Docteurs publierent un Ecrit, par lequel ils déclarerent *Henri de Valois* déchu de fon droit à la Couronne, & les Sujets difpenfez du ferment de fidélité.

Mais l'autorité Royale n'avoit pas d'ennemis plus dangereux que ces Bourgeois de *Paris*, nommés les *Seize*, non à caufe de leur nombre, puifqu'ils étoient quarante, mais à caufe des feize Quartiers de *Paris*, dont ils s'étoient partagé le gouvernement. Le plus confidérable de tous ces Bourgeois étoit un certain *le Clerc*, qui avoit ufurpé le grand nom de *Buſſi*. C'étoit un citoyen hardi, & un méchant ſoldat, comme tous ſes compagnons. Ces *Seize* avoient acquis une autorité abſoluë, & devinrent dans la ſuite auſſi inſuportables à *Mayenne* qu'ils avoient été terribles au Roi.

D'ailleurs les Prêtres qui ont toujours été les trompettes de toutes les révolutions, tonnoient en chaire, & aſſuroient de la part de Dieu, que celui qui tueroit le tiran, entreroit infailliblement en Paradis. Les noms ſacrés & dangereux de *Jéhu* & de *Judith*, & tous ces aſſaſſinats conſacrés par l'Ecriture-Sainte, frapoient par tout les oreilles de la nation. Dans cette affreuſe extrêmité, le Roi fut enfin forcé d'implorer le ſecours de ce même *Navarrois*, qu'il avoit autrefois refuſé. Ce Prince fut plus ſenſible à la gloire de protéger ſon beau-frere & ſon Roi, qu'à la victoire qu'il avoit remportée ſur lui.

Il mena ſon armée au Roi; mais avant que ſes Troupes fuſſent arrivées, il vint le trouver accompagné d'un ſeul Page. Le Roi fut étonné de ce trait de généroſité, dont il n'auroit pas été lui-même capable. Quoiqu'il en ſoit, les deux Rois marcherent vers *Paris* à la tête d'une puiſſante armée. La ville n'étoit point en état de ſe deffendre. La *Ligue* touchoit au moment de ſa ruine entiere, lorſqu'un jeune Religieux de l'Ordre de *Saint Dominique* changea toute la face des affaires.

Son nom étoit *Jacques Clément*; il étoit né dans un village de *Bourgogne*, apellé *Sorbonne*, âgé de vingt-quatre ans. Sa farouche piété & ſon eſprit noir & mélancolique, ſe laiſſerent bien-tôt entraîner au fanatiſme, par les importunes clameurs des Prêtres.

＃ GUERRES CIVILES. 349

Il se chargea d'être le libérateur & le martir de la *Sainte Ligue*. Il communiqua son projet à ses amis & à ses Supérieurs: tous l'encouragerent, & le canoniserent d'avance. *Clément* se prépara à son parricide par des jeûnes & par des prieres continuelles, pendant des nuits entieres. Il se confessa, reçut les Sacremens, puis acheta un bon couteau. Il alla à *Saint Cloud*, où étoit le Quartier du Roi, & demanda à être presenté à ce Prince, sous prétexte de lui réveler un secret, dont il lui importoit d'être promptement instruit. Aïant été conduit devant Sa Majesté, il se prosterna avec une modeste rougeur sur le front; & il lui remit une Lettre qu'il disoit être écrire par *Achille* de *Harlai*, premier President. Tandis que le Roi lit, le Moine le frape dans le ventre, & laisse le couteau dans la place. Ensuite avec un regard assuré, & les mains sur sa poitrine, il leve les yeux au ciel, attendant paisiblement les suites de son assassinat. Le Roi se leve, arrache le couteau de son ventre, & en frape le meurtrier au front. Plusieurs Courtisans accoururent au bruit. Leur devoir exigeoit qu'ils arrêtassent le Moine, pour lui donner la question, pour l'interroger & tâcher de découvrir ses complices; mais ils le tuërent sur le champ, avec une précipitation qui les fit soupçonner d'avoir été trop instruits de son dessein. *Henri* de *Navarre* fut alors Roi de *France* par le droit de sa naissance, reconnu d'une partie de l'armée, & abandonné par l'autre.

Le Duc d'*Epernon* & quelques autres quitterent l'armée, alléguant qu'ils étoient trop bons *Catholiques*, pour prendre les armes pour un Roi qui n'alloit point à la Messe. Ils esperoient secretement que le renversement du Royaume, l'objet de leurs desirs & de leur espérance, leur donneroit occasion de se rendre souverains dans leur pays.

Cependant le meurtre de *Clément* fut aprouvé à *Rome*, & lui adoré à *Paris*. La *Sainte Ligue* reconnut pour son Roi le Cardinal de *Bourbon*, vieux Prêtre, oncle d'*Henri IV*. pour faire voir au monde que ce n'étoit pas la maison de *Bourbon*, mais les Hérétiques, que sa haine poursuivoit.

Ainsi le Duc de *Mayenne* fut assez sage, pour ne pas usurper le titre de Roi; & cependant il s'empara de toute l'autorité Royale, pendant que le malheureux Cardinal de *Bourbon*, apellé Roi par la *Ligue*, fut gardé prisonnier par *Henri IV*. le reste de sa vie, qui dura encore deux ans. La *Ligue* plus apuyée que jamais par le Pape, secouruë des *Espagnols*, & forte par elle-même, étoit parvenuë au plus haut point de sa grandeur, & faisoit sentir à *Henri IV*. cette haine que le faux zele inspire, & ce mépris que font naître les heureux succès.

Henri avoit peu d'amis, peu de Places importantes, point d'argent & une petite armée; mais son courage, son activité, sa politique, supléoient à tout ce qui lui manquoit. Il gagna plusieurs batailles, & entr'autres, celle d'*Ivry*, sur le Duc de *Mayenne*, une des plus remarquables qui ait jamais été donnée. Les deux Généraux montrerent dans ce jour toute leur capacité, & les soldats tout leur courage. Il y eût peu de fautes commises de part & d'autre. *Henri* fut enfin redevable de la victoire à la supériorité de ses connoissances & de sa valeur. Mais il avoüa que *Ma-*

yenne avoit rempli tous les devoirs d'un grand Général: *Il n'a péché*, dit-il, *que dans la cause qu'il soutenoit.*

Il se montra après la victoire aussi modéré qu'il avoit été terrible dans le combat. Instruit que le pouvoir diminuë souvent, quand on en fait un usage trop étendu, & qu'il augmente en l'employant avec ménagement, il mit un frein à la fureur du soldat armé contre l'ennemi ; il eut soin des blessés, & donna la liberté à plusieurs prisonniers ; cependant tant de valeur & tant de générosité ne toucherent point les Ligueurs.

Les guerres civiles de *France* étoient devenuës la querelle de toute l'*Europe*. Le Roi *Philippe II.* étoit vivement engagé à deffendre la *Ligue* : la Reine *Elizabeth* donnoit toutes sortes de secours à *Henri*, non parce qu'il étoit *Protestant*, mais parce qu'il étoit ennemi de *Philippe II.* dont il lui étoit dangereux de laisser croître le pouvoir. Elle envoya à *Henri* cinq mille hommes, sous le commandement du Comte d'*Essex*, son favori, auquel elle fit depuis trancher la tête.

Le Roi continua la guerre avec differens succès. Il prit d'assaut tous les Fauxbourgs de *Paris* dans dans un seul jour. Il eût peut-être pris de même la ville, s'il n'eût pensé qu'à la conquerir ; mais il craignit de donner sa Capitale en proie aux soldats, & de ruiner une ville qu'il avoit envie de sauver. Il assiégea *Paris*, il leva le siége, il le recommença ; enfin il le bloqua, & coupa toutes les communications à la ville, dans l'espérance que les *Parisiens* seroient forcés, par la disette des vivres, à se rendre sans effusion de sang.

Mais *Mayenne*, les Prêtres, & les *Seize*, tournerent les esprits avec tant d'art, les envenimerent si fort contre les Hérétiques, & remplirent leur imagination de tant de fanatisme, qu'ils aimerent mieux mourir de faim, que de se rendre & d'obéir.

Les Moines & les Religieux donnerent un spectacle, qui, bien que ridicule en lui-même, fut cependant un ressort merveilleux pour animer le peuple. Ils firent une espece de revuë militaire, marchant par rang & de file, & portant des armes rouillées par dessus leurs capuchons, ayant à leur tête la figure de la Vierge *Marie*, branlant des épées, & criant qu'ils étoient tout prêts à combattre, & à mourir pour la deffense de la foi ; ensorte que les Bourgeois voyant leurs Confesseurs armés, croyoient effectivement soutenir la cause de Dieu.

Quoiqu'il en soit, la disette dégénéra en famine universelle. Ce nombre prodigieux de citoyens n'avoit d'autre nouriture que les sermons des Prêtres, & que les miracles imaginaires des Moines, qui par ce pieux artifice avoient dans leurs couvens toutes choses en abondance, tandis que toute la ville étoit sur le point de mourir de faim. Les miserables *Parisiens*, trompez d'abord par l'espérance d'un promt secours, chantoient dans les rues des *Ballades* & des *Lampons* contre *Henri* : folie qu'on ne pourroit attribuer à quelqu'autre nation avec vraisemblance ; mais qui est assez conforme au genie des *François*, même dans un état si affreux. Cette courte & déplorable joye fut bien-tôt entierement étouffée par la misere la plus réelle & la plus étonnante. Trente mille hommes

mou-

moururent de faim dans l'espace d'un mois. Les malheureux citoyens, pressez par la famine, essayerent de faire une espece de pain avec les os des morts, lesquels étant brisez & bouillis formoient une sorte de gelée. Mais cette nourriture si peu naturelle ne servoit qu'à les faire mourir plus promtement. On compte, & cela est attesté par les témoignages les plus autentiques, qu'une femme tua & mangea son propre enfant. Au reste, l'inflexible opiniâtreté des *Parisiens* étoit égale à leur misere. *Henri* eût plus de compassion pour leur état qu'ils n'en avoient eux-mêmes : son bon naturel l'emporta sur son intérêt particulier.

Il souffrit que ses soldats vendissent en particulier toutes sortes de provisions à la Ville. Ainsi on vit arriver ce qu'on n'avoit pas encore vû, que les assiegez étoient nourris par les assiegeans. C'étoit un spectacle bien singulier que de voir les soldats qui du fonds de leurs tranchées envoyoient des vivres aux citoyens, qui leur jettoient de l'argent de leurs ramparts. Plusieurs Officiers entraînez par la licence si ordinaire à la soldatesque, troquoient un alloyau pour une fille ; ensorte qu'on ne voyoit que femmes qui descendoient dans des baquets, & des baquets qui remontoient pleins de provisions. Par-là une licence hors de saison régna parmi les Officiers ; les soldats amasserent beaucoup d'argent ; les assiegez furent soulagez, & le Roi perdit la ville ; car dans le même tems une armée d'*Espagnols* vint des *Pays-Bas*. Le Roi fut obligé de lever le siege, & d'aller à sa rencontre, au travers de tous les dangers & de tous les hasards

Z

de la guerre, jusqu'à ce qu'enfin les *Espagnols* ayant été chaffez du Royaume, il revint une troifiéme fois devant *Paris*, qui étoit toûjours plus opiniâtrée à ne point le recevoir.

Sur ces entrefaites, le Cardinal de *Bourbon*, ce fantôme de la Royauté, mourut. On tint une affemblée à *Paris*, qui nomma les Etats Généraux du Royaume, pour proceder à l'élection d'un nouveau Roi. L'*Espagne* influoit fortement fur ces Etats; *Mayenne* avoit un Parti confiderable, qui vouloit le mettre fur le trône. Enfin *Henri*, ennuyé de la cruelle neceffité de faire éternellement la guerre à fes Sujets, & fachant d'ailleurs que ce n'étoit pas fa perfonne, mais fa religion qu'ils haïffoient, réfolut de rentrer au giron de l'Eglife *Romaine*. Peu de femaines après, *Paris* lui ouvrit fes portes. Ce qui avoit été impoffible à fa valeur & à fa magnanimité, il l'obtint facilement en allant à la Meffe, & en recevant l'Abfolution du Pape.

Tout le peuple changé dans ce jour falutaire
Reconnoît fon vrai Roi, fon vainqueur & fon pere.
Dès-lors on admira ce régne fortuné,
Et commencé trop tard & trop tôt terminé.
L'Efpagnol en trembla. Juftement defarmée
Rome adopta Bourbon; Rome s'en vit aimée.
La Difcorde rentra dans l'éternelle nuit.
A reconnoître un Roi, Mayenne fut réduit;
Et foumettant enfin fon cœur & fes Provinces,
Fut le meilleur fujet du plus jufte des Princes.

   V O L T A I R E, *Henriade*, fin du dernier chant.

LE TEMPLE DU GOÛT.

PAR

M. DE VOLTAIRE.

EDITION VERITABLE,

Donnée par l'Auteur.

LE
TEMPLE
DU GOÛT.

PAR

M. DE VOLTAIRE.

ÉDITION NOUVELLE,

Revûe par l'Auteur.

LETTRE

DE MONSIEUR

DE V..... A Mr. DE C.....

ONSIEUR,

Vous avez vû, & vous pouvez rendre témoignage, comment cette bagatelle fut conçuë & exécutée. C'étoit une plaisanterie de Société. Vous y avez eu part comme un autre; chacun fournissoit ses idées, & je n'ai guére eu d'autre fonction que celle de les mettre par écrit.

Mr. de.... disoit, que c'étoit dommage que Baylé eût enflé son Dictionaire de plus de deux cens Articles de Ministres & de Professeurs Lutheriens ou Calvinistes; qu'en cherchant l'Article de César, il n'avoit rencontré que celui de Jean Céſarius Profeſſeur à Cologne ; & qu'au lieu de Scipion, il avoit trouvé ſix grandes pages ſur Gerard Scioppius. De-là on concluoit à la pluralité des voix, à réduire Bayle en un ſeul Tome, dans la Bibliotheque du Temple du Goût.

Vous m'aſſuriez tous, que vous aviez été aſſez ennuyez en liſant l'Hiſtoire de l'Académie Françoiſe ; que vous vous intereſſiez fort peu à tous les détails des Ouvrages de Baleſdens, de Porcheres, de Bardin, de Baudouin, de Faret, de Colletet, de Cottin, & d'autres pareils Grands Hommes ; & je vous en crus ſur votre parole. On ajoutoit, qu'il n'y a guére aujourd'hui de Femmes d'eſprit qui n'écrive de meilleures Lettres que Voiture. On diſoit, que St. Evremont n'auroit jamais dû faire de Vers, & qu'on ne devoit pas imprimer toute ſa Proſe. C'eſt le ſentiment du Public éclairé, & moi, qui trouve toûjours tous les Livres trop longs, & ſurtout les mieux, je réduiſois auſſi-tot tous ces Volumes à très-peu de pages.

Je n'étois en tout cela que le Secretaire du Public : ſi ceux qui perdent leur Cauſe ſe plaignent, ils ne doivent pas s'adreſſer à celui qui a écrit l'Arrêt.

Je ſai que des Politiques ont regardé cette innocente plaiſanterie du Temple du Goût, comme un grave attentat. Ils prétendent qu'il n'y a qu'un malintentionné qui puiſſe avancer, que le Château de Verſailles n'a que ſept croiſſées de face ſur la Cour ; & ſoutenir que le Brun, qui étoit prémier Peintre du Roi, a manqué de Coloris.

Des Rigoriſtes diſent qu'il eſt impie de mettre des

Filles de l'Opera, Lucrece, & des Docteurs de Sorbonne, dans le Temple du Goût.

Des Auteurs aufquels on n'a point penſé, crient à la Satire, & ſe plaignent que leurs défauts ſont déſignez, & leur grandes beautez paſſées ſous ſilence; crimes irrémiſſible, qu'ils ne pardonneront de leur vie: & ils appellent le Temple du Goût, un Libelle diffamatoire.

On ajoute, qu'il eſt d'une ame noire, de ne louer perſonne ſans un petit correctif; & que dans cet Ouvrage dangereux nous n'avons jamais manqué de faire quelque égratignure à ceux que nous avons careſſez.

Je répondrai en deux mots à cette accuſation. Qui louë tout, n'eſt qu'un Flâteur: celui-là ſeul ſait louer, qui louë avec reſtriction.

Enſuite, pour mettre de l'ordre dans nos idées, comme il convient dans ce Siécle éclairé, je dirai qu'il faudroit un peu diſtinguer entre la Critique, la Satire & le Libelle.

Dire que le Traité des Etudes eſt un Livre à jamais utile, & que par cette raiſon même il en faut retrancher quelques plaiſanteries & quelques familiaritez peu convenables à ce ſérieux Ouvrage; dire que les Mondes eſt un Livre charmant & unique, & qu'on eſt fâché d'y trouver que le jour eſt une beauté blonde, & la nuit une beauté brune, & autres petites douceurs; voilà, je croi de la Critique.

Que Despréaux ait écrit

— Pour trouver un Auteur sans défaut,
La raison dit Virgile, & la rime Quinaut ;

c'est de la Satire, & de la Satire même assez injuste en tous sens, (avec le respect que je lui dois :) car la rime de défaut n'est point assez belle pour exiger celle de Quinaut ; & il est aussi peu vrai de dire que Virgile est sans défaut, que de dire que Quinaut est sans naturel & sans graces.

Les Couplets de Rousseau, le Masque de Laverne, & telle autre horreur ; certains Ouvrages de Gacon ; voilà ce qui s'appelle un Libelle diffamatoire.

Tous les Honnêtes-gens qui pensent, sont Critiques ; les Malins sont Satiriques ; les Pervers font des Libelles : & ceux qui ont fait avec moi le Temple du Goût, ne sont assurément ni malins, ni méchans.

Enfin, voilà ce qui nous amusa pendant plus de quinze jours. Les idées se succédoient les unes aux autres ; on changeoit tous les soirs quelque chose ; & cela a produit sept ou huit Temples du Goût, absolument differens.

Un jour nous y mettions les Etrangers ; le lendemain nous n'admettions que les François. Les Maffei, les Pope, les Bononcini, ont perdu à cela plus de cinquante Vers, qui ne sont pas fort à regretter. Quoiqu'il en soit, cette plaisanterie n'étoit point du tout faite pour être publique.

Une des plus mauvaises & des plus infideles Copies d'un des plus negligez Brouillons de cette bagatelle, ayant couru dans le monde, a été imprimée sans mon aveu ; & celui qui l'a donnée, quel qu'il soit, a très-grand tort.

Peut être fait-on plus mal encore de donner cette nouvelle Edition : il ne faut jamais prendre le Public pour le confident de ses Amusemens. Mais la sottise est faite, & c'est un de ces cas où l'on ne peut faire que des fautes.

Voici donc une faute nouvelle ; & le Public aura cette petite Esquisse, (si cela même peut en mériter le nom) telle qu'elle a été faite dans une Société où l'on savoit s'amuser sans la ressource du Jeu, où l'on cultivoit les Belles-Lettres sans esprit de Parti, où l'on aimoit la Vérité plus que la Satire, & où l'on savoit loüer sans flatterie.

S'il avoit été question de faire un Traité du Goût, on auroit prié les De Cotes & les Baufrancs de parler d'Architecture, les Coypels de définir leur Art avec esprit, les Destouches de dire quelles sont les graces de la Musique, les Crebillons de peindre la Terreur qui doit animer le Théâtre : pour peu que chacun d'eux eut voulu dire ce qu'il sait, cela auroit fait un gros in folio. Mais on s'est contenté de mettre en général les sentimens du Public, dans un petit Ecrit sans conséquence ; & je me suis chargé uniquement de tenir la plume.

Il me reste à dire un mot sur notre jeune Noblesse, qui employe l'heureux loisir de la Paix à cultiver les Lettres & les Arts ; bien différente en cela des augustes Visigoths leurs Ancêtres, qui ne savoient pas ſigner leurs noms. S'il y a encore dans notre Nation ſi polie quelques Barbares & quelques mauvais-Plaiſans, qui oſent deſapprouver des occupations ſi eſtimables, on peut aſſurer qu'ils en feroient autant, s'ils le pouvoient. Je ſuis très-perſuadé que quand un Homme ne cultive point un Talent, c'eſt qu'il ne l'a pas ; qu'il n'y a perſonne qui ne fît des Vers, s'il étoit né Poëte, & de la Muſique, s'il étoit né Muſicien.

Il faut ſeulement que les graves Critiques, aux yeux deſquels il n'y a d'amuſement honorable dans le monde que le Lanſquenet & le Biribi, ſachent que les Courtiſans de Louis XIV, au retour de la Conquête de Hollande en 1672, danſerent à Paris ſur le Théatre de Lulli dans le Jeu de paume de Belleaire, avec les Danſeurs de l'Opera, & que l'on n'oſa pas en murmurer. A plus forte raiſon doit-on, je crois, pardonner à la Jeuneſſe, d'avoir de l'eſprit dans un âge où l'on ne connoiſſoit que la débauche.

Omne tulit punctum, qui miſcuit utile dulci.

V.

LE TEMPLE DU GOÛT.

LE Cardinal Oracle de la France,
Non, ce Mentor qui gouverne aujourd'hui,
Juste, tranquile, humble dans sa puissance,
Maître de tout, & plus maître de lui;
Mais ce Nestor qui du Pinde est l'appui,
Qui des Savans a passé l'espérance,
Qui les soutient, qui les anime tous,
Qui les éclaire, & qui régne sur nous
Par les attraits de sa douce éloquence;
Ce Cardinal qui, sur un nouveau ton,
En Vers charmans fait parler la Sagesse,
Réunissant Virgile avec Platon,
Vengeur du Ciel, & vainqueur de Lucrece. (1)

---

(1) M. le Cardinal de *Polignac* a fait contre Lucrece un Poëme Latin. Tous les Gens de Lettres connoissent ces beaux Vers, qui sont au commencement :

*Pieridum si forte lepos austera canentes
Deficit, eloquio victi, re vincimus ipsa.*

Ce Cardinal, enfin, que tout le monde reconnoît à ce portrait, me dit un jour, qu'il vouloit que je vinsse avec lui au Temple du Goût. C'est un séjour, me dit-il, dont tout le monde parle, où peu de gens vont, & que ceux qui voyagent, se donnent rarement la peine d'examiner. Il est bon que vous observiez de près un Dieu que vous voulez servir.

 Vous l'avez pris pour votre Maître :
 Il l'est, ou du moins le doit être.
 Mais vous l'encencez de trop loin,
 Et nous allons prendre le soin
 De vous le faire mieux connoître.

Je remerciai Son Eminence de sa bonté ; & je lui dis : Monseigneur, je suis extrêmement indiscret. Si vous me menez avec vous, je m'en vanterai à tout le monde.

 Sur ce petit Pelerinage,
 Aussi-tôt on demandera
 Que je compose un gros Ouvrage.
 Voltaire simplement fera
 Un récit court, qui ne sera
 Qu'un trés-frivole badinage :
 Mais son recit on fondera,
 A la Cour on murmurera,
 Et dans Paris on me prendra

DU GOUT.

Pour un vieux Conteur de Voyage,
Qui vous dit d'un air ingénu,
Ce qu'il n'a ni vu ni connu,
Et qui vous ment à chaque page.
Et fi dans fon malin vouloir
Quelque Critique veut favoir
En quels lieux, en quel coin du Monde
Est bâti ce divin Mânoir
Que faudra-t-il que je réponde?

Le Cardinal me repliqua, que le Temple étoit dans le Païs des Beaux-Arts, qu'il vouloit abfolument que je l'y fuiviffe, & que je fiffe ma relation avec fincérité; que s'il arrivoit qu'on fe moquât un peu de moi, il n'y auroit pas grand mal à cela, & que je le rendrois bien fi je voulois. J'obéis, & nous partimes.

Aimable Abbé, vous fûtes du Voyage;
Vous que le Goût ne ceffe d'infpirer;
Vous dont l'efprit fi délicat, fi fage,
Vous dont l'exemple a daigné me montrer
Par quels chemins on peut, fans s'égarer,
Chercher le Goût, ce Dieu que dans cet Age
Maints Beaux-Efprits s'efforcent d'ignorer.

Nous rencontrâmes fur le chemin plufieurs obftacles. D'abord, nous trouvâmes Meffieurs Ordus, Lexicocraffus, Scrievrius, une nuée de Commentateurs, qui reftituoient des paffages, & qui compofoient de gros Volumes, à propos d'un mot qu'ils n'entendoient pas.

Là j'aperçus les Daciers (2), les Saumaises, (3)
Gens hérissés de savantes fadaises,
Le teint jaune, les yeux rouges & secs,
Le dos courbé sous un tas d'Auteurs Grecs,
Tout noirci d'ancre, & coëffés de poussiere.
Je leur criai de loin par la portiere :
N'allez-vous pas dans le Temple du Goût,
Vous décrasser ? Nous, Messieurs ? point du tout.
Ce n'est pas-là, grace au Ciel, notre étude;
Le Goût n'est rien. Nous avons l'habitude
De rédiger au long, de point en point,
Ce qu'on pensa; mais nous ne pensons point.

(2) M. *Dacier* avoit une grande Litterature : il connoissoit tout dans les Anciens, hors la grace & la finesse. Ses Commentaires ont par tout de l'érudition, & très-rarement du goût. Il traduit grossierement les délicatesses d'Horace. Si Horace dit à sa Maîtresse : *Miseri quibus intentata nites*, Dacier dit : *Malheureux ceux qui se laissent attirer par cette bonace, sans vous connoitre*. Il traduit, *Nunc est bibendum, nunc pede libero pulsanda tellus*. *C'est maintenant qu'il faut boire, & que sans rien craindre, il faut danser de toute sa force*. *Mox juniores quærit adulteros*. *Elles ne sont pas plûtôt mariées, qu'elles cherchent de nouveaux galans*. Mais quoiqu'il défigure Horace, & que ses Notes soient souvent d'un Savant sans esprit, son Livre est plein de recherches utiles, & le Public loüe son travail en voyant son peu de génie.

(3) *Claude Saumaise*, de Dijon, passa presque toute sa vie à écrire contre Juste Lipse & Heinsius, de gros Livres sur des questions inutiles. Enfin il fut chargé de défendre la plus sérieuse & la plus célébre Cause du monde : c'étoit celle de Charles I. Roi d'Angleterre, contre Cromwell. Voici ce qu'on trouve dans le commencement du Livre qu'il fit sur ce sujet, par ordre de Charles II. *Anglois, qui vous renvoyez les têtes des*

Après cet aveu ingénu, ces Messieurs entourerent le Carosse & voulurent absolument nous faire lire certains passages de Dictys de Crete, & de Métrodore de Lampsaque, que Gronovius avoit estropiés à ce qu'ils disoient. Nous les remerciâmes de leur courtoisie, & nous continuâmes notre chemin. Nous n'eumes pas fait cent pas, que nous trouvâmes un Homme entouré de Peintres, d'Architectes, de Sculpteurs, de Doreurs, de faux Connoisseurs, de Flateurs. Ils tournoient le dos au Temple du Goût.

D'un air content l'Orgueil se reposoit,
Se pavanoit sur son large visage ;
Et mon Crésus tout en ronflant disoit :
J'ai beaucoup d'Or, de l'Esprit davantage :
On me prendroit pour le vrai Dieu du Goût !
Je n'appris rien, je me connois à tout :
Je suis un Aigle, en Conseil, en Affaires :
Malgré les Vents, les Rocs & les Corsaires,
J'ai dans le Port fait aborder ma Nef.
Partant, il faut qu'on me bâtisse en bref
Un grand Palais, fait pour moi, c'est tout dire,
Où les Beaux Arts soient en foule entassés,
Où tout le jour je prétens qu'on m'admire.
L'argent est prêt. Faquins, obéïssez.
Il dit, & dort. Aussi-tôt la Canaille
Autour de lui s'évertuë & travaille.

Rois comme des balles de paume : qui jouez à la boule avec les Couronnes, & qui vous servez des Sceptres comme de marotes.
Nota, que Milto lui répondit dans le même stile.

Certain Maçon, en Vitruve érigé,
Lui trace un Plan d'ornemens furchargé;
Nul Veſtibule, encor moins de Façade:
Mais vous aurez une longue enfilade;
Vos murs feront de deux doigts d'épaiſſeur,
Grands Cabinets; Salon fans profondeur,
Petits Trémeaux, Fenêtres à ma guife,
Que l'on prendra pour des Portes d'Eglife;
Le tout boifé, verni, fculpté, doré,
Et des Badauts à coup fûr admiré.

 Réveillez-vous, Monfeigneur, je vous prie,
Crioit un Peintre; admirez l'induſtrie
De mon talent. Raphaël n'eût jamais
Entendu l'Art d'embellir un Palais.
C'eſt moi qui fais annoblir la Nature:
Je couvrirai Plát-fonds, Voûte, Vouſſure,
De cent Magots travaillez avec foin,
D'un pouce ou deux, pour être vus de loin.

 Créfus s'éveille, il regarde, il rédige,
A tort, à droit, régle, approuve, corrige.
A fes côtés, un petit Curieux,
Lorgnette en main, difoit : Tournez les yeux,
Voyez ceci, c'eſt pour votre Chapelle;
Sur ma parole, achetez ce Tableau,
C'eſt Dieu le Pere en fa gloire éternelle,
Peint galamment dans le goût du (4) Vatau.

 (4) Vatau eſt un Peintre Flamand, qui eſt de l'Ecole
Françoife. Il a travaillé à Paris, où il eſt mort il y a quelques
années. Il a réuſſi dans les petites Figures, qu'il a deſſinées
avec grace & legereté, & qu'il a très-bien groupées : mais
il

Et cependant, un fripon de Libraire,
Des Beaux-Esprits écumeur mercenaire,
Vendeur adroit de sotife & de vent,
En souriant d'une mine matoise,
Lui mesuroit des Livres à la toise;
Car Monseigneur est sur-tout fort savant.

Je crus en être quitte pour ce petit retardement, & que nous allions arriver au Temple sans autre mauvaise fortune : mais la route est plus dangereuse que je ne pensois. Nous trouvâmes bien-tôt une nouvelle embuscade.

C'étoit un Concert que l'on donnoit dans une Maison de Campagne bizarrement située, & bâtie de même. Le Maître de la Maison, voyant de loin le Carosse du Cardinal, & sachant que S. E. venoit d'Italie, vint le prier du Concert. Il lui dit en peu de mots beaucoup de mal de Lully, de Destouches & de Campra, & l'assura qu'à son Concert il n'y auroit point de Musique Françoise. Le Cardinal lui remontra en-vain que la Musique Italienne, la Françoise & la Latine, étoient fort bonnes, chacune dans leur genre; qu'il n'y a rien de si ridicule que de l'Italien chanté à la Françoise, si ce n'est peut-être le François chanté à l'Italienne. Car, lui dit-il avec un ton de voix aimable, fait pour orner la Raison :

La Nature féconde, ingénieuse & sage,
Par ses dons partagés ornant cet Univers,

il n'a jamais rien fait de grand, & il en étoit incapable. M. de Julienne a fait graver son Oeuvre avec un très grand soin.

Parle à tous les Humains ; mais, fur des tons divers,
Ainfi que fon efprit, tout Peuple a fon langage,
Ses fons & fes accens, à fa voix ajuftés,
Des mains de la Nature exactement notés :
L'oreille heureufe & fine en fent la difference.
Sur le ton des François, il faut chanter en France :
Aux loix de notre goût Lully fut fe renger ;
Il embellit notre Art, au lieu de le changer.

A ces paroles judicieufes, mon Homme répondit en fecouant la tête : Venez, venez, dit-il, on va vous donner du neuf. Il falut entrer, & voilà fon Concert qui commence.

Du grand Lully, vingt Rivaux fanatiques,
Plus ennemis de l'Art & du Bon-fens,
Défiguroient, fur des tons glapiffans,
Des Vers François en fredons Italiques :
Une Bégueule en lorgnant fe pâmoit ;
Et certain Fat, yvre de fa parure,
En fe mirant, chevrotoit, fredonnoit ;
Et de l'index battant faux la mefure,
Crioit *bravo*, lorfque l'on détonnoit.

Nous fortîmes au plus vîte. Ce ne fut qu'au travers de bien des avantures pareilles, que nous arrivâmes enfin au Temple du goût.

Jadis, en Grece on en pofa
Le fondement ferme & durable :
Puis, jufqu'au Ciel on exhauffa
Le faîte de ce Temple aimable.

DU GOUT.

L'Univers entier l'encenfa.
Le Romain, long-tems intraitable,
Dans ce féjour s'apprivoifa;
Doux Vainqueur, il y dépofa
Sa Barbarie infupportable.
Le Mufulman, plus implacable,
Conquit le Temple & le rafa. (5)
En Italie on ramaffa
Tous les débris que l'Infidele
Avec fureur en difperfa.
Bientôt FRANÇOIS PREMIER ofa
En bâtir un fur ce modéle.
Sa Poftérité méprifa
Cette Architecture fi belle.
Richelieu vint, qui répara
Le Temple abandonné par elle.
LOUIS LE GRAND le décora.
Colbert, fon Miniftre fidele,
Dans ce Sanctuaire attira
Des Beaux-Arts la Troupe immortelle.
L'Europe jaloufe admira
Ce Temple, en fa beauté nouvelle;
Mais je ne fai s'il durera.

Ce feroit ici le lieu de m'étendre fur la ftructure de cet Edifice, & de parler d'Architrave &

___
(5) Quand Mahomet II. prit Conftantinople en 1453. tous les Grecs qui cultivoient les Arts fe réfugierent en Italie. Ils y furent principalement accueillis par les Maifons de Medicis, d'Eft & de Bentivoglio, à qui l'Italie doit fa Politeffe & fa Gloire.

d'Archivolte, fi j'avois formé le deffein de n'être pas lû.

> Evitons le long verbiage
> De Monfieur de Félibien, (6)
> Qui noye élégamment un Rien
> Dans un fratras de beau langage.
> Cet Edifice précieux
> N'eft point chargé des antiquailles
> Que nos très-Gotiques Ayeux
> Entaffoient autour des murailles
> De leurs Temples, groffiers comme eux.
> Il n'a point les défauts pompeux
> De la Chapelle de Verfailles,
> Ce Colifichet faftueux
> Qui du Peuple éblouit les yeux,
> Et dont le Connoiffeur fe raille.

Il eft bien plus aifé de dire ce que Temple n'eft pas, que de dire ce qu'il eft. J'ajouterai feulement, pour éviter la difficulté :

> Simple en étoit la noble Architecture.
> Chaque ornement, à fa place arrêté
> Y fembloit mis par la néceffité ;
> L'Art s'y cachoit fous l'air de la Nature.
> L'œil fatisfait embraffoit fa ftructure,
> (7) Jamais furpris, & toujours enchanté.

---

(6) Félibien a fait fur la Peinture cinq volumes, où on trouve moins de chofes que dans le feul volume de Piles
(7) Quand on entre dans un Edifice bâti felon les vé-

Le Temple étoit environné d'une foule de Virtuoses, d'Artistes & de Juges de toutes especes, qui s'efforçoient d'entrer, mais qui n'entroient point.

    Car la Critique, à l'œil fevere & juste,
    Gardant les Clefs de cette Porte auguste,
    D'un bras d'airain, fierement repoussoit
    Le Peuple Got, qui sans cesse avançoit.

On chassoit tous ces Satiriques obscurs, qui font secretement une mauvaise Critique d'un bon Ouvrage ; petits Insectes dont nous ne soupçonnons l'existence, que par les efforts qu'ils font pour piquer. On renvoyoit ces Courtisans affairés & oisifs, qui mettent tout leur grand crédit à faire une brigue inutile contre une Piéce nouvelle.

    Ce sont les Cabales mutines
    De ces prétendus Beaux-Esprits,
    Qu'on vit proteger dans Paris
    Les Pradons & les Scuderis,
    Contre les immortels Ecrits
    Des Corneilles & des Racines.

On repoussoit plus rudement ces Hommes injustes & dangereux, ces Ennemis de tout mérite,

ritables régles de l'Architecture, toutes les proportions étant observées, rien ne paroît ni trop grand ni trop petit ; & le tout semble s'agrandir insensiblement, à mesure qu'on le considere. arrive tout le contraire dans les bâtimens Go tique.

qui haïssent sincerement ce qui réüssit, de quelque nature qu'il puisse être : ils auroient également envié *Rocroy* au grand Condé, *Denain* à Villars, & *Polieucte* à Corneille ; ils auroient exterminé Le Brun pour avoir fait le Tableau de la Famille de Darius. Leurs bouches distilent la médisance & la calomnie ; ils disent que Télémaque (8) est un Libelle contre Loüis XIV. & Esther une Satire contre le Ministere ; ils donnent de nouvelles Clefs de la Bruyere : ils infectent tout ce qu'ils touchent.

L'Orgueil les engendra dans les flancs de l'Envie,
Des Midas de la France ils fascinent les yeux.
Un Fat les applaudit ; un Méchant les appuye ;
Et les Arts désolés vont répandre loin d'eux,
Des pleurs qu'avec le tems l'Equité seule essuye.

Ils s'enfuïrent tous, à la vûë du Cardinal & de l'Abbé de Rothelin ; car ils ont pour eux l'aversion qu'ils leur doivent. Leur fuite précipitée fit place à un spectacle plus plaisant : c'étoit une foule d'Auteurs de tous états, qui se pressoit à la porte. L'un apportoit un Roman nouveau ; l'autre, une Harangue à l'Académie ; celui-ci, un petit Recüeil de Vers imprimez avec une longue Aprobation, sans que le Public en ait rien su. Cet autre venoit presenter un Mandement en stile précieux, & étoit tout surpris qu'on se mît à rire au lieu de

─────────

(8) On a fait réellement ces reproches à Fenelon & à Racine, dans de miserables Libelles que Personne ne lit plus aujourd'hui, & ausquels la malignité donna de la vogue dans leur tems.

lui demander sa Bénédiction. Je suis le Révérend Pere... disoit l'un. Place à Monseigneur.... crioit l'autre.

> Un Raisonneur, avec un fausset aigre,
> Crioit, Messieurs, je suis un Juge intégre,
> Qui toujours parle, arguë, & contredit ;
> Je viens siffler tout ce qu'on applaudit.
> Lors la Critique apparut, & lui dit,
> Ami Bardus, vous êtes un grand Maître ;
> Mais n'entrerez en cet aimable Lieu :
> Vous y venez pour fronder notre Dieu ;
> Contentez-vous de ne le pas connoître.

M. Bardus refusé se mit à faire un long discours contre l'Existence du Dieu du Goût ; il assura que ce Dieu n'est qu'une chimere ; il proposa, il divisa, il subdivisa, il distingua, il résuma, personne ne l'écouta.

> Parmi les flots de la Troupe insensée,
> De ce Parvis obstinément chassée,
> Tout doucement venoit La Mothe Houdart,
> Lequel disoit, d'un ton de Papelard,
> Ouvrez, Messieurs, c'est mon Oedipe en prose,
> Mes vers sont durs ; d'accord ; mais forts de chose.
> De grace, ouvrez ; je veux à Despréaux
> Contre les vers dire avec goût deux mots.

La Critique reconnut en lui l'Auteur raisonnable, à la douceur de son maintien ; & le Traducteur de l'Iliade, à la dureté de son Stile. Elle le laissa quelque tems entre Chapelain & Desmarêts, qui médisoient de Virgile & d'Homere à la porte du Temple, depuis cinquante ans.

Dans le moment arriva un autre Versificateur, soutenu par deux petits Satires. Il paroissoit plein de confiance, & s'étonnoit qu'on tardât à lui ouvrir.

Vers de   Je viens, dit-il, pour rire & pour m'ébattre
Rous-   Me rigolant, menant joyeux déduit.
seau.   Et jusqu'au jour faisant le Diable à quatre.

Qu'est-ce que j'entends-là, dit la Critique ? C'est moi, reprit le Rimeur. J'arrive d'Allemagne pour vous voir, & j'ai pris la Saison du Printems :

Vers de   Car les jeunes Zéphirs, de leurs chaudes haleines,
Rouss.   Ont fondu l'écorce des eaux.

Plus il parloit ce langage, moins la porte s'ouvroit. On me prend donc, continua-t-il,

Vers de   Pour une Grenouille aquatique,
Rouss.   Qui du fond d'un petit thorax,
     Va chantant pour toute musique,
     Breke ke ke, koax, koax, koax, koax ?

Ah, bon Dieu ! s'écria la Critique, quel horrible jargon ! Elle fit ouvrir la porte, pour voir l'Animal qui avoit un cri si singulier. Quel fut son étonnement, quand tout le monde lui dit que c'étoit Rousseau ! Elle lui ferma la porte au plus vîte. Le Rimeur defefperé lui crioit dans fon Stile Marotique.

>Eh ! montrez-vous un peu moins difficile.
>J'ai près de vous mérité d'être admis.
>Reconnoiffez mon honneur & mon ftile,
>Voici des Vers contre tous mes Amis.
>O vous, Critique, ô vous Déeffe utile,
>C'étoit par vous que j'étois infpiré.
>En tout païs, en tout tems abhorré,
>Je n'ai que vous deformais pour afyle.

A ces paroles, la Critique fit ouvrir le Temple, parut d'un air de Juge, & parla ainfi au Cynique.

>Rouffeau, tu m'as trop méconnuë,
>Jamais ma candeur ingénuë
>A tes Ecrits n'a préfidé.
>Ne prétends pas qu'un Dieu t'infpire,
>Quand ton efprit n'eft poffedé
>Que du Demon de la Satire.
>Pour certains Couplets de Chanfon,
>Et pour un fort mauvais Faêton,
>Ta mordante Mufe eft bannie. (8)
>Mais par l'équitable Apollon
>Ta rage eft encor mieux punie:
>Il t'ôta le peu de génie

(8) Voyez le Factum de Mr. Saurin de l'Académie des Sciences, contre Rouffeau ; avec l'Arrêt qui condamne ce dernier comme Calomniateur.

Dont tu dis qu'il t'avoit fait don ;
Il te priva de l'harmonie ;
Et tu n'as plus rien aujourd'hui,
Que la foibleſſe & la manie
De forger encor malgré lui,
Des Vers Tudeſques qu'il renie.

La Mothe entendoit tout cela : il rioit ; mais point trop fort, & avec diſcrétion. Rouſſeau lui reprochoit avec fureur, tous les mauvais Vers que cet Académicien avoit faits en ſa vie. Souviens-toi du (9) *Cornet Fatidique*, diſoit Rouſſeau avec un ſourire amer. Eh ! n'oubliez pas *l'œuf cuit dans ſa coque*, répondoit doucement La Mothe. La diſpute auroit duré long-tems, ſi la Critique ne leur avoit impoſé ſilence, & ne leur avoit dit ; Ecoutez : prenez tous deux à la main vos premieres Ouvrages, & brûlez les derniers (10) Rouſſeau, placez vous au-deſſus de La Mothe, en qualité de Verſificateur : mais toutes les fois qu'il s'agira d'Eſprit & de Raiſon, vous vous mettrez fort au-

(9) *Plus loin, une main frénétique*
Chaſſe du cornet fatidique
L'Oracle roulant du Deſtin.
LA MOTHE.

Ah ! je connois votre Equivoque ;
Et reſſemblez à l'œuf cuit dans ſa coque.
ROUSSEAU.

(10) Les premiers Vers de la Mothe & de Rouſſeau furent reçûs très-favorablement du Public ; mais les derniers n'ont eu aucun ſuccès.

DU GOUT.

deſſous de lui. Ni l'un ni l'autre ne fut content de la déciſion.

J'étois preſent à cette Scene. La Critique m'apperçut. Ah ! ah ! me dit-elle, vous êtes bien hardi d'entrer ! je lui répondis humblement : Dangereuſe Déeſſe, je ne ſuis ici que parce que ces Meſſieurs l'ont voulu ; je n'aurois jamais oſé y venir ſeul. Je veux bien, dit-elle, vous y ſouffrir à leur conſidération : mais tâchez de profiter de tout ce qui ſe fait ici.

> Sur-tout, gardez-vous bien de rire
> Des Auteurs que vous avez vus ;
> Cent petits Riveaux inconnus
> Crieroient bien vîte à la Satire.
> Corrigez-vous ſans les inſtruire :
> Donnez plus d'Intrigue à *Brutus*,
> Plus de Vraiſemblance à *Zaïre* ;
> Et, croyez-moi, n'oubliez plus,
> Que vous avez fait *Artémire*.

Je vis bien qu'elle en alloit dire davantage ; elle me parloit déja d'un certain *Philoctete* : je m'eſquivai, & je laiſſai avancer un Homme qui valoit mieux que Rouſſeau, La Motthe, & moi.

> C'étoit le ſage Fontenelle,
> Qui par les Beaux-Arts entouré,
> Répandoit ſur eux à ſon gré
> Une clarté pure & nouvelle.
> D'une Planete, à tire d'aîle,
> En ce moment il revenoit

Dans ces lieux où le Goût tenoit
Le Siége heureux de son Empire.
Avec Quinaut il badinoit ;
Avec Mairan il raisonnoit ;
D'une main legere, il prenoit
Le Compas, la Plume & la Lyre.

Beaucoup de Gens de Lettres furent indignés de voir cet Homme, contre lequel ils avoient fait tant d'Epigrammes. Quoi ! dit l'un d'eux, le Bon-goût souffrira dans son Temple l'Auteur des *Lettres du Chevalier d'Her* . . . d'une *Passion d'Automne*, d'un *Clair de Lune*, d'un *Ruisseau Amant à la Prairie d'Aspar*, d'*Endymion*, de . . . Non dit la Critique, ce n'est pas l'Auteur de tout cela, que vous voyez. C'est celui des *Mondes*. Ouvrage qui a dû vous instruire ; de *Thetis & Pelée*, Opéra qui a pu exciter votre envie ; de *l'Histoire de l'Academie des Sciences*, que je souhaite que vous entendiez.

Puis se tournant vers l'aimable interpréte de la Philosophie : Je ne vous reprocherai pas, dit-elle, certains Ouvrages de votre jeunesse, comme font ces Cyniques jaloux. Mais je suis la Critique, vous êtes chez le Dieu du Goût ; & mon devoir est de vous dire, que

Votre Muse sage, & riante,
Dévroit aimer un peu moins l'Art.
Ne la gâtez point par le fard :
Sa couleur est assez brillante.

Allez, suivez mon conseil ; c'est celui du Dieu

du Goût, de la Critique, & du Public. Cependant, mettez-vous entre Lucrece & Leibnitz.

Je demandai pourquoi Leibnitz étoit-la ? C'est, me dit-on, pour avoir fait d'assez bons Vers Latins, quoiqu'il fut Métaphysicien & Géometre ; & la Critique le souffre en cette place, pour adoucir par cet exemple l'esprit dur de la plûpart de ses Confreres.

A l'égard de Lucrece, il rougit d'abord en voyant le Cardinal son Ennemi. Mais à peine l'eut-il entendu parler, qu'il l'aima ; il courut à lui, il l'embrassa, il avoüa ses erreurs, il lui dit en beaux Vers Latins, ce que je traduis ici en assez mauvais Vers François.

Aveugle que j'étois ! je crus voir la Nature ;
Je marchai dans la nuit, conduit par Épicure ;
J'adorai comme un Dieu ce Mortel orgueilleux,
Qui fit la guerre au Ciel & détrôna les Dieux.
L'Ame ne me parut qu'une foible étincelle,
Que la nuit du trépas dissipe dans les airs.
Tu m'as vaincu, je céde ; & l'Ame est immortelle,
Aussi-bien que ton Nom, tes Ecrits & mes Vers.

Le Cardinal répondit à Lucrece dans la Langue de ce Poëte. Tous les Poëtes de l'Antiquité qui l'écouterent, le prirent pour un ancien Romain : Mais il ne s'agit ici que des François.

Enfin, après ces retardemens agréables, au milieu des Beaux-Arts, des Muses, des Plaisirs mêmes, nous arrivâmes jusqu'à l'Autel & jusqu'au Trône du Dieu du Goût.

LE TEMPLE

Je vis ce Dieu, qu'en-vain j'implore;
Ce Dieu charmant, que l'on ignore
Quand on cherche à le définir;
Ce Dieu qu'on ne fait point fervir,
Quand avec fcrupule on l'adore;
Que La Fontaine fait fentir,
Et que Vadius cherche encore.

   Il fe plaifoit à confulter
Ces Graces fimples & naïves,
Dont la France doit fe vanter;
Ces Graces piquantes & vives,
Que les Nations attentives
Voulurent fouvent imiter;
Qui de l'Art ne font point captives;
Qui régnoient jadis à la Cour,
Et que la Nature & l'Amour
Avoient fait naitre fur nos rives.

   Il eft toujours environné
De leur Troupe aimable & legere:
C'eft par leurs mains qu'il eft orné,
C'eft avec elles qu'il veut plaire.
Elles-mêmes l'ont couronné
D'un diadême, qu'au Parnaffe
Compofa jadis Apollon,
Des Lauriers du divin Maron,
Du Lierre & du Myrthe d'Horace,
Et des Rofes d'Anacréon.
Sur fon front régne la Sageffe.
Son air eft tendre, ingénieux.
Les Amours ont mis dans fes yeux

DU GOUT.

Le Sentiment & la Fineſſe.

Le More à ces Autels chantoit. (11)
Peliſſier près d'elle exprimoit
De Lulli toute la tendreſſe.
Pleine de grace & de moleſſe,
Sallé le Temple parcouroit, (12)
D'un pas guidé par la juſteſſe.
Legere & forte en ſa ſoupleſſe,
La vive Camargo ſautoit, (13)
A ces ſons brillans d'allegreſſe,
Et de Rebel, & de Mouret.
Le Coûvreur plus loin récitoit, (14)
Avec cette grace divine
Dont autrefois elle ajoutoit
De nouveaux charmes à Racine.

Le Sage Rollin s'écartoit (15)
De cette foule enchantereſſe ;
Dans le fond du Temple il dictoit

(11) Meſdemoiſelles *Le More* & *Peliſſier*, deux celebres Chanteuſes de l'Opera.

(12) Mademoiſelle *Sallé*, excellente Danſeuſe qui exprime les Paſſions.

(13) Mademoiſelle *Camargo*, la premiere qui ait danſé comme un Homme.

(14) *Adrienne le Couvreur*, la meilleure Actrice qu'ait jamais eu la Comedie Françoiſe pour le Tragique, & la premiere qui ait introduit au Théâtre la déclamation naturelle.

(15) *Charles Rollin*, ancien Recteur de l'Univerſité, Auteur du *Traité des Etudes*, Livre écrit avec beaucoup de pureté & de goût, & dans lequel le Public n'a repris que quelques plaiſanteries mal placées, & d'un goût peu convenable à un bon Ouvrage.

Quelques leçons à la Jeuneſſe ;
Et malgré l'auſtere ſageſſe
De la Morale qu'il prêchoit,
Malgré ſa Robe, on l'écoutoit :
Choſe aſſez rare à ſon Eſpece.
 Sous la voûte d'un Cabinet,
Que Girardon & le Puget (16)
Embelliſſoient de leur ſculpture,
Le Pouſſin ſagement peignoit,
Le Sueur entre eux ſe plaçoit (17)
Le Brun fierement deſſinoit;
Et le Dieu, qui de l'œil ſuivoit
Les traits de leur main libre & ſûre,
En les approuvant ſe plaignoit
De voir, qu'à leur docte peinture,
Malgré leurs efforts, il manquoit
Le Coloris de la Nature.
Sous ſes yeux, des Amours badins
Ranimoient ces touches ſavantes,
Avec un pinceau que leurs mains
Trempoient dans les couleurs brillantes
De la palette de Rubens.

Dans ce même Cabinet conſacré aux Phidias &
aux

---

(16) *Girardon & le Pujet*, deux excellens Sculpteurs François. Girardon a plus de grace, le Pujet plus d'expreſſion.
(17) *Le Pouſſin*, *Le Brun* & *Le Sueur*, ſont à la tête de l'Ecole Françoiſe. On leur reproche à tous trois de ne s'être pas attachés aſſez au Coloris, qui eſt la partie la plus ſéduiſante de la Peinture ; mais ils ont excellé dans le Deſſein, qui eſt la partie eſſentielle.

DU GOUT.

aux Apelles modernes, on cultivoit cet autre Art inventé en Italie, & perfectionné en (18) France; cet Art qui multiplie & qui éternise les Tableaux, & qui exprime tout sans le secours des Couleurs. C'est-là qu'on voit un Recüeil d'Estampes d'après tous les beaux Tableaux qui sont en France.

> Crozat préside à ce dessein : (19)
> Il conduit le docte burin
> De la Gravure scrupuleuse,
> Qui d'une main laborieuse,
> Immortalise sur l'airain
> De Boulogne la grace heureuse,
> Et l'esprit sage du Poussin.

Vis-à-vis sont les modèles de nos plus beaux Édifices. Colbert, l'Amateur & le Protecteur de tous les Arts, rassembloit autour de lui les Connoisseurs. Tous félicitérent le Cardinal de (20) Polignac sur ce Salon de Marius, qu'il a déterré dans Rome, & dont il vient d'orner la France.

---

(18) L'Art de la Gravure en cuivre, trouvé à Florence par un Orfévre nommé *Finguerra*, au commencement du XVI. Siécle; & trouvé par hazard, comme la plûpart de tous les Arts.

(19) N. . *Crosat*, l'un des plus celebres Amateurs & des meilleurs Connoisseurs, fait graver les Tableaux & les Desseins des plus grands Maîtres qui sont en France. Cet Ouvrage est déja fort avancé par les soins de Mr. *Robert*, Peintre & Sculpteur très-habile.

(20) Mr. de *Polignac* ayant conjecturé qu'un certain terrein de Rome avoit été autrefois la maison de Marius, fit fouil-

Bb

Colbert attachoit souvent sa vûë sur cette belle façade du Louvre, dont Perrault & Le Vau se disputent encore l'invention. Il soupiroit de ce qu'un si beau Monument périssoit sans être achevé. Ah! disoit-il, pourquoi a-t-on forcé la Nature pour faire du Château de Versailles un Favori sans mérite, tandis qu'on pouvoit en continuant le Louvre égaler en bon goût Rome ancienne & moderne!

On voyoit sur un Autel le Plan du Luxembourg; de ce Portail si noble auquel il manque une Place, une Eglise, & des Admirateurs; de cette Fontaine qui fut un Chef-d'œuvre de Goût dans un tems d'ignorance; de cet Arc de triomphe qu'on admireroit dans Rome, & auquel le nom vulgaire de la Porte St Denis ôte tout son mérite auprès de la plûpart des Parisiens. Cependant le Dieu s'amusoit à faire construire le Modéle d'un Palais parfait. Il joignoit l'Architecture du Château de Maisons, au-dedans l'Hôtel de Lassay, dont il a conseillé lui-même la situation, les proportions & les embellissemens au Maître aimable de cet Edifice, & auquel il ajoûtoit quelques commoditez. Je demandois tout bas, pourquoi il y a eu à propor-

ler dans cet endroit. L'on trouva à plusieurs pieds sous terre, un Salon entier avec plusieurs Statuës, très-bien conservées. Parmi ces Statuës, il y en a dix qui font une suite complette, & qui representent Achille déguisé en Fille à la Cour de Lycomede, & reconnu par l'artifice d'Ulysse. Cette Collection est unique dans l'Europe, par la rareté & par la beauté. Elles sont actuellement chez Mr. le Cardinal de *Polignac*, où les Curieux peuvent les voir.

tion moins de bons Architectes en France, que de bons Sculpteurs ? Le Cardinal qui connoît tous les Arts, daigna répondre ainsi. Premierement, les Sculpteurs & les Peintres ont toute la liberté de leur génie, au lieu que les Architectes font souvent gênés par le terrein & encore plus par le caprice du Maître. En second lieu, les Sculpteurs & les Peintres faisant beaucoup plus d'Ouvrages, ont bien plus d'occasion de se corriger. Cent Particuliers étoient en état d'employer le Pinceau du Poussin, de Jouvenet, de Santerre, de Boulogne, de Vatau ; & même aujourd'hui nos Peintres modernes travaillent presque tous pour de simples Citoyens. Mais il faut être Roi ou Surintendant, pour exercer le génie d'un Mansart ou d'un Desbrosses. Enfin, le succès du Peintre est dans le Dessein de son Tableau ; celui du Sculpteur est dans son Modele en terre : le Modele de l'Architecte au contraire est trompeur, parce que le bâtiment regardé ensuite à une plus grande distance, fait un effet tout différent, & que la perspective aërienne en change les proportions. En un mot, il en est souvent du Plan en relief d'un Edifice, comme de la plûpart des Machines, qui ne réüssissent qu'en petit.

Aprés avoir examiné ce Cabinet où l'Architecture, la Sculpture, la Peinture étaloient leurs charmes, nous passâmes dans l'endroit du Temple où se rassemblent tous ces Hommes illustres, ausquels on donne le nom de Beaux-Esprits.

Parmi ces Ecrivains celebres, les Pavillons, les Benserades, les Pélissons, les Segrais, les St. Evremont, les Balzacs, les Voitures, ne me parurent pas occuper les premiers rangs. Ils y étoient autrefois, me dit un de mes Guides; ils brilloient avant que les beaux jours des Belles-Lettres fussent arrivés. Mais peu à peu ils ont cedé la place aux véritablement Grands-Hommes: ils ne font plus ici qu'une assez médiocre figure. En effet, la plupart n'avoient guéres que l'esprit de leur tems, & non cet esprit qui passe à la derniere Posterité.

Déja de leurs foibles Ecrits
Beaucoup de graces sont ternies.
Il sont comptés encore au rang des Beaux-Esprits,
Mais exclus du rang des Génies.

On dit qu'un jour Segrais voulut entrer dans le Temple, en recitant ce Vers de Despréaux:

Que Segrais dans l'Eglogue en charme les forêts.

Mais la Critique ayant, par malheur pour lui, lû quelques pages de son Enéide & de ses Géorgiques en Vers François, lui refusa la porte, & laissa entrer à sa place Madame de la Fayette (21), qui

(21) Voici ce que Mr. *Huet* Evêque d'Avranches rapporte, page 204. de ses Commentaires, Edition d'Amsterdam. Madame *de la Fayette* négligea si fort la gloire qu'elle méritoit, qu'elle laissa sa *Zaïde* paroître sous le nom de *Segrais*; & lorsque j'eus rapporté cette Anecdote, quelques Amis de Segrais, qui ne savoient pas la vérité, se plaignirent de ce trait, comme d'un outrage fait à sa mémoire. Mais c'étoit un Fait dont j'avois été long-temps témoin oculaire, & c'est ce que je suis en état de prouver par plusieurs Lettres de Madame de la Fayette, & par l'Original du Manuscrit de Zaïde, ont elle m'envoyoit les feuilles à mesure qu'elle les composoit.

DU GOUT.

avoit mis fous le nom de Segrais, Zaïde, & la Princeffe de Cleves.

Péliffon eft dans le Temple, à caufe de l'Hiftoire de la Franche-Comté : mais on ne lui pardonne pas d'avoir dit tant de puérilités dans fon Hiftoire de l'Académie, & d'avoir rapporté des fotifes comme des Bons-mots.

Le doux, mais foible Pavillon, fait fa cour à Madame Deshoulieres. L'inégal S. Evremont n'ofe parler de Vers à perfonne. Voiture & Benferade cherchent tous deux de l'efprit, & trouvent des pointes & des jeux de mots, dont ils rougiffent eux-mêmes le moment d'après : tandis que Balzac fe tenant feul au haut de la voûte, & n'étant entendu de perfonne, déclare à perte d'haleine fes longues phrafes hyperboliques.

Le Cardinal & fon ami cherchérent le Comte de Buffy, qui fe tenoit à l'écart avec une fierté mécontente. L'aimable, la naturelle Madame de Sevigné accourut au-lieu de lui.

> Elle dit que fon cher Coufin,
> Homme d'efprit, mais un peu vain,
> Et qui s'applaudit & qui s'aime
> Au point d'en paroître ennuyeux,
> Eft mal reçu dans ces beaux lieux,
> Pour avoir d'un ton glorieux,
> Si fouvent parlé de lui-même.
> Mais fon Fils, fon aimable Fils,
> Parmi nous eft toûjours admis.
> C'eft lui qu'on créa dans Paris,
> Dieu de la bonne compagnie ;

LE TEMPLE

Lui de qui l'aimable entretien
Sur tous nos cœurs a tant d'empire,
Qui sans flatter & sans médire,
Ne prétendant jamais à rien,
Sans le croire, parle aussi-bien
Que son Pere croyoit écrire.
 Je vis arriver en ce lieu
Le brillant Abbé de Chaulieu,
Qui chantoit en sortant de table,
Il osoit caresser le Dieu,
D'un air familier, mais aimable.
Sa vive imagination
Prodiguoit dans sa douce yvresse,
Des beautés sans correction,
Qui choquoient un peu la justesse,
Mais respiroient la passion.
 La Fare avec plus de molesse,
Et baissant sa Lyre d'un ton,
Chantoit auprès de sa Maîtresse
Quelques Vers sans précision,
Que le plaisir & la paresse
Dictoient à ce gros Céladon.

 Le Dieu aimoit fort ces deux Messieurs, & sur-tout La Fare qui ne se piquoit de rien, & qui même avertissoit son ami Chaulieu de ne se croire que le premier des Poëtes négligez, & non pas le premier des bons Poëtes, comme l'Abbé s'en flattoit de très-bonne foi.
 Chapelle étoit au milieu d'eux; Chapelle, plus débauché que délicat, plus naturel que poli, fa-

cile dans ses Vers, libertin dans ses idées, incorrect dans son stile; il parloit toujours au Dieu du Goût sur la même rime. On prétend que ce Dieu lui répondit un jour :

 Réglez mieux votre passion
 Pour ces syllabes enfilées,
 Qui chez Richelet étalées,
 Et des esprits sages sifflées,
 Bien souvent sans invention,
 Disent avec profusion
 Des riens en rimes redoublées.

Et je crois que je ne ferois pas mal de suivre cet avis.

 Chapelle, Chaulieu, La Fare, St Evremont faisoient conversation avec le célebre Duc de la Rochefoucault & Madame de la Fayette. Ces entretiens n'ont ni l'affectation de l'Hôtel de Ramboüillet, ni le tulmute qui régne chez nos jeunes Etourdis.

 On y fait fuïr également
 Le Précieux, le Pédantisme,
 L'air empesé du Syllogisme,
 Et l'air fou de l'Emportement.
 C'est-là qu'avec grace on allie
 Le vrai Savoir à l'Enjoûment,
 Et la Justesse à la Saillie.
 L'Esprit en cent façons se plie;
 On sait donner, rendre, essuyer
 Cent traits d'aimable raillerie,

Le Bon-sens, de peur d'ennuyer,
Se déguise en Plaisanterie.

On y examine si les Arts se plaisent mieux dans une Monarchie, que dans une République : Si l'on peut se passer aujourd'hui du secours des Anciens : Si les Livres ne sont point trop multipliez : Si la Comédie & la Tragédie ne sont point épuisées. On établit quelle est la vraye différence entre l'Homme de talent, & l'Homme d'esprit ; entre le Critique, & le Satirique, entre l'Imitateur, & le Plagiaire. Quelquefois même on laisse parler long-tems de la même personne, mais ce cas arrive très-rarement. Heureusement pour moi, on se rassembloit en ce moment autour de la fameuse Ninon Lenclos.

> Ninon, cet objet si vanté,
> Qui joignit tant de probité
> Au doux talent d'être volage,
> Faisoit alors avec gaieté
> Un Discours sur la Volupté,
> Sur l'Art & la Délicatesse,
> Qui rend la moins fiére Beauté,
> Respectable dans sa foiblesse.

Tandis que j'écoutois attentivement son Sermon, mes deux graves Conducteurs s'amuserent à parler de Belles-Lettres avec quelques Jesuites.

Un Janséniste dira que les Jesuites se fourrent par-tout ; mais la vérité est que le Dieu du Goût a instruit beaucoup de ces Peres ; il les reçoit aussi-bien que leurs ennemis, & il est assez plaisant de voir en ce lieu Bourdaloue qui s'entretient avec Pascal sur le grand art de joindre l'Eloquence au raisonnement.

Derriere eux étoit l'exact & le délicat Bouhours, qui marquoit sur des Tablettes toutes les fautes de langage, & toutes les petites négligences qui échapoient à Bourdaloue & à Pascal. Le Cardinal de Polignac ne put s'empêcher de dire au Pere Bouhours :

> Quittez d'un Censeur pointilleux
> La scrupuleuse diligence :
> Aimons jusqu'aux défauts heureux
> De leur mâle & libre Eloquence.
> J'aime mieux errer avec eux,
> Que d'aller, Censeur pointilleux,
> Peser des maux dans ma balance.

Cela fut dit avec bien plus de politesse que je ne le raporte ; mais nous autres Poëtes nous sommes souvent très-impolis, pour la commodité de la rime. Le Pere Bouhours lui répondit : Permettez que je continuë mes petites observations. Ce sont les Grands-Hommes qu'il faut critiquer, de peur que les fautes qu'ils font contre les Régles, ne servent de Régles aux petits Ecrivains. Ce sont les déffauts du Poussin & du Sueur, qu'il faut relever ; non ceux de Rouet & de Vignon : & dès que votre Anti-Lucrece sera imprimé, soyez sûr de ma critique.

Eh bien ! examinez, vétillez, tant qu'il vous

plaira, dit en paſſant un jeune Duc qui revenoit du Sermon de Ninon, & qui en paroiſſoit tout pénétré, pour moi je n'ai pas la force de rien d'aujourd'hui cenſurer.

Cet Homme, que Ninon avoit rendu ſi indulgent.

C'eſt lui qui d'un eſprit vif, aimable & facile,
D'un vol toûjours brillant ſût paſſer tour à tour,
Du Temple des Beaux-Arts au Temple de l'Amour ;
Mais qui fut plus content de ce dernier aſyle,

Des mains des Graces préſenté
En Allemagne, en Italie,
Il charma l'Europe adoucie,
Dont ſon Oncle fut redouté.

Il eſt même encore mieux reçû dans le Temple du Goût, que cet Oncle, ſi vanté, qui rétablit les Beaux-Arts en France, de la même main dont il abaiſſa ou perdit tous ſes Ennemis. Ce terrible Miniſtre, craint, haï, envié, admiré à l'excès de toutes les Cours & de la ſienne, eſt redouté juſques dans le Temple du Goût, dont il eſt le Reſtaurateur. On craint à tout moment qu'il ne lui prenne fantaiſie d'y faire entrer Chapelain, Colletet, Faret & Deſmarets, avec leſquels il faiſoit autrefois de méchans Vers.

Quand je vis que le Cardinal de Richelieu n'avoit pas toutes les préférences, je m'écriai : C'eſt donc ici comme ailleurs, & l'inclination l'emporte partout ſur les bienfaits ! Alors j'entendis quelqu'un qui me dit :

Etablir, conferver, mouvoir, arrêter tout,
Donner la Paix au Monde, ou fixer la Victoire,
C'eft ce qui m'a conduit au Temple de la Gloire,
 Bien plûtôt qu'au Temple du Goût.
 Je vois bien, qu'en ce Sanctuaire,
 L'Autorité du Miniftere,
L'honneur de protéger les beaux-arts qu'on chérit,
 Mais aufquels on ne s'entend guére,
 L'éclat, l'intrigue, le crédit,
Ne fauroient égaler les charmes de l'Efprit,
 Ni le Don fortuné de plaire.

Ce Don de plaire fait tout ; c'eft lui qui dans le Temple donne le pas à l'Auteur d'une Chanfon, fur un Compilateur de cent Volumes ; c'eft lui qui met prefque au même rang que les Illuftres, ces Hommes fages & heureux,

Qui dans le fein des Arts, du Monde & du Loifir,
Ont paffé de leurs jours les momens délectables,
 A recevoir, à donner du plaifir.
De chanter & d'écrire ils ont été capables :
Mais pour être en ce Temple, & pour y réüffir,
 Qu'ont-ils fait ? Ils étoient aimables.

C'eft entre ces Voluptueux, & les Artiftes, que je trouvai le facile, le fage, l'agreable La Faye. Heureux qui pourroit paffer, comme lui, les dernieres années de fa vie ! tantôt compofant des Vers aifés & pleins de grace ; tantôt écoutant ceux des autres, fans envie & fans mépris ; ouvrant fon Cabinet à tous les Arts, & fa Maifon aux feuls

Hommes de bonne compagnie. Combien de Particuliers dans Paris pourroient lui reſſembler dans l'uſage de leur fortune ? Mais le Goût leur manque : ils jouïſſent inſipidement, & ils ne ſavent qu'être riches.

Après avoir goûté l'entretient de ces hommes aimables, on alla voir la Bibliothéque. On croit bien que nous n'y trouvâmes pas

> L'amas curieux & bizarre
> De vieux Manuſcrits vermoulus,
> Ni la ſuite inutile & rare
> D'Ecrivains qu'on n'a jamais lus.
> Mais les Muſes ont elles-même
> En leur rang placé ces Auteurs,
> Qu'on lit, qu'on eſtime & qu'on aime,
> Et dont la ſageſſe ſuprême
> N'a ni trop ni trop peu de fleurs.

Preſque toutes les éditions ſont corrigées & retranchées de la main des Muſes. Les trois quarts de Rabelais, au moins, ſont renvoyez à la Bibliotéque bleuë ; & le reſte, tout bizarre qu'il eſt, ne laiſſe pas de faire rire quelquefois le Dieu du Goût. Marot, qui n'a qu'un ſtile, & qui chante du même ton les Pſeaumes de David & les merveilles d'Alix, eſt réduit à cinq ou ſix feuillets. Voiture & Sarrazin n'ont pas à eux deux plus de 60. pag. Tout l'eſprit de Bayle eſt en un ſeul Tome, & ce judicieux Philoſophe, ce Juge éclairé de tant d'Auteurs & de tant de Sectes, n'eût pas probablement compoſé plus d'un *in folio*, s'il n'a-

DU GOÛT. 397

voit écrit que pour lui, & non pas pour des Libraires.

St. Evremont, qui parle si délicatement de Religion, si solidement de Bagatelles, & qui écrit de si longues Lettres à la belle Madame Mazarin, est confiné dans un très-petit Volume ; encore n'y trouve-t-on pas la conversation du Père Canaye, qui appartient à Charleval.

La Conjuration de Venise, seul Ouvrage qui puisse donner un nom à l'Abbé de Saint Real, est à côté de Sallusté. Il n'y a point encore d'Ecrivain François que les Muses ayent pu mettre à côté de Tacite.

Enfin, l'on nous fit passer dans l'intérieur du Sanctuaire. Là les Misteres du Dieu me furent révélés. Là je vis ce qui doit servir d'exemple à la Posterité : un petit nombre de Grands-Hommes y faisoient ce qu'ils n'avoient jamais fait de leur vie ; ils voyoient & corrigeoient leurs fautes.

La Bruyere adoucissoit dans son stile nerveux & singulier, des tours durs & forcez qui s'y rencontrent. L'aimable Auteur du Télémaque retranchoit des détails & des répétitions, dans son Roman moral, & rayoit le Titre de Poëme Epique, que quelques Zelez lui donnent ; car il avouë sincerement, qu'il n'y a point de Poëme en Prose.

Bossuet, le seul François véritablement éloquent entre tant de bons écrivains en Prose, qui pour la plupart ne sont qu'élégans ; Bossuet vouloit bien retrancher quelques familliarités échapées à son génie vaste & facile, qui déparent la beauté de ses Oraisons funèbres.

LE TEMPLE

Ce grand, ce sublime Corneille,
Qui plut bien moins à notre oreille,
Qu'à notre esprit qu'il étonna ;
Ce Corneille qui crayonna
L'ame d'Auguste, de Cinna,
De Pompée & de Cornélie ;
Jettoit au feu sa Pulchérie,
Agésilas, & Suréna ;
Et sacrifioit sans foiblesse
Tous ces Enfans infortunez,
Fruits languissans de sa vieillesse,
Trop indignes de leurs Aînez.
 Plus pur, plus élégant, plus tendre,
Et parlant au cœur de plus près,
Nous attachant sans nous surprendre,
Et ne se démentant jamais,
Racine observe les Portraits
De Bajazet, de Xipharès,
De Britannicus, d'Hippolite :
A peine il distingue leurs traits ;
Ils ont tous le même mérite ;
Tendres, galans, doux, & discrets ;
Et l'Amour qui marche à leur suite,
Les croit des Courtisans François.
 Toi Favori de la Nature,
Toi La Fontaine, Auteur charmant,
Qui bravant & rime & mesure,
Si négligé dans ta parure
N'en avois que plus d'agrément :
Sur tes Ecrits inimitables

Dis-nous quel est ton sentiment;
Eclaire notre jugement
Sur tes Contes & sur tes Fables.

La Fontaine, qui avoit conservé la naïveté de son caractére, & qui dans le Temple du Goût joignoit un discernement éclairé à cet heureux instinct qu'il avoit pendant sa vie, retranchoit les premieres & les dernieres de ses Fables, accourcissoit ses Contes, & arrachoit plus des trois quarts d'un gros Recueil d'Oeuvres posthumes, imprimé par ces Editeurs qui vivent des sotises des Morts.

Là regnoit Despréaux, leur Maître en l'Art d'écrire;
Lui qu'arma la Raison des traits de la Satire;
Qui donnant le Précepte, & l'Exemple à la fois,
Fit fleurir d'Apollon les rigoureuses Loix.
Il revoit ses Enfans avec un œil severe:
De la triste Equivoque il rougit d'être Pere;
Il rit des traits manquez du pinceau foible & dur,
Dont il défigura le Vainqueur de Namur:
Lui-même il les efface, & semble encor nous dire,
Ou sachez vous connoître, ou gardez-vous d'écrire.

Despréaux, par ordre exprès du Dieu du Goût, se reconcilioit avec Quinault, qui est le Poëte des Graces, comme Despréaux le Poëte de la Raison.

Mais le severe Satirique
Embrassoit encore en grondant
Cet aimable & tendre Lyrique,
Qui lui pardonnoit en riant.

Je ne me racommode point avec vous, difoit Defpréaux, que vous ne conveniez qu'il y a bien des fadeurs dans ces opera fi agréables.

Eh bien! oui, je l'avouë, lui dit Quinault. Mais avouez auffi, que vous n'euffiez jamais fait Atys, ni Armide.

  Dans vos fcrupuleufes beautés,
  Soyez vrai, précis, raifonnable;
  Que vos Ecrits foient refpectés;
  Mais permettez-moi d'être aimable.

Enchanté de tout ce que je voyois, ravi hors de moi-même, je m'apperçus en parcourant ce Lieu facré, que j'étois devant Moliere. Je lui fis ce petit compliment :

  L'élégant, mais le froid Terence,
  Eft le premier des Traducteurs.
  Tu fus le Peintre de nos Mœurs,
  De l'Univers, & de la France.
  Nos Courtifans trop rengorgez,
  Nos Bourgeois pleins de préjugez,
  De Ridicule fi chargez,
  Chez toi venoient fe reconnoître;
  Et tu les aurois corrigez,
  Si l'Efprit humain pouvoit l'être.

Ah! dit-il, pourquoi ma profeffion m'obligea t-elle de partager mes talens! Pourquoi ai-je écrit pour le Peuple! Si j'avois été le maître de mon tems, mes Dénouemens auroient été plus heureux, mes

Intrigues plus variées ; & ſi je n'avois écrit que pour les Connoiſſeurs, j'aurois moins donné dans le bas Comique. C'eſt ainſi que tous ces Grands-Hommes montroient leur ſupériorité, en avoüant leurs fautes.

Je connus par-tout ce que je vis, que le Dieu du Goût eſt très-difficile à ſatisfaire ; Mais qu'il n'aime point à demi. Je vis que les Ouvrages qu'il critique le plus en détail, ſont ſouvent ceux qui, en tout, lui plaiſent davantage.

> Nul Auteur avec lui n'a tort,
> Quand il a trouvé l'Art de plaire :
> Il le critique ſans colere ;
> Mais il l'approuve avec tranſport.

> Melpoméne étalant ſes charmes,
> Vient lui préſenter ſes Héros.
> Le Dieu connoît tous leurs défauts ;
> Mais c'eſt en répandant des larmes.

> Malheureux qui toujours raiſonne,
> Et qui ne s'attendrit jamais !
> Dieu du Goût, ton divin Palais
> Eſt un ſéjour qu'il abandonne.

Quand il fallut ſe ſéparer, le Dieu parla ainſi, à peu près, à mes deux Protecteurs. Voici le ſens de ſes paroles.

> Adieu, mes plus chers Favoris.
> Comblés des faveurs du Parnaſſe,
> Ne ſouffrez pas que dans Paris
> Mon Rival uſurpe ma place.

Je fai qu'à vos yeux éclairés
Le Faux-Goût tremble de paroître.
Si jamais vous le rencontrez,
Il est aifé de le connoître.
Toûjours accablé d'ornemens,
Compofant fa voix, fon vifage,
Affecté dans fes agrémens,
Et précieux dans fon langage,
Il prend mon nom, mon étendart;
Mais on voit affez l'impofture;
Car il n'eft que le Fils de l'Art,
Et je le fuis de la Nature.

Enfuite, il leur parla de la protection qu'on doit aux Belles-Lettres ; de la gloire qu'elles donnent aux Païs dans lefquels elles fleuriffent, à ceux qui les cultivent, à ceux qui les favorifent. Il s'écria avec un peu d'Entoufiafme, qu'il ne dédaigne pas quelquefois, mais qu'il fait toujours modérer.

Que toûjours CLERMONT s'illumine (21)
Des vives clartés de ma Loi.
Lui, fes Sœurs, les Amours, & moi,
Nous fommes de même origine.

Brillez dans le fein des Beaux-Arts,
Illuftre Jeuneffe de France:

(21) Mr. le Comte de *Clermont* Prince du Sang, a fondé à l'âge de vingt ans, une Académie des Arts, compofée de cent Perfonnes, qui s'affemblent chez lui ; & il donne une protection marquée à tous les Gens de Lettres. On ne fauroit trop propofer un tel exemple aux jeunes Princes.

DU GOUT.

Tandis que les foudres de Mars
Se reposent dans le silence.

Brassac, sois toûjours mon soutien. (22)
Sous tes doigts j'accordai ta Lyre.
De l'Amour tu chantes l'Empire,
Et tu composes dans le mien.

Cailus, tous les Arts te chérissent. (23)
Je conduis tes brillans Desseins;
Et les Raphaëls s'aplaudissent
De se voir gravez par tes mains.

Jeune Destampe, & vous Surgere, (24).

(22) M. le Chevalier de *Brassac*, non seulement a le talent très rare de faire la Musique d'un Opera; mais il a le courage de le faire joüer, & de donner cet exemple à la Noblesse Françoise. Il y a déja long-tems que les Italiens, qui ont été nos Maîtres en tout, ne rougissent pas de donner leurs Ouvrages au Public. Le Marquis *Maffei* vient de rétablir la gloire du Théâtre Italien. Le Baron d'*Astorga*, & le Prélat qui est aujourd'hui Archevêque de Pise, ont fait plusieurs Opéra fort estimés. Le Duc de *Boukinkam*, le Comte de *Rochester*, & plusieurs autres, ont fait des pièces de Théâtre qui sont joüées souvent à Londres. Les paroles de l'Opéra de Mr. le Chevalier de *Brassac* sont de Mr. de *Monterif*, Auteur de la Fable de Tithon & de l'Aurore.

(23) N... Marquis de *Cailus*, est célébre par son goût pour les Arts, & par la faveur qu'il donne à tous les bons Artistes. Il grave lui-même, & met une expression singuliére dans ses desseins. Les Cabinets des Curieux sont pleins de ses Estampes. Mr. de *St. Maurice*, Officier aux Gardes, grave aussi, & se sert davantage du burin : il a fait une Estampe d'après Le Nain, qui est un chef-d'œuvre.

(24) N.... *de la Rochefoucault*, Marquis de *Surgere*, a

Employez des soins assidus
Aux beaux Vers que vous daignez faire ;
Et que tous les Sots confondus
Désormais ne prétendent plus
Qu'on déroge & qu'on dégénère,
En suivant Minerve & Phébus.

fait une Comédie intitulée, *l'Ecole du monde*, Piece sans contredit bien écrite, & dans laquelle il y a des traits que le célébre Duc de la Rochefoucault eût approuvés. Mr. le Marquis *d'Estampes*, qu'on nomme Mr. *de la Ferté-Imbaut*, permettra malgré son extrême modestie, qu'on dise qu'il a fait à l'âge de 18. ans une Tragédie dont les Vers sont très-harmonieux, dans le tems que de vieux Poëtes de profession étoient assez déraisonnables pour écrire contre l'Harmonie.

FIN.

✳✳✳✳✳✳✳✳✳✳✳✳✳✳✳✳✳✳✳✳✳✳✳✳✳✳✳✳✳✳✳

APPROBATION.

J'Ai lû *le Temple du Goût*, par ordre de Monseigneur le Garde des Sceaux, & n'y ai rien trouvé qui pût en empêcher l'impression. Ce 21. Avril mil sept cens trente-trois.

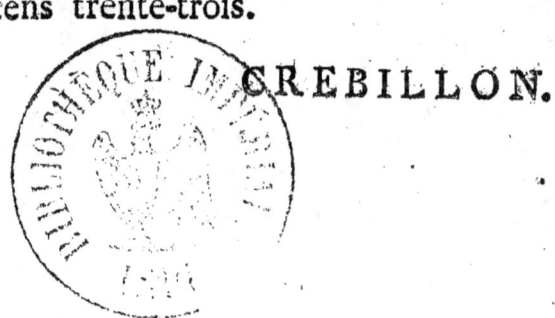

CREBILLON.

www.ingramcontent.com/pod-product-compliance
Lightning Source LLC
Chambersburg PA
CBHW071113230426
43666CB00009B/1950